2024 年度江苏高校哲学社会科学研究一般项目（2024SJYB0402）
教育部首批新文科研究与改革实践项目建设成果

以"迷茫的向导"作为书名,彰显了幼儿园指导教师之于实习生的重要价值,更寄寓着作者对于"实践中的教师教育者"角色实现的热切期盼。

幼儿园教师专业发展系列丛书

丛书主编　顾荣芳

马洁然　著

迷茫的向导

幼儿园实习指导教师角色研究

南京师范大学出版社

图书在版编目(CIP)数据

迷茫的向导：幼儿园实习指导教师角色研究 / 马洁然著. — 南京：南京师范大学出版社，2024.8

(幼儿园教师专业发展系列丛书 / 顾荣芳主编)

ISBN 978-7-5651-6202-2

Ⅰ.①迷… Ⅱ.①马… Ⅲ.①幼教人员-师资培养-研究 Ⅳ.①G615

中国国家版本馆 CIP 数据核字(2024)第 032760 号

书　　名	迷茫的向导：幼儿园实习指导教师角色研究
丛 书 名	幼儿园教师专业发展系列丛书
著　　者	马洁然
丛书主编	顾荣芳
丛书策划	徐益民　张　莉
责任编辑	张泽芳
出版发行	南京师范大学出版社
地　　址	江苏省南京市玄武区后宰门西村 9 号(邮编:210016)
电　　话	(025)83598919(总编办)　83598412　83598312(营销部)
网　　址	http://press.njnu.edu.cn
电子信箱	nspzbb@njnu.edu.cn
照　　排	南京开卷文化传媒有限公司
印　　刷	盐城志坤印刷有限公司
开　　本	787 毫米×1092 毫米　1/16
印　　张	15.5
字　　数	298 千
版　　次	2024 年 8 月第 1 版
印　　次	2024 年 8 月第 1 次印刷
书　　号	ISBN 978-7-5651-6202-2
定　　价	56.00 元

出版人　张　鹏

南京师大版图书若有印装问题请与销售商调换

版权所有　侵犯必究

幼儿园教师教育研究无止境

再次阅读洁然的文稿,已是在她博士毕业后从事高校工作一年有余之时。其实,洁然读博之前就是一位高校学前教育专业的教师,为了提升学术素养,她毅然决然地辞掉了当时的工作。毕业后,她又回到了原来的单位。正因为这样的特殊经历,她负责过高校学前教育专业学生的实习工作,当过指导教师,广泛接触过幼儿园的实习指导教师,从实习生那里了解到许多信息,又从幼儿园老师们那里得到更多的有关实习生水平与质量的反馈,加之读博期间尤为关注幼儿园教师教育,于是,幼儿园实习指导教师究竟该承担怎样的教师教育角色成为洁然重点思考与研究的问题。

关于教师教育及其师范生培养质量问题,近年来相关部门高度重视,出台了一系列的政策和规定。2014 年,教育部启动实施"卓越教师培养计划",推动以师范生为中心的教育教学改革。2017 年,党的十九大报告将培养高素质教师队伍作为建设教育强国的重要举措。2018 年 1 月,《中共中央 国务院关于全面深化新时代教师队伍建设改革的意见》提出,大力振兴教师教育,不断提升教师专业素质能力。2018 年 3 月,《教育部等五部门关于印发〈教师教育振兴行动计划(2018—2022 年)〉的通知》明确提出,深入实施"卓越教师培养计划",建设一流师范院校和一流师范专业,分类推进教师培养模式改革。2018 年 9 月 10 日,习近平在全国教育大会上对教师队伍建设提出了新的更高要求,也对全党全社会尊师重教提出了新的更高要求。2018 年 10 月,教育部出台的《关于实施卓越教师培养计划 2.0 的意见》提出"在师范院校办学特色上发挥排头兵作用,在师范专业培养能力提升上发挥领头雁作用,在师范人才培养上发挥风向标作用,培养造就一批教育情怀深厚、专业基础扎实、勇于创新教学、善于综合育人和具有终身学习发展能力的高素质专业化创新型中小学(含幼儿园、中等职业学校、特殊教育学校)教师",是新时代教师教育振兴发展的重要内容,是当前和今后一段时期全面提升教师教育质量、示范引领高素质教师培养的重要举措。然而,关于能够全面检核、深度提升学前教育专业师范生教育教学水平的教育实践,当前的高水平研究还远远不够,对于实习生教育实习的重要他人——幼儿园实习指导教师的深入研究更是少之又少。因此,洁然聚焦幼儿园实习指导教师的研究得到了包括我在内的几乎所有相关教师的支持。

其实,高校学前教育专业的教师有不少机会带队实习和了解实习情况。我们深入幼儿园教育实践场域时,常常被幼儿园及园方的实习指导教师深深地感动。许多幼儿园对实习工作给予无条件支持,许多指导教师手把手悉心教导,不仅是实习生的实习导师,而且成为实习生的人生导师与好友,实习已然成了学生人生中一段难忘的经历。当然,实习过程中还是有一些由来已久未能解决的矛盾。比如,重在实习生专业发展的"反思性实践"与重在实习园秩序规则的"按部就班实践"之间的矛盾,基于实习生锤炼需要的全方位无死角的实践与"回避一些教育工作尤其家长工作,不给幼儿园添乱"的现实困扰之间的矛盾,等等。面对这些现实问题,很难说某个具体的幼儿园一定是开放的还是保守的,也很难不管具体的某个园就采取某种以不变应万变的措施。其中,园方指导教师大有可为,这些难题的解决取决于指导教师的专业水准以及不可忽视的师德师风甚至情商。因此,优秀的幼儿园实习指导教师实践中究竟该如何作为,正是大家迫切希望得到解答的。

学前教育专业的教育实习中,高校指导教师(带队教师)与幼儿园指导教师虽有分工但同等重要,在遴选高校指导教师时,理论上应对实习指导教师如何更好地指导实习生加以研究,"以生为本"而不是习以为常的"教师为本",选择指导教师应更多考虑实习生需求,有高校教学经验又有幼儿园教研或实践经验的教师是实习指导教师的首选。如何指导到位也非常考验指导教师群体的智慧,实习指导不应当是指导教师的个人行为,而是应通过分享交流体现群体智慧,并能对实习生反思性实践中的难点问题提供具有可操作性的建议。与此同时,指导教师的经验也应加以总结提炼,提升高校指导教师以及幼儿园指导教师发现学生的实践困惑与不足的敏锐意识,增强指导教师示范引领的针对性,有效引导学生反思性实践能力的发展。因此,我们不仅需要研究幼儿园实习指导教师,也非常需要研究高校的实习指导教师。

希望通过大家的共同努力,使幼儿园教师教育研究得以不断充实和丰满,从而切实提高学前教育专业职前师资的培养质量。

顾荣芳

2024 年 3 月

目 录

绪 论 ·· 001
    一、为何要关注幼儿园实习指导教师群体 ··· 001
    二、站在巨人肩膀上理解教育实习相关问题 ··· 006
    三、幼儿园实习指导教师角色研究的理论透镜 ·· 032
    四、幼儿园实习指导教师角色研究的实践进路 ·· 037

第一章 来自外界的期待：幼儿园实习指导教师的期望角色揭示 ·············· 062
    一、剧本期望：角色内涵明确，内容清晰度呈现出校际差异 ······················· 064
    二、演员伙伴和观众期望：结构、功能相一致，内容各有侧重 ···················· 074
    三、期望角色总体特点：内涵一致，内容表述清晰度待提升 ······················· 087
    本章小结 ·· 091

第二章 角色主体的声音：幼儿园实习指导教师的领悟角色探寻 ·············· 094
    一、幼儿园实习指导教师领悟角色概念框架建构 ······································ 094
    二、幼儿园实习指导教师领悟角色的现状及特征 ······································ 099
    本章小结 ·· 118

第三章 实习现场的见闻：幼儿园实习指导教师的实践角色描摹 ·············· 120
    一、人际关系建构：主体间关系维护与角色间关系平衡 ···························· 121
    二、行为模式呈现：权威型行为有余而民主型行为不足 ···························· 125
    三、社会功能发挥：指向实习生同指导教师的共同发展 ···························· 134
    本章小结 ·· 140

第四章 何以如此：幼儿园实习指导教师角色实现的状况及成因 ·············· 142
    一、幼儿园实习指导教师角色实现之"利与困" ······································· 144
    二、幼儿园实习指导教师角色实现的影响因素 ·· 153
    本章小结 ·· 174

第五章 何以可能：幼儿园实习指导教师角色实现的建议与对策 …… 176
 一、期望角色的效用发挥是前提 …… 176
 二、领悟角色的水平提升是关键 …… 182
 三、实践角色的功能实现是根本 …… 184
 本章小结 …… 199

附　录 …… 201

附录一　幼儿园实习指导教师期望角色访谈提纲（正式） …… 201

附录二　幼儿园实习指导教师领悟角色访谈提纲（正式） …… 204

附录三　幼儿园实习指导教师角色研究语义评估问卷 …… 206

附录四　幼儿园实习指导教师角色研究调查问卷（预测版） …… 210

附录五　幼儿园实习指导教师角色研究调查问卷（正式版） …… 215

附录六　幼儿园实习指导教师角色研究的文本资料编码表（节选） …… 218

参考文献 …… 220

后　记 …… 242

绪　论

一、为何要关注幼儿园实习指导教师群体

百年大计，教育为本。教育大计，教师为本。① 努力培养造就一大批专业化的教师，不断提高教师队伍整体素质，是教师教育的出发点和归宿，事关我国教育事业的未来。那么，何谓专业化的教师？教师教育何以承担培养专业化教师的使命？美国学者舒尔曼（Shulman）认为，一种职业之所以被称为"专业"，其必然要具有一个能够在学府里产生、测试、丰富、被否定、转化并重建的知识基础，从而使得职业行为不仅因为行业规矩、环境或政策的改变而变化，也会随着学术研究中的新发现、新观点、新方法而获得发展；与此同时，专业最终是关于"实践的"，专业人员的培养，并不意味着简单地教会其将所学知识应用于实践，而是要在真实的情境中，通过适应、融合、批判和创造等方式，将书本的知识变成实践性知识。② 1966年，国际劳工组织和联合国教科文组织联合发布《关于教师地位的建议》，首次以官方文件的形式，提出应把教育工作视为专门职业。自此，各国掀起了"教师专业化"的改革热潮，教育中的理论与实践开始由分裂走向融合，由对立走向对话；教师培养目标也从培养"工匠型"教师、"技术型"教师，转向培养"反思型"教师。③ 人们逐渐认识到教学所具有的"实践"品性，基于教育情境而形成的"实践智慧"应成为教师专业化的核心内容。

综观我国教师教育事业的发展进程，标志性事件当属2001年颁布的《国务院关于基础教育改革与发展的决定》，这是政府文件第一次以"教师教育"替代了"师范教育"概念④，从而拉开了师范教育向教师教育转型的序幕。从师范教育到教师教育，不仅是概念称谓的转变，还蕴含着观念和制度的变革，专业、开放、一体化是教师教育区别于传统师范

---

① 习近平.做党和人民满意的好老师——同北京师范大学师生代表座谈时的讲话[J].中国高等教育，2014(18)：4-7.
② 李·S.舒尔曼.理论、实践与教育的专业化[J].王幼真，刘捷，编译.比较教育研究，1999(3)：36-40.
③ 曲铁华，冯茁.专业化：教师教育的理念与策略[J].教师教育研究，2005(1)：10-15.
④ 袁振国.从"师范教育"向"教师教育"的转变[J].中国高等教育，2004(5)：29-31.

教育的显著特征①,也体现出国家层面对于教师由一种"职业"向"专业"转变的认可与推动。② 随后,我国2011年颁布的《教师教育课程标准(试行)》中,明确将"实践取向"作为基本理念,提出"应引导未来教师参与和研究基础教育改革,主动建构教育知识,发展实践能力;引导未来教师发现和解决实际问题,创新教育教学模式,形成个人的教学风格和实践智慧";并规定教育实践课程(教育见习、教育实习等)时间不得少于18周。③ 2016年3月,《教育部关于加强师范生教育实践的意见》提出应从"明确教育实践的目标任务、构建全方位的教育实践内容体系"等九方面着手,将教育实践工作落到实处,其中特别提到应"组织开展规范化的教育实习","做到实习前有明确要求、实习中有严格监督、实习后有考核评价"。2017年,我国颁布的《学前教育专业认证标准》中,明确将"合作与实践"作为一项独立指标,从实践基地、实践教学、导师队伍等维度对高校学前教育专业的办学质量进行监测。④

由此可以看出,国家颁布的一系列教师教育政策、课程标准与评价标准中对于"实践"的重视。这不仅顺应了当下教师教育的改革趋势,也彰显了教育实习作为实践课程的重要组成,对于未来教师社会责任感、创新精神和实践能力培养的重要价值。本书正是立足教师教育变革实践性转向的时代背景,基于教育现场,试图反映并研究当下我国幼儿园教育实习中的迫切问题。

(一) 深入实践,发现问题:优秀"幼儿园教师"并非专业的"教师教育者"

六年前的一个下午,我曾以高校指导教师的身份前往G幼儿园,与实习生所在班级的指导教师进行了简短交谈。其中,Z老师表达了如下想法:"你们学校的实习生表现最好,比N大、J大和X大的学生都好!让做什么就做什么,而且模仿得很快,没那么多问题,不像其他学校的学生,要问个究竟!"一时,我的心情跌宕起伏:起初,为学生获得好评而高兴;接着,得知五年制大专学生的表现力压三所本科院校学生(其中,N大学前教育专业全国排名前列),不免感到惊讶;最后,当老师说出详情,又顿感失望和困惑。一方面为学生的"没有问题,一味模仿"而失望,同时困惑于指导教师的评价标准。Z老师作为骨干教师、教研组长,有多年的教学和带班经验,可以说是一位优秀的幼儿园教师,但作为实习指导教师,如果持这样的评价理念,能否胜任教师教育者角色?与

---

① 曾煜.中国教师教育史[M].北京:商务印书馆,2016:15.
② 潘懋元,吴玫.从师范教育到教师教育[J].中国高教研究,2004(7):13-17.
③ 教育部教师工作司.教师教育课程标准(试行)解读[M].北京:北京师范大学出版社,2013:134.
④ 教育部关于印发《普通高等学校师范类专业认证实施办法(暂行)》的通知:教师〔2017〕13号[EB/OL].(2017-10-26)[2022-09-21]. http://www.moe.gov.cn/srcsite/A10/s7011/201711/t20171106_318535.html.

Z老师的谈话及由此产生的一系列困惑一直印刻在我的脑海里,也构成了本人将教育实习作为研究方向的兴趣来源和动力所在。

2019年11月,正在幼儿园参加教育实习的学生L,在同我的谈话中提道:"幼儿园指导老师身上确实有许多值得学习之处,而且愿意告诉我,有时我百思不得其解的问题,她一句话就能点醒我,特别是在如何回应儿童行为方面。我想这不仅是工作时间的积累,更重要的是这位老师很爱思考,我要向她学习。"此外,在我所收集到的12篇反思日记中,实习生们无一例外地提到幼儿园指导教师,并对其教育行为、实习指导行为进行了描述、评价和反思。可见,幼儿园指导教师是实习生眼中的"重要他人",能够对教育实习质量产生重要影响。正如美国教师教育家泽西勒(Zeichner)所言:"学校指导教师是影响教育实习质量的关键因素,其决定了实习生能否真正学有所获。而专业的实习指导教师,绝不等同于优秀的学校教师,其不仅要为实习生提供示范性的教育行为,还要进行积极而有效的指导。"[①]那么,何为积极而有效的指导?幼儿园教师如何看待自身作为实习指导教师的角色?基于对上述教育实习中现实问题的所见、所闻和所思,我开始关注幼儿园实习指导教师这一群体。

(二)追根溯源,剖析问题:基于教育实习价值探寻指导教师研究的必要性

教育实习,自诞生之日起,就被视为教师教育的重要组成,其变革以人们对教师职业和教师教育的认识为基础。[②] 美国学者费曼·南瑟(Feiman-Nemser)曾将教师教育过程定义为,处于不同专业发展阶段的教师"学习教学"(learning to teach)的过程。职前阶段的教师,除了要关注学科知识、学生个体差异和班级管理策略之外,还应当立足教育现场,在专业人士的指导下,形成个人教育理念,获取能够支撑其"持续研究和学习教学"的工具,如观察、解释、分析教育现象并提出问题。[③] 上述目标的实现,并非靠纸上谈兵,而是需要基于真实教育情境。由此,教育实习的价值得以凸显,其能够为职前教师提供最直接、深入探讨理论与实践关系的机会,为其思考如何将理论与实践相融合,在实践中反思、修正甚至创造理论提供有力支持。

反观现实,由于各种因素的制约,教育实习并未充分发挥其应有价值。如杜威

---

① Zeichner K. Beyond traditional structures of student teaching[J]. Teacher Education Quarterly, 2002, 29(2): 59-64.
② 李广平,孙宝婵. 国际视域下教育实习模式的特征及理念分析[J]. 外国教育研究, 2014, 41(3): 92-99.
③ Feiman-Nemser S., Norman P. Teacher education: From initial preparation to continuing professional development[M]//Moon B., et al. International companion to education. New York: Routledge, 2000: 732-755.

(Dewey)指出,"学徒制"实习模式过于强调班级管理策略和教学技能[①],导致实习生热衷于模仿、复制班级指导教师的行为,而忽略了行为背后关于教育学、心理学原则的解释和运用[②],进而导致实习生步入工作岗位后,在复杂多变的教育情境中束手无策。又如富勒(Fuller)基于"问题关注"的研究结果显示,在实习开始阶段,实习生普遍关注自身表现能否得到指导教师、家长和学生的认可,追求对课堂节奏和班级纪律的把控;直到实习接近尾声时,实习生才会关注学生及其学习过程。[③] 其需要在专业人士的引领之下,从关注自我转向关注学生,学习如何迅速而精准地判断学生学习特点与需求,并采取合适的行动,促进学生发展。此外,学校一般会选拔具有一定工作年限、经验丰富的教师承担实习指导工作。有经验的教师往往已形成一套个性化的认知和行为模式[④],在处理突发问题时,通常会表现出一系列近似"自动化"的行为,但实习生很难捕捉这些看似"理所应当"行为背后的心理活动过程。这就需要指导教师在合适的时机,运用恰当的方式,对行为背后的教育理念和原则进行解释,然而这种必要的"解释"在现实中却极为缺乏。[⑤]

近年来,实习指导教师的相关研究显示:一方面,他们十分认同自身作为实习生"重要他人"的价值[⑥];另一方面,指导教师对于高校的教师教育目标、实习生的学习特点与需求却不甚了解,外部支持又十分有限,只能凭借个人经验开展工作,且缺乏指导策略[⑦],导致实习指导质量大打折扣,教育实习的应有价值难以实现。因此,以实习指导教师作为突破口,发现、研究并解决其角色承担过程中的现存问题,能够有效提升教育实习及教师教育质量。

(三)立足现状,聚焦问题:如何基于实习指导教师视角提升教育实习质量

我以"教育实习""幼儿园(学前)教育实习""实习指导"和"指导教师"为题名,检索了中国知网(CNKI)数据库1980年以来的相关文献。检索过程分为以下三个步骤:首

---

① Dewey J. The relation of theory to practice in the education of teachers[M]. Illinois: Public School Publishing Company, 1927: 9, 20-23.
② 卢俊勇,陶青.教育实习:学徒制抑或实验制?——杜威的观点[J].外国教育研究,2016,43(9):13-24.
③ Fuller F. Concerns of teachers: A developmental conceptualization[J]. American Educational Research Journal, 1969, 6(2): 207-226.
④ David C. The nature of expertise in teaching[M]// Cochran-Smith, S. Handbook of Research on Teacher Education New York: Routledge, 2008: 808-823.
⑤ Norman J., Feiman-Nemser S. Mind activity in teaching and mentoring[J]. Teaching and Teacher Education, 2005, 21(6):679-697.
⑥ Mason O. Teacher involvement in pre-service teacher education[J]. Teachers and Teaching, 2013: 19(5), 559-574.
⑦ Clarke A., Triggs V., Nielsen W. Cooperating Teacher Participation in Teacher Education: A Review of the Literature[J]. Review of Educational Research, 2014, 84(2): 163-202.

先,以"教育实习""幼儿园(学前)教育实习"为题名,检索相关文献;其次,在结果中添加全文检索词"指导教师"或"实习指导",进行再次检索;最后,又以"实习指导教师"或"教育实习指导"为题名,进行重新检索。文献统计结果如图0-1所示。

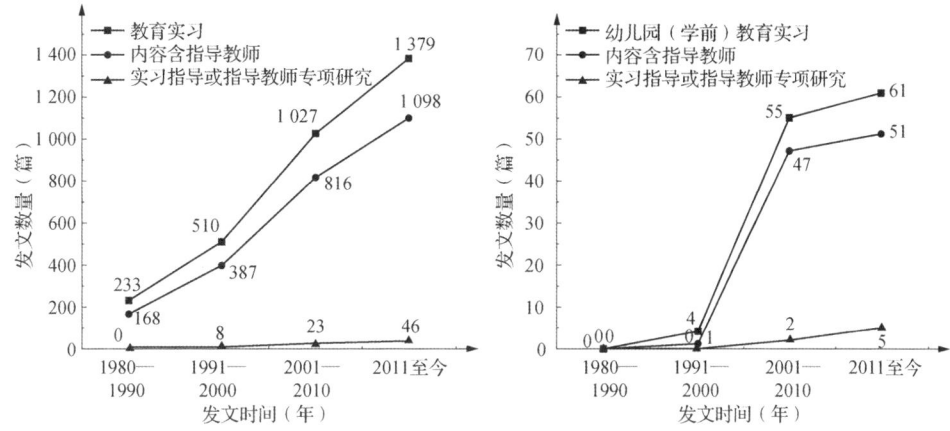

图0-1 相关文献计量对比统计图

图0-1可说明以下四个问题:第一,教育实习的文献数量逐年上升,近年成为我国学界关注的热点问题;第二,大部分教育实习的研究中都有涉及指导教师、实习指导的相关内容,其价值已获普遍认可;第三,专门针对指导教师或实习指导的研究起步晚、数量少,但呈现成倍增长的趋势;第四,幼儿园教育实习与教育实习的研究趋势基本一致,但文献数量相对较少,专门针对幼儿园实习指导教师的研究尚处起步阶段。

就内容来看,自21世纪以来,国内外相关研究由描述教育实习总体现状转向对实习过程中"人"的聚焦,开始关注实习生的学习过程、人际互动、专业社会化过程以及实习指导教师角色、指导策略等问题。就学前教育领域而言,一些硕士论文对幼儿园教育实习中的师徒互动过程、实习指导质量以及指导教师的专业发展等问题进行了研究。这一方面为研究问题的最终确定提供了启示,也使得我意识到该领域尚存的研究空间。正如加拿大学者克拉克(Clarke)所言:"学校指导教师在教育实习中扮演着关键角色,但奇怪的是,这一群体却一直被忽略,他们是实践领域的专家,其对自身角色的看法,对与大学教师和实习生关系的理解及希望获得的支持,对于提升教育实习质量具有重要价值,而我们所了解的却极为有限。"[①]

综上,基于对实习指导教师的关注和初步探究,本书尝试以社会学中的"角色理论"为基础,构建内容框架,将研究问题确立为:

---

① Clarke A., Jarvis-Selinger S. What the teaching perspectives of cooperating teachers tell us about their advisory practices[J]. Teaching and Teacher Education,2005(21):65-78.

① 外界对于幼儿园实习指导教师角色持有何种期待?
② 幼儿园教师对自身实习指导教师的角色作何理解?
③ 幼儿园指导教师在师徒互动过程中呈现出何种角色行为?
④ 不同角色之间存在何种关联与差异,受到哪些因素影响?
⑤ 如何促进主体胜任角色,提升教育实习与教师教育质量?

二、站在巨人肩膀上理解教育实习相关问题

我以"教育实习"(student teaching、field experience)为关键词,对中英文文献进行初级检索,随后输入"实习教师"(student teacher)、"实习指导"(mentoring)、"实习指导教师"(mentor, clinical educator, cooperating teacher, classroom teacher)和"学前(幼儿园)教育"等作为限定词进行高级检索;同时搜集了"角色理论(role theory)"及其相关研究。中文文献主要通过中国知网(CNKI)、万方数字化期刊网、维普科技期刊等专业数据库及百度学术资源搜索引擎获得,外文文献则通过 EBSCO、Education Source 和 Web of Science 三大专业数据库及谷歌学术资源搜索引擎获得。

(一)国内外教育实习的相关研究

1. 教育实习的本质及发展进程

马克思主义哲学认为,本质是事物内部相对稳定的联系,由事物所具有的特殊矛盾构成,透过现象把握事物本质是科学研究的基本任务。厘清教育实习的本质是研究教育实习的前提,本书将聚焦已有研究对教育实习本质的阐释,同时梳理教育实习模式的发展进程。

(1)理论之维:对理论与实践关系的认识

美国学者杜威曾阐述过教育实习的目的和本质:目的是在活动过程中形成的一种可预见结果,目的使得一个活动变得有意义,并会持续引导未来活动。因此,教育实习目的决定其内容、条件和方法,进而反映了其本质。"学徒制"实习模式的目的是获得教育教学、课堂管理的技术和策略,本质是一种技能训练过程;而"实验制"则强调理解学科知识、教育原则和教育哲学,养成科学的思维方式和对教育情境的判断决策能力,本质是一种心智启发的过程。[①] 长期以来,实证主义哲学主张"从理论到实践",却忽略了

---

① Dewey J. The relation of theory to practice in the education of teachers[M]. Illinois: Public School Publishing Company, 1927: 9, 20-23.

教育理论抽象性、概括性与教育实践情境性、复杂性之间的不对称关系,技术理性观不足以应对实践中的问题。① 学者舍恩(Schön)曾将教育实习视作"专业实践中的不稳定地带",在此过程中,任何书本知识、技术手段都无力解决其中的问题,能够依靠的只有通过行动中的反思而获取的实践性知识。②

我国学者饶见维将教育实习的本质描述为"知行合一"的过程③,杨秀玉将已有研究中的教育实习概念归纳为"环节""课程"和"过程"三种观点:"环节"意味着将教育实习作为教师职前培养的一个环节,体现了将理论与实践割裂开来的二元对立思想;"课程"观和"过程"观可进行整合,实现辩证统一,前者从计划性、组织性和指导性出发,强调教育实习在教师教育课程中的地位,后者则从专业发展的角度,将其视为持续构建个体实践经验的过程。④

由此,尽管人们对教育实习本质的理解和认识不断发展变化,却始终离不开两大基本概念——理论与实践,其关系也一度被视作教师教育中的根本性问题,同时,"反思性实践"和"实践性知识建构"已成为当下教育实习的本质所在。

(2) 现实之维:中西方教育实习发展进程

本书尝试从实习观、实习模式、内容和反思四个方面,对西方教育实习发展进程进行梳理。

表 0-1 西方教育实习模式的发展与演变⑤

发展时期	实习观⑥	实习模式	基本内容	反思
19世纪—20世纪中期	直觉观、常识观	学徒制模式(工匠模式)	重视传统技艺性经验,通过模仿和重复练习获得技能	忽视理论知识的学习
20世纪中期—80年代	应用观	应用科学模式	教育教学先以学习理论知识为基础,再将其运用于实践	理论与实践的二元对立
20世纪80年代至今	创造观、再建构观	反思实践模式	强调理论与实践的统合与对话:教育实习不仅需要理论,还要判断、解决实践问题	突破了理论与实践的单向线性关系

---

① 周成海.客观主义—主观主义连续统观点下的教师教育范式:理论基础与结构特征[D].长春:东北师范大学,2007:38-42.
② Schön D. The reflective practitioner: How professionals think in action[M]. New York: Basic Books, 1983: 39.
③ 饶见维.教师专业发展[M].台北:五南图书出版公司,1996:214-215.
④ 杨秀玉.教育实习:理论研究与对英国实践的反思[D].长春:东北师范大学,2010:20-24.
⑤ 杨涤.教师专业教育模式:以理论与实践的关系为中心[J].外国教育研究,2000(6):18-22.
⑥ 麦克布莱德.教师教育政策:来自研究和实践的反思[M].洪成文,等译.北京:北京师范大学出版社,2009:115.

如表0-2所示,纵观我国师范教育的发展,教育实习制度是在借鉴他国经验的基础之上建立的,从而呈现"起步晚、起点高"的特点。① 我国教育实习模式的发展趋势与西方国家基本同步,然而,由于新中国成立前战争不断、社会动荡、经济发展滞后,师范教育发展一度受阻。即便借鉴了美、日等国较为完善的实习制度,颁布了一系列政策文件,但碍于缺乏适宜的土壤,加之传统文化的影响,我国教育实习在此时期并未真正受到重视。新中国成立后,马克思主义哲学观开始被用于指导教育工作,人们开始思考师范教育中理论与实践的关系,实习制度不断完善。②

表0-2 我国教育实习模式的产生与发展③

发展时期		实习观	实习模式	反思
产生	19世纪末—20世纪初	应用观("仿日")	强调技艺模仿、重复的学徒制模式	我国教育传统重视教师个人修养和学识,轻动手操作,虽借鉴日本的应用实习观及制度,现实仍为学徒制模式,制度呈现形式化特征
	1912—1949年	应用观("学美")	应用理论、获取技能的应用科学模式	美国实习制度很难在我国土壤中充分发挥作用,马克思主义哲学实践观、杜威实用主义哲学,"知行合一"的思想启发人们开始重视实践能力
发展	1949—1965年	理论指导实践观(借鉴苏联)	理论指导实践、实践验证理论的应用科学模式	明确了理论结合实践的宗旨和重实践能力的教师教育课程体系,教育实习的地位获得实质上的重视和肯定
改革	20世纪80年代至今	教师教育理念和研究逐渐与世界接轨,实习制度不断完善,倡导并推行"反思实践模式",开始关注实习教师个体实践知识的形成与发展		

从中西方教育实习观及其模式发展的过程来看,教育实习模式是经济发展、社会制度、文化传统等因素共同塑形的结果,并遵循"学校教育目标—教师职业理解和形象要求—教师教育课程体系—教育实习观—教育实习模式"的逻辑规约。

2. 教育实习的价值探寻

高质量的教育实习之于教育行政部门、高校、实习学校和实习生均有十分重要的价值。教育行政部门在参与组织、管理实习工作时,能够发现当下教师教育和教育实践中的问题,从而为实施教育改革、制定教育政策提供现实依据。④ 高校可将教育实习作为检验

---

① 顾明远.师范教育的传统与变迁[J].高等师范教育研究,2003,15(3):1-6.
② 王红.中、英教育实习制度比较研究[D].长春:东北师范大学,2004:20-25.
③ 李友芝,李春年,柳传欣,等.中国近现代师范教育史资料:第二册[M].北京:北京师范大学出版社,1983:202-205,182,822.
④ 张博伟.教育实习指导教师角色与指导策略研究——以D师范大学英语实习指导教师为例[D].长春:东北师范大学,2013:31.

其教师教育质量的重要标准；高校教师也可以实习指导为契机，同实习基地、一线教师建立合作关系，使教育研究、教师教育课程能够真正落地。此外，实习生的加入能够为实习学校增添新的活力，促使师生比大幅提升，从而更大程度满足学生的个体需求。

从实习生层面来看，教育实习被视为联结理论和实践的纽带、教师专业准备阶段最有力的介入①，能够促使实习生反思自身行为，解读教育理论，建构实践性知识。② 此外，实习生在向教师角色转变的过程中，不免会产生心理波动与情绪起伏③，指导教师能够为其提供情感支持④，如帮助实习生挖掘自身价值、建立自信，了解教师职业的全貌⑤，鼓励实习生积极参与实践并由此获得职业认同，缩短不适应期，加快专业社会化进程。⑥

3. 教育实习的研究视角

一直以来，哲学、心理学、社会学三大学科被公认为教育科学的基础性学科，不仅是课程、教学等问题研究的理论基础，还可用来分析教师教育的相关问题。⑦

（1）基于知识观视角剖析教育实习的本质及其价值

哲学领域，研究者基于人们对知识属性认识的不断发展，来探究教师需要获得哪些专业知识及其获得专业知识的过程，由此而产生了对教育实习本质及其价值的判断。20世纪中叶，英国学者赖尔（Ryle）第一次提出，不应当将知识属性中的"是什么"（what）和"怎样做"（how）割裂开来。⑧ 而后，波兰尼（Polanyi）提出并论证了"显性知识"与"缄默知识"的概念与关系。20世纪末，舒尔曼将教师知识进行分类，并提出"学科教学知识"与"实践智慧"等概念；学者舍恩提出"在行动中反思"，彻底打破了二元对立的传统知识观。此后，以艾尔巴茨（Elbaz）、康奈利和柯兰蒂宁（Connelly & Clandinin）为代表的学者提出教师"个体实践性知识"，并将其视为教师成为专业人员的关键所在。近年来，以荷兰学者梅耶尔（Mayer）和我国学者陈向明为首的国内外研究团队将视线转向教师实践性知识的获得过程，其中包括对于职前教师和教育实习的

---

① 陈向明.实践性知识：教师专业发展的知识基础[J].北京大学教育评论,2003(1):104-112.
② 辛涛,申继亮,林崇德.从教师的知识结构看师范教育的改革[J].高等师范教育研究,1999(6):12-17.
③ 董玉琦,侯恕,等.教育实习实地研究[M].长春：东北师范大学出版社,2009:99-101.
④ 陶青,卢俊勇.美国密歇根州立大学小学全科教师培养——实习指导教师的责任、角色与功能[J].比较教育研究,2015,37(7):38-43.
⑤ Beauchamp C., Thomas L.. Reflecting on an ideal: student teachers envision a future identity[J]. Reflective Practice, 2010, 11(5): 631-643.
⑥ Tabacbnick R., Zeichner K. The impact of the student teaching experience on the development of teacher perspectives[J]. Journal of teacher education, 1984, 35(6): 28-36.
⑦ 周成海.客观主义—主观主义连续统观点下的教师教育范式：理论基础与结构特征[D].长春：东北师范大学,2007:38-42.
⑧ Ryle G. The concept of mind[M]. London: Hutchinson, 1949: 29.

研究。至此，知识观层面，已有研究将教育实习视作教育理论与实践发生联系的重要平台，关注实习教师主动构建个体实践性知识的过程。

(2) 基于认识论视角探究实习教师学习教学的过程

维果茨基(Vygotsky)的建构主义认识论，是目前教育实习研究中应用最为广泛的理论基础。西方"合作教学""伴随式实习"等模式均受其启发，强调实习过程中，指导教师作为"有经验的人"，参照实习教师的"最近发展区"，对其进行支持(scaffolding)，以确保实习生经验的有效建构。我国学者杨秀玉将建构主义理论群中的情境学习理论、经验学习理论、格式塔学习理论和合作学习理论应用于教育实习过程的研究。① 冯琪以成人学习理论、自我导向型学习理论为基础，探究了实习生"学习教学"的心理过程，提出并论证了自我导向型教育实习方案。② 张博伟以帕杰克(Pajak)的"交流轮"理论为基础，结合斯蒂尔(Steele)的"互动式教师指导策略"以及科萨根(Korthagen)的教师反思理论，对实习指导教师角色及其指导策略进行了研究，并将实习指导定义为行动、反思、再行动、再反思的双向互惠发展过程。③

(3) 探究实习教师社会化过程及其角色转换的困难

社会学领域关于教育实习的研究，主要集中于对实习教师专业社会化的探讨。美国教育社会学家沃勒尔(Waller)在1932年提出了"教师专业社会化"(professional socialization of teachers)的概念，由此开启了教师专业社会化研究的时代。④ 关于实习教师社会化的研究，国内学者主要以结构论的被动模式、冲突论的主动模式以及辩证论的互动模式为基础，分析实习教师的社会化过程及结果。⑤ 而国外学者则更为关注教育实习、学校组织情境对实习生所产生的影响，并将专业社会化视为实习生在真实情境中习得经验与体悟角色的过程。⑥ 其中，较为经典的研究当属英国学者勒西(Lacey)提出的实习教师专业社会化发展阶段理论，其将实习教师社会化过程分为"蜜月期"、"探索教学期"、"危机期"和"进阶或失败期"。实习教师在真正接触教师角色时会面临诸多困境，若不能及时解决问题，很可能由于无法产生职业认同而逃离教师岗位。⑦

---

① 杨秀玉,常波.教育实习的认识论分析：基于建构主义理论[J].外国教育研究,2010(11)：46-51.
② 冯琪.自我导向型教育实习方案研究[D].长春：东北师范大学,2017：13.
③ 张博伟.教育实习指导教师角色与指导策略研究——以D师范大学英语实习指导教师为例[D].长春：东北师范大学,2013：54-57.
④ 杨秀玉,孙启林.实习教师的专业社会化研究[J].外国教育研究,2007(11)：66-70.
⑤ 欧璐莎,吕立杰.实习教师社会化行为模式探究[J].课程·教材·教法,2012(5)：117-122.
⑥ 陈林.论实习教师社会化的内涵、研究范式及发展阶段[J].教师教育研究,2021(1)：28-33.
⑦ Lacey, Colin. The socialization of teachers[M]. New York: Routledge, 2011：77.

此外,学前教育领域,国内已有研究将实习生的角色适应过程划分为准备期、适应期、正式期、矛盾期和回归期五个阶段。① 有研究认为,实习生角色具有过渡性、矛盾性、双重性、边缘性的特点,教育实习应以实习生的"角色认知"为基础,促使其在化解角色冲突过程中,不断追求教师身份认同。② 陈昌盛等人提出,实习生在幼儿园教育实习中,面临多元化的期望角色、对立的角色冲突以及单一的角色认知等困难,应将实习生的角色转换水平作为实习评价的核心内容。③ 尽管上述研究提到角色适应、角色转换、角色冲突等问题,然而所得结论仍停留在经验总结层面,问题分析的深入程度有待提升。

4. 教育实习中的问题、成因及对策

(1) 教育实习观念

长期以来,教师教育领域存在"重理论(教什么)、轻实践(如何教)"或"先理论、后实践"的观念。教育实习被视作理论应用于实践的过程或"实践技能"的获得阶段④,教师教育等同于为师范生提供全面而零散的理论知识,再加一次"验证教育理论"的实践学习经历。⑤ 由此导致许多学生将教育实习视作一段极其混乱的时期,会遇到在学校完全想象不到、没有准备的问题情境和复杂状况,从而产生"现实震撼"(reality shock)。⑥

为扭转上述观念,近年来,各国教育实习改革呈现出聚焦主体反思性实践能力培养、强调主体间合作的价值取向。⑦ "实践"强调教育实习应关注实习生在真实情境下产生的问题;"反思"要求实习生对学习过程进行自我监控、记录并结合教育教学观念,构建个体实践性知识;"合作"则倡导不同主体间不断进行思维碰撞和深度对话,将解决问题的思维过程可视化,从而形成自身角色意识和价值判断能力。⑧ 此外,西方国家的教师教育机构倡导指导教师应体现"人本主义"关怀,将实习生看作一个持有个人教育

---

① 陈飞,李广.实习教师的角色发展与反应特征——基于教育实习关键事件的质化研究[J].基础教育,2016,13(3):79-85.
② 王香平,李学翠.高师学前教育专业实习生角色特点与适应过程分析[J].幼儿教育(教育科学),2009(11):27-30.
③ 陈昌盛,张立新.学前教育专业本科实习生角色调适的挑战与对策[J].早期教育(教育科研),2016(5):2-6.
④ 胡惠闵,汪明帅.美国教师专业发展学校与教育实习改革的经验与启示[J].全球教育展望,2011,40(7):49-53.
⑤ 王艳玲.培养"反思性实践者"的教师教育课程[D].上海:华东师范大学,2008:8.
⑥ 李斌辉,张家波.师范生教育实习的风险及规避[J].教育发展研究,2016(10):33-40.
⑦ 佐藤学,钟启泉.课程研究与教师研究[J].全球教育展望,2002,31(9):7-12.
⑧ 黄兴帅.高师院校师范生教育实习模式的转变——基于认知学徒制的基本思想[J].中国高教研究,2014(5):77-80.

信念和独立裁决权利的主体,而不是被动消极、等待灌输教学经验的容器。[①] 同时关注实习生的学习态度、心理状态和压力水平,使实习指导从"技术支持"向"职业关怀"转变,从而切实提升教育实习质量。[②][③]

(2) 教育实习目标与政策

有研究者通过梳理、分析国内部分高校的《实习手册》,发现其目标设定存在以下问题:一是仅涉及实习生当下需要完成的任务,而并未关照其未来职业规划[④];二是仍然持有"应用理论""习得技能"的理念,将实习视为职前教师教育的终结阶段,使得教育实习价值受限。[⑤]

21世纪以来,各国教师教育政策相继颁布,为高校教育实习目标的制定与完善指明了方向。全美幼教协会(NAEYC)2010年颁布的《初级和高级儿童早期教育专业准备标准》,首次将"田野经验(field experience)"作为一项独立指标,以确保职前教师实践经验的连续性和多样化。[⑥] 澳大利亚2010年颁布的《全国教师专业标准》中,明确了处于不同发展阶段教师在专业知识、实践和投入上的差异与关联,此后,各州参照国家标准设立了州立教师标准,以确保教师教育课程能够顺利通过资格审查和专业认证。[⑦] 我国2011年颁布的《教师教育课程标准(试行)》中,以"实践取向"为教师教育课程目标设置的基本理念,要求未来幼儿园教师应当在充分观摩、参与和研究教育实践的基础之上,认识儿童,理解保教结合,获得专业发展。

(3) 教育实习时间与内容

就时间来看,相较于发达国家,我国教师教育实践课程的时间偏短,且大多高校将教育实习安排在最后一学期,毕业生面临就业、升学压力,很难全身心地投入实践学习,使其质量大打折扣。[⑧] 就内容来看,传统的实习内容包括教育教学、班主任工作和教育研究,由于实习生自身存在"重教育教学,忽视其他工作"的观念,加之部分实习基地的支持力度不够,多数实习生无法完成既定任务。幼儿园教育实习存在类似问题,多数实习

---

① 黄建辉.专业体验导向:澳大利亚悉尼大学教育实习模式探析[J].外国教育研究,2016,43(2):83-94.
② 胡福贞.当代英国高等院校学前教育专业实习的特点及其启示[J].学前教育研究,2009(9):44-51.
③ 龚冬梅.美国教育实习的经验与启示[J].外国中小学教育,2011(3):40-43,9.
④ 王菠,王萍.澳大利亚高等院校学前教育实习指导手册:解读、分析与借鉴[J].外国中小学教育,2018(5):39-48.
⑤ 王红.中、英教育实习制度比较研究[D].长春:东北师范大学,2004:55.
⑥ 马洁然.美国学前教师教育实践课程的特点与启示[J].早期教育,2022(4):18-22.
⑦ 黄建辉.专业体验导向:澳大利亚悉尼大学教育实习模式探析[J].外国教育研究,2016,43(2):83-94.
⑧ 章跃一.关于我国教师教育实习课程改革的思考[J].课程·教材·教法,2008(11):84-87,91.

生将家长工作、教研工作视为难点①,却未能充分参与实践并获得指导②,相关专业能力难获提升。

充足的时间是确保教育实习质量的基础,自20世纪90年代以来,美国至少有四分之一的高校在第一年就为师范生提供见习机会;英国教育学士的学位课程要求学生至少要有30周的实习时间。同时,各国教育实习内容呈现多样化的发展趋势,实习生除了设计、实施教学活动,还会观摩、评价指导教师和同伴的课堂教学,参与管理班级,参加学校教研活动③,与指导教师共同进行家访,对学生进行一对一的个性化辅导,以及评定成绩。由此,实习生的实践能力得到迅速提升,且获取了深入而广泛的教师角色体验。④

(4) 实习基地建设与管理

实习基地数量不足、质量堪忧,高校与实习基地难以建立稳固、密切的合作关系,使得教育实习质量难以保障。近年来,不少院校开始采取"自主实习"模式,由于实习基地和指导教师水平参差不齐,实习效果同样受到影响。⑤ 究其原因,一方面,师范院校不断扩招,实习基地难以承受日渐庞大的实习生队伍;另一方面,高校与实习学校关系松散的根源在于各自的利益不相容,双方呈现"奉献—索取"而非"共生互惠"的关系。⑥ 此外,我国教育实习主要由院系、专业负责人牵头,指导教师负责组织联络具体事宜。由于缺乏制度化、规范化的管理,致使高校在基地建设、经费筹措和指导教师选派等多方面面临困难。⑦⑧

由此,已有研究倡导以"合作、互惠、共赢"为目标,挖掘高校与实习基地的合作价值,拓宽合作渠道,确保双方建立持久稳固的合作关系。⑨ 其实现途径主要有二:一是拓宽大学与中小学的合作内容,高校助力在职教师培训、课程开发,双方共同开展课题研究、实现资源共享;二是将实习生和在职教师的共同专业发展作为目标。例如,荷兰

---

① 陈丹凡.N大学学前教育专业实习现状及优化建议研究[D].南京:南京师范大学,2013:89.
② 陈一琳.高校学前教育专业本科教育实习实施现状的比较研究——以大陆和台湾两所高校为例[D].沈阳:沈阳师范大学,2019:95.
③ 龚冬梅.美国教育实习的经验与启示[J].外国中小学教育,2011(3):40-43,9.
④ 黄建辉.专业体验导向:澳大利亚悉尼大学教育实习模式探析[J].外国教育研究,2016(2):83-94.
⑤ 黄淑珍.职前职后教师专业发展互动的教育实习实践研究[J].教育理论与实践(学科版),2009(3):42-44.
⑥ 龚冬梅.美国教育实习的经验与启示[J].外国中小学教育,2011(3):40-43,9.
⑦ 原晋霞.对高校学前教育专业教育实习课程改进的思考——从实习生的消极实习感受谈起[J].早期教育(教育科研),2012(11):34-36.
⑧ 邱艳萍.教师教育实习基地建设:政府的视角[J].教育评论,2013(4):45-47.
⑨ 史晖.从单向度到多元互动:新课程背景下教育实习范式的转变[J].教育探索,2010(8):42-44.

"现实主义"实习模式关注不同教师群体的反思能力培养,以促进其协同发展。[1] 值得一提的是,美国、英国、澳大利亚、新西兰等国的教师教育学院均设立了专门负责实习和教师资格申请工作的办公室,负责联络实习基地,选拔和培训指导教师,全程监控各方责任落实,以确保实习效果。

(5) 教育实习评价

我国教育实习评价体系存在规范性不足的问题。主体层面,以教师评价为主,缺乏实习生自评的过程,忽略了其自我监控、自主学习能力的养成;过程层面,高校和学校指导教师通常各自为政,鲜有沟通和协商,缺乏统一、明确的评价标准;结果层面,评价结果表述笼统,且通常以等级的形式出现,鲜有对实习生专业学习的过程性描述和成绩说明[2],且缺乏过程监督和结果申诉通道,使得评价的价值难以发挥。

已有改革经验表明,高质量的实习评价应具有如下特征:首先,主体为高校指导教师、学校指导教师和实习生[3];其次,上述三方定期召开研讨会,针对评价结果进行交流协商,确保成绩评定的公开性和规范性;再次,具有统一、明确、可操作性强的实习评价指标,将质性描述与量化考核、过程性评价和终结性评价相结合。同时,评价内容全面而丰富,不仅包括教学过程,还包括实习生参与的各项活动。[4] 此外,设立专门机构对上述成绩评定过程和结果进行监督,并随时接受成绩申诉。[5]

综上,纵观世界范围内的教育实习改革成果,从美国的专业发展学校(PDS)到认知学徒制,从澳大利亚注重"专业体验"到荷兰的"现实主义"实习模式,从我国高校自主研发的"1+4+2+1"实践课程结构[6]、"全实践模式"[7]到"师范大学、地方政府、中小学联合培养(U-G-S)"的构想,可以得出:[8]教育实习改革倡导以培养"反思性实践"者为己任;在理念、时间、空间、内容上全面贯通,以《教师专业标准》为抓手,制定实习目标,

---

[1] 杨秀玉.荷兰现实主义教师教育实习模式探究[J].外国教育研究,2008,35(12):22-27.
[2] 李光玉.我国部属师范大学教育实习状况的调查研究——基于2012年教育实习实地调研[D].长春:东北师范大学,2013:52.
[3] 申卫革.美国教师教育中对实习生的评价研究——以马塞诸塞州某州立大学教育学院为例[J].教师教育研究,2012,24(6):91-96.
[4] 李光玉.我国部属师范大学教育实习状况的调查研究——以D师范大学小学教育专业硕士为例[D].长春:东北师范大学,2013:57.
[5] 徐蒙蒙.基于INTASC标准的教育实习评价设计研究——以D师范大学小学教育专业硕士为例[D].长春:东北师范大学,2013:9-14.
[6] 张永英.实践类课程设置的意义、目标及结构再思考[M]//南京师范大学学前教育专业.高校学前教育专业建设研究.南京:江苏凤凰教育出版社,2017:73.
[7] 秦金亮."全实践"理念下高师学前教育专业实践整合课程探索[J].学前教育研究,2006(1):47-51.
[8] 史晖.从单向度到多元互动:新课程背景下教育实习范式的转变[J].教育探索,2010(8):42-44.

循序渐进并确保不同年级的专业学习内容各有侧重;政府、高校和实习学校共同作为责任主体,建立规范的管理体制,从而为教育实习的顺利实施提供保障。然而,单纯依靠增加实习时间或是仅通过改善上述外部条件,只是必要条件,而非充分条件。① 高质量的教育实习不仅需要精心设计每一个环节,还需要优秀的学校指导教师和专业的实习指导。② 因此,本书将结合"幼儿园实习指导教师"的选题,归纳"实习指导教师"的研究结论。

(二) 国内外指导教师的相关研究

"老带新、师带徒"这种促进新教师成长的方式与教师职业群体的产生同在③,然而对于指导教师(mentor teachers)及其指导过程(mentoring)系统而规范的研究则起步较晚。④ 直到20世纪末,以费曼·南瑟、达林哈·蒙德(Darling-Hammond)、泽西勒为代表的美国学者开始意识到指导教师的关键作用,认为以往研究注意到教师教育的各个要素,却唯独缺乏对于作为教师教育者的实习指导教师群体的关注,并追问"教师的教师,他们到底是谁,何以为师"⑤,由此而展开了大量研究。近年来,"实习指导教师"已成为教师教育领域的热门问题,本书将从指导教师概念的产生与发展、指导教师的角色特征、实习指导中的现实问题及成因、指导教师专业发展四个层面展开综述。

1. 指导教师概念的产生与发展

(1) 基于"学徒制"实习模式的概念由来

西方实习指导教师概念的表述,随着各国教师教育政策的变迁和教师专业发展理念的变化在不断更新。起初在英语语境下,研究者用"mentor"一词指代"指导教师",强调其"师傅"的角色和"学徒制"(apprenticeship)模式下的师徒关系,与之相对应的"指导"过程,用"mentoring"一词来指代。"mentor"源自荷马史诗中的神话故事《奥德赛》。奥德赛将自己的儿子委托给智慧且值得信赖的朋友雅典娜来养育和训练,以便其日后继承王位,并将其称为"mentor"。此后,人们用"mentor"来形容负责在日常生活

---

① Zeichner K. Reflections of a university-based teacher educator on the future of college-and university-based teacher education[J]. Journal of Teacher Education,2006(43):326-340.
② 王艳玲.培养"反思性实践者"的教师教育课程[D].上海:华东师范大学,2008:5.
③ 王红艳,陈向明.审视"Mentoring-启导"现象——国内外相关研究综述[J].现代教育管理,2010(7):103-106.
④ Barry B., Mary K. Toward a useful theory of mentoring: A conceptual analysis and critique[J]. Administration & Society,2007(6):719-740.
⑤ Butler B. Conceptualizing the roles of mentor teachers during student teaching[J].Action in Teacher Education,2012,34(4):296-308.

中照料徒弟,并传授一切知识和技能的拥有智慧的人。值得一提的是,即便当时师徒双方的地位悬殊较大,且师傅需要高额物质回报,师徒在交往和互动过程中仍会形成极为亲密的关系。随着社会发展,当"mentor"一词用于称呼"学徒制"中的师傅时,内涵也相应被"窄化",仅限于在工作实践中掌握一定技艺的、有经验的人,其角色通常被定义为示范者、监督者和支持者。①

在我国《辞海》中,"老师"是对持有特殊知识、技能人的称呼,而"师傅"一词是老师的通称,后成为学徒对传授其技艺的人的尊称。相较于老师,"师傅"更具"技术性"意味,这是由于在小农经济和手工业社会中,中西方皆有"徒弟拜师学艺"之说,其后来逐步被工业社会的职业教育所取代。我国学者王红艳、陈向明认为,"指导"凸显了师傅对徒弟的教导、提携和帮助,本质是一种不平等的关系,将"mentoring"译成"启导"现象更为贴切,以体现师徒在交往过程中共同发展、相互支持和双向学习的关系。②

(2) 教师教育制度变迁之下的概念发展

西方学者将学校实习指导教师角色的诞生归因为如下三方面:一是20世纪中叶,迎来二战后的生育高峰,导致学龄人口总数激增,对于学校和学校教师的需求量大幅增加;二是大学教师实践经验不足,导致教师教育机构所开设的课程过于理论化,从而忽视了职前教师同教育实践的联系;三是20世纪60—70年代以来,由于政府教育资金支出骤减,不少承担教师培养任务的高校附属实验学校关闭。③ 由此,20世纪80年代,各国教师教育制度开始呈现重视实践的改革趋势,高校试图将中小学作为合作基地,共同培养未来的教师,并将学校教师视作"实践领域的专家",相信基于学校真实教育情境的课程学习和实践体验能够有效弥补高校教师教育者实践经验不足的问题。④ 随着1986年美国第一所教师发展学校(PDS)的建立,人们开始关注学校实习指导教师的角色职责和指导方法,并将其称为"合作教师(cooperating teacher, classroom teacher, school-based teacher)",以便与同为"教师教育者"角色的"高校指导教师(university supervisor)"区分开来。自美国国家教师教育认证委员会(NCATE)2010年颁布"蓝带

---

① Little W. The mentor phenomenon and the social organization of teaching[J].Review of Research in Education,1990(16):297-351.

② 王红艳,陈向明.审视"Mentoring-启导"现象——国内外相关研究综述[J].现代教育管理,2010(7):103-106.

③ Ellsworth J. Teachers in Teacher Education: Clinical faculty roles and relationships[J]. American Educational Research Journal,1994,31(1):49-70.

④ Clarke A., Triggs V., Nielsen W. Cooperating teacher participation in teacher education: A review of the literature[J]. Review of Educational Research,2014,84(2):163-202.

计划",倡导临床实践型的实习模式以来,"clinical educator"成为学校实习指导教师的专有名词,被广泛运用于美国教师教育领域的研究。时至今日,仍然有不少研究中用"mentor teachers"来指代学校指导教师角色。

2. 实习指导教师的角色特征描述

(1) 应然层面的角色期待

张博伟等人将国外已有研究中,社会、高校、实习生对指导教师的角色期待归纳为"知识搬运工""督导""助教"和"占位符"。① 库博(Cooper)的研究表明,实习生期望指导教师担当教学和课堂管理的"榜样",并成为积极的"反馈者"。② 阿拜尔等人(Abell, et al.)的调查发现,在实习生眼中,学校指导教师扮演着"班级的大家长""麻烦解决者""同事"和"脚手架的提供者"等多元化的角色;而相较于专业能力方面的支持,实习生首先希望从指导教师处获得专业信念和情感上的支持。学者奥戴尔(Odell)曾用"向导""明灯"来比喻指导教师角色③;达洛茨(Daloz)期待指导教师成为"鼓舞者",以帮助实习教师树立自信心和职业信念④;格尔克(Gehrke)则将指导教师描述为"传递智慧的人",认为其能够影响实习生思考问题的方式。⑤ 克拉克等人(Clarke, et al.)对近60年来实习指导教师的相关研究进行了综述,总结出指导教师所应当承担的角色:反馈的提供者、专业的持守者、实践的榜样、反思的支持者、知识的搜集者、对话的发起者、关系的召集者、社会化的代理人、实践的倡导者、变革的守望者和儿童的教师。⑥

(2) 实然层面的角色描述

① 角色行为描述。表0-3呈现了不同研究者对实习指导教师的角色行为的描述与分析,进而将其归纳为观察者、询问者、示范者、引导者、评价者和支持者。

---

① 张博伟,曹月新.美国实习指导教师研究述评[J].外国教育研究,2014,41(8):82-93.
② 王芳.课程改革背景下师范生教育实习状况及影响因素研究[D].长春:东北师范大学,2010:33.
③ Odell J. Induction support of new teachers: A functional approach[J]. Journal of Teacher Education, 1986, 37(1): 26-29.
④ Daloz A. Mentor: Guiding the journey of adult learners[M]. San Francisco: Jossey-Bass, 1999: 48-49.
⑤ Feiman-Nemser S. From preparation to practice: Designing a continuum to strengthen and sustain teaching[J].Teachers College Record, 2003(6): 1013-1055.
⑥ Clarke A., Triggs V., Nielsen W. Cooperating Teacher Participation in Teacher Education: A Review of the Literature[J]. Review of Educational Research, 2014, 84(2): 163-202.

表 0-3 实习指导教师的角色行为及其内容①

角色行为	具体内容
观察与询问	实习教师的"前经验",行为背后的观念以及观念是否发生变化,如何改变原有的不当观念
示范与解释	日常实践行为,并伴有出声思维(thinking aloud),及时解释自身的行为"是什么"和"为何这样做"②
评价与反馈	揭示、评价自身教学目的;评估实习教师的教学决策;③提供口头和书面的过程性评价材料
对话与分享	学生、教学、班级管理等一切日常工作,讨论多元化的教育理论、目标和策略
协助与支持	制作实习教师档案袋;教师教育课程中的作业及各项要求;个人职业规划和专业发展目标

此外,有研究曾根据师徒互动行为的特征,将实习历程划分为认知适应、教学互动和反思总结三个时期,并由此而呈现出幼儿园指导教师的角色变化历程:指导者—示范者、咨询者与支持者、资源提供者、敦促者—合作学习者。④ 海内森(Hennissen)等人通过对师徒对话内容进行分析,发现"输入内容"和"指导程度"两个维度对指导教师角色具有显著影响,由此而构建了"师徒对话中的指导教师角色(Mentor Roles In Dialogues,MERID)"分析框架,⑤将实习指导者教师角色分为发起者、独裁者、建议者和鼓励者四种类型。⑥ 拜克等人(Beck,et al.)通过对指导行为的观察,将指导教师的角色风格概括为"实用启动者"和"批判干预者"两类:前者旨在帮助实习教师了解教育教学现状;而后者将实习指导视为一种"强硬"的启蒙方式,旨在促使实习教师体验到教育工作的困难,从而做好充分准备。⑦

② 角色价值澄清。大量研究表明,指导教师的角色价值已被包括实习生、高校教

---

① Rosaen L. Field experiences that teaching: Mentor/faculty roles[M]. Washington: Office of Educational Research and Improvement,1989:32.

② Feinman-Nemser S., Rosaen C. Guided learning from teaching: A fresh look at a familiar practice[R]. Michigan: The National Center for Research on Teacher Learning,1994:11.

③ Stoddart T. Perspectives on guided practice[R]. Michigan: The National Center for Research on Teacher Learning,2012:42.

④ 丰娜.幼儿园实习教师与指导教师互动的研究[D].南京:南京师范大学,2008:46.

⑤ Crasborn F., et al. Exploring a two-dimensional model of mentor teacher roles in mentoring dialogues[J]. Teaching and Teacher Education,2011,27(2):320-331.

⑥ Hennissen P., et al. Mapping mentor teachers' roles in mentoring dialogues[J]. Educational Research Review,2008,3(2):168-186.

⑦ Beck C., Kosnik C. Associate Teachers in Pre-service Education: Clarifying and enhancing their role[J]. Journal of Education for Teaching,2000,26(3):207-224.

师在内的利益相关者所认可。①② 有研究发现,64.6%的实习生在遇到困难时,会将幼儿园指导教师作为"首选求助对象",77.1%的调查对象认为在整个实习过程中,幼儿园指导教师的帮助最大。③ 巴特等人(Butler, et al.)从教学技能教练、情感支持系统和社会化代理人三个层面,对已有研究呈现的指导教师角色价值进行了概括,如下表0-4所示。

值得一提的是,部分学者还关注到实习指导工作对于指导教师专业发展的重要价值。艾瑞(Ehrich)等人分析了涉及教育、商业、医学三大领域的上百篇指导教师相关研究,提出担任"指导教师"角色能够为主体带来四个积极影响:促进自我反思、同伴合作、专业素质及其个人价值的有效提升。④ 在美国教师教育回归实践的变革过程中,"合作教学"(Coteaching)被广泛应用,⑤指导教师被定义为"合作教育者"和"合作学习者",师徒转变为合作学习的伙伴。⑥ 我国学者卢俊勇等提出"发展为本"的理念,倡导指导教师与实习生结成教学共同体,探究教学实践中的典型问题、行为及教育理念⑦,其中不乏"合作教学者"和"合作学习者"的意蕴。

表0-4 基于实习教师专业发展的指导教师角色界定⑧

指导教师角色	主要观点	代表人物
教学技能教练	示范、观察、评价班级管理和课堂教学效果,以加深实习教师对"教学"的理解,确保实习效率	乔伊斯等(Joyce, et al.);科纳(Koerner)
	帮助实习教师明确自身优势和不足,探索个人教学风格,形成个人认同感	瑞尔等(Real, et al.);科文·鲁帕兹(Kwan-Lopez)

---

① McIntyre J., Byrd M., Foxx M. Field and laboratory experiences[M].//Handbook of research on teacher education New York: Simon & Schuster Macmillan, 1996: 171-193.

② Mason, O. Teacher involvement in pre-service teacher education[J]. Teachers and Teaching, 2013, 19(5): 559-574.

③ 顾慧,张雨强,王丽.学前教育师范生实习阶段专业成长的内在心理过程分析[J].学前教育研究, 2017(5):35-47.

④ Ehrich C., et al. Formal mentoring programs in education and other professions: A review of the literature[J]. Educational administration quarterly, 2004, 40(4): 518-540.

⑤ 马洁然.合作教学与共同学习:美国学前教育实习模式的解读、分析与启示[J].比较教育学报,2020 (2):96-107.

⑥ Soslau E., Gallo-Fox J., Scantlebury K. The promises and realities of implementing a coteaching model of student teaching[J]. Journal of Teacher Education, 2019 (5): 265-279.

⑦ 卢俊勇,陶青."发展为本"实习指导的价值取向及其策略应对[J].中国教育学刊,2016(5):94-100.

⑧ Butler B. Conceptualizing the roles of mentor teachers during student teaching[J]. Action in Teacher Education, 2012, 34(4): 296-308.

续　表

指导教师角色	主要观点	代表人物
教学技能教练	与实习教师一同反思、协商各种矛盾和随时出现的问题，实现共同专业发展	卡萨根、维萨洛（Korthagen & Vasalos）；费尔班克斯等（Fairbanks, et al.）
情感支持系统	给予实习教师在角色转换、专业胜任和环境适应过程中所需要的情感关怀	阿拜尔等（Abell, et al.）；诺丁斯（Noddings）
情感支持系统	营造合作、友好、信任和积极的环境是"学习教学"的基础	斯丹尼勒、鲁塞尔（Stanilus & Russell）；麦克比（McBee）
情感支持系统	指导教师应当采取支持、协助而非评价、监督的态度	
社会化代理人	传统实习中的师徒层级关系、学校文化影响实习教师的社会化过程	斯滕斯、莫瑞（Stones & Morris）
社会化代理人	当教师教育与学校工作脱节，武断而不专业的指导教师认为实习生并不具备实践能力，只懂理论却不谙世事，且会对其横加干涉	威尔森等（Wilson, et al.）；巴洛夫、德瑞帕（Bullough & Draper）

综上所述，从研究视角来看，应然层面的角色描述，多体现为实习生和教师教育者群体对于学校指导教师的角色期待，鲜有研究倾听主体的声音，描述指导教师对于自身角色的期待和认识。从研究结果来看，首先，实习指导教师角色呈现由"课堂主导者"[①]向"实践监督者"[②]，再向"教师教育者"的变化历程，而后还出现了"合作学习者"和"合作教育者"，在一定程度上体现了教师教育和教育实习模式的发展。其次，即使研究者的视角、方法和所得结论有所差异，其均能揭示出指导教师的角色价值，且角色价值的实现与其行为方式密不可分。

3. 实习指导中的现实问题及成因

已有研究表明，实习指导的现实问题主要表现为：指导教师理念上的"学徒制"观念残存和行动中的"非教育性"指导行为和策略，从而对其价值发挥产生了消极影响。首先，"学徒制"观念使得实习指导目标、内容呈现出明显的"功利"取向，师徒双方都将关注点放在寻求、模仿、复制教学技巧上，从而忽略了教学行为背后的原理，甚至会导致实习生放弃自身原有观念和目标。其次，实习指导教师并未充分履行职责，引导实习生对教育

---

① Hawkey K. Mentor pedagogy and student teacher professional development: A study of two mentoring relationships[J]. Teaching and Teacher Education, 1998, 14(6): 657-670.

② Borko H., Mayfield V. The roles of the cooperating teacher and university supervisor in learning to teach[J]. Teaching and Teacher Education, 1995, 11(5): 501-518.

理论与实践进行反思、重构,而仅将自己知道的告诉徒弟,抑或过度在意自身行为是否具有榜样作用。①② 再次,师徒关系停留在传统的"教与学"的关系,互动多由教师发起,且明显带有"指导"意味③,导致实习生的主体性缺失,问题解决能力难以提升。④

不当指导理念和行为是内外因相互作用的结果,其中既有内部因素,如教师意识、知识和能力的欠缺,也受外部因素,如培训、组织和管理制度缺失的影响。

(1) 内部因素:指导教师专业素质欠缺

美国学者达林·哈蒙德曾用"自力更生、自给自足、自生自灭"来描述失职指导教师班级中实习教师的生存状态。已有研究发现,指导教师专业素质欠缺主要表现为:一是指导教师的角色意识和内部动机不足,不会主动了解实习生的已有经验、此刻的思维困惑和未来的发展规划,甚至将实习指导视作负担⑤;二是指导教师的专业知识和能力不足,不了解最新教育理论和成人学习理论,不具备计划、反思和对话能力⑥,导致师徒互动流于形式、缺乏主题和深度,且反复强化"技术操作"。此外,指导教师喜欢垄断和控制对话,提问和评论多,给予实习生提问和表达的机会少。⑦ 上述指导教师专业素质的欠缺直接导致实习生认为所谓的"实践智慧",单纯依靠时间就能累积,从而错失了反思实践、重构理念和修正行为的机会。

(2) 外部因素:实习指导支持体系缺失

学者威尔逊(Wilson)和布克伯格(Buchberger)时隔10年的两次调查发现,多数教师教育者并非经过严格选拔,且未接受过系统的专业培养,加之外部支持有限,其在判断实习生的发展特点和学习需要时,完全凭借自身实习时的相关经历或借助个人经验。⑧ 本书将从选拔、培训和管理三个维度对已有研究进行归纳。

① 选拔制度缺失。我国尚未出台关于实习指导教师的专业标准及涉及其选拔、培

---

① 王芳,卢乃桂.教育实习中的"三角关系"探析[J].教育科学,2010(2):40-45.
② Feiman-Nemser S., Margret B. "When is student teaching teacher education?"[J]. Teaching and Teacher Education, 1987(3): 255-273.
③ 丰新娜.幼儿园实习教师与指导教师互动的研究[D].南京:南京师范大学,2008:67.
④ 张凤.幼儿园教育实习指导教师对本科生实习指导的现状研究[D].上海:上海师范大学,2014:62.
⑤ Kathryn B., et al. The Transition from Experienced Teacher to Mathematics Coach: Establishing a New Identity[J]. Elementary School Journal, 2010 (1): 191-216.
⑥ Kennedy M. "Book Reviews: Knowledge Base for the Beginning Teacher: Two Views Mary Kennedy's Perspective"[J]. Journal of Teacher Education, 1989(6): 53-57.
⑦ 朱永新,杨树兵.教育实习指导中存在的问题及对策[J].扬州大学学报(高教研究版),2001(3): 47-50.
⑧ 杨秀玉.实践中的学习:教师教育实习理念探析[J].首都师范大学学报(社会科学版),2009(5): 57-61.

养、评价等具体要求的文件。① 已有研究多为国外经验总结,或是在研究建议部分提出应当尽快建立指导教师选拔制度。即便在美国,不同地区、机构的选拔标准也尚未统一,有的强调教师的课堂教学能力,有的则强调教师的合作、交流能力。②

选拔制度不完善还体现为对"优秀教师"和"优秀指导教师"概念的混淆。如美国中小学会优先选择那些校长和同事所公认的"优秀实践者"(excellent practitioners)作为指导教师,理由是其课堂管理、教学和交流方面具有卓越的能力,其背后的假设是:优秀教师必定是指导教师的最佳人选。我国的实习学校同样会优先选择"骨干"教师来指导实习生,已有研究发现,一些骨干教师并不能认真、出色地完成实习指导任务。一是由于骨干教师往往身兼数职,精力和时间难以保证;二是其认为实习生的加入会影响学生成绩,从而过度限制实习生的工作权限。③ 有研究者对我国6所部属师范学校的教育实习现状进行过调查,结果显示:调查对象中,85%以上的指导教师有5年以上教龄,近80%的教师具有中级及以上职称,超过90%的教师有过指导经历,却仍然存在指导方式单一、效果差强人意等问题。④

值得一提的,近年来,越来越多的研究者开始意识到教育者和教师教育者是两个不同的概念。实习指导和课堂教学在目的、性质、对象、内容和方法上均存在差异,因此对教师的专业素质要求也应有所差别。在课堂教学中,教师不需要向儿童解释其为何这样教而不那样教的理由,而在实习指导过程中,指导教师必须向成人学习者解释其选择、决策行为的原因,同时提供积极而有效的反馈。⑤

② 专业培训缺乏。实证研究显示,由于缺乏专业培训,许多指导教师将自身的工作状态描述为"摸着石头过河"⑥。遇到问题时,只能求助于有经验的同事,实习指导工作陷入"技术化"的误区。⑦ 一些研究者甚至提出质疑:"如果指导教师根本不了解自己的教育

---

① 张博伟.教育实习指导教师角色与指导策略研究——以D师范大学英语实习指导教师为例[D].长春:东北师范大学,2013:44.
② 卢俊勇,陶青.美国实习指导教师的选拔:标准、过程及其启示——什么样的教师可以成为教师教育者[J].外国中小学教育,2018(3):51-56.
③ 耿文侠,孙艺铭.教育实习对师范生专业自我影响的调查分析[J].河北师范大学学报,2010(5):114-117.
④ 李光玉.我国部属师范大学教育实习状况的调查研究——基于2012年教育实习实地调研[D].长春:东北师范大学,2013:63.
⑤ Dillon E., Silva E. Grading the teachers' teachers[J]. Phi Delta Kappan, 2011(1): 54-58.
⑥ 杨春梅.教学实习指导教师的工作现状研究[D].重庆:西南大学,2013:46.
⑦ 杨鑫,夏薛梅.高师院校教育实习指导教师专业化的缺失与构建[J].教育观察,2019(7):61-63.

对象,不清楚教育目标、内容和方法,何以将教育实习视作一种合法的教师教育形式?"[1]由此,专业培训的缺失不仅影响实习指导质量,还会降低指导教师的自信心、角色认同甚至专业地位。

③ 管理制度制约。实习学校组织和管理制度的缺失,对指导教师产生了如下消极影响:其一,由于缺乏明确的计划、内容、时间以及考核评价,大多数教师将实习指导视作附加的、需要花费额外时间且"费力不讨好"的工作[2];其二,学校将课堂教学、班级管理作为唯一工作重心,指导教师时常担忧实习生的加入会影响正常教学秩序、学生学习状态,在这样的文化氛围下,难以产生高质量指导行为。[3]

综上,对于每一位教师而言,兼顾教师和教师教育者角色是一项极具挑战性的工作,需要经历一个"学习成为指导教师(learning-to-be-mentor)"的过程。

4. 实习指导教师的专业发展

已有研究在探讨指导教师的专业发展策略时,主要从个体和环境两大维度来论述,内外因相互作用,才能提升学校教师"教师教育者"的角色胜任度。[4]

(1) 指导教师的角色认同

正如卡尔·史密斯(Cochran-Smith)所言,应首先明确界定教师教育者的身份,才能考虑其专业发展。[5] 已有研究探讨了教师教育者身份认同的内涵、影响因素,或是对于教师教育者在自我研究中所陈述的问题予以揭示。结果表明,实习指导教师在构建身份认同的过程中,会受到学校氛围、教师教育文化、自我效能感、角色要求的明确性、群体认同感等因素的影响。[6] 然而从总体来看,实习指导教师的研究还略显单薄,仍然属于一个新兴研究领域。

(2) 实习指导的外部支持

① 设立科学合理的准入制度和专业标准。科学合理的准入制度和专业标准,能够使得指导教师的选拔、培训和工作过程有据可依。美国密歇根州立大学对于学校指导

---

[1] Feiman-Nemser S., et al. Are mentor teachers teacher educators? [J]. Alternative Teacher Certification, 1992:1-19.

[2] 李淑萍,刘福林.高师院校教育实习指导教师队伍建设现状调查及对策[J].继续教育研究,2014(7):73-75.

[3] 徐赞.教育实习指导教师工作动机与挑战调查研究[D].长春:东北师范大学,2012:23.

[4] Weiss M., Weiss S. Doing reflective supervision with student teachers in a professional development school culture[J]. Reflective Practice,2001(2):125-154.

[5] Swennen A., Jones K., Volman M. Teacher educators: their identities, sub-identities and implications for professional development[J]. Professional Development in Education,2010,36(2):131-148.

[6] 董海青.国外教育实习指导教师的身份认同研究[D].上海:上海师范大学,2020:16.

教师的选拔遵从如下标准：一是教学实践能力；二是学习品质；三是个人品质，如教师是否愿意分享经验、具有开放的心态和进取精神。① 学者哈伯森（Hobson）曾将指导教师的专业素质概括为：愿意分享经验、提供建议、反思实践；教育经验丰富，教学能力强；有耐心和同情心，乐于奉献；具有先进的教育理念和积极的生活、工作态度，能够履行职责和承诺。② 莫尔（Moir）提出，指导教师必须具备5年以上教学经验；具有硕士及以上学位；是某一学科最优秀的教师，并得到同事、学生和家长的认可；具有教师培训资质的相关证书。③ 此外，国外指导教师选拔包括以下环节：个人申请、资格审查、学校调查、集中面试、课堂观察和现场答辩。④ 综上，从选拔标准和程序来看，指导教师不仅要拥有一定资历（如教学年限、学历和社会影响）、专业知识与能力，还应表现出教师教育者的专业素养（观察和评价、沟通和协调能力等）和内部动机，即愿意担当培养未来教师的使命。⑤

② 提供针对实习指导教师的专业培训。专业培训可以帮助主体界定并执行教师教育者角色，美国国家教师教育认证委员会（NCATE）和全美教师质量委员会（NCTQ）均建议对实习指导教师进行专业培训，以确保其具备支持职前教师专业学习的能力。⑥ 学者费曼·南瑟认为，指导教师培训应以"启发思维"而非单纯"追求技巧"为目标⑦，坚持长期性原则，引导教师研究实践中的具体问题和典型案例，以建构角色认识，获取知识和技能。⑧ 国内有学者提出，大学和中小学校应帮助指导教师提升理论素养和研究能力，使其充分利用自身经验，并确保指导行为有据可循，且要避免陷入全盘否定理论或盲目信任经验的误区。⑨

---

① 陶青，卢俊勇.美国密歇根州立大学小学全科教师培养——实习指导教师的本质、实践和专业发展[J].外国中小学教育，2015(10):42-47.

② Hobson D., et al. "The importance of mentoring novice and pre-service teachers: Findings from a HBCU student teaching program."[J]. Educational Foundations，2012(26): 67-80.

③ Moir, E. (2003). Launching the next generation of teachers through quality induction. Paper presented at the State Partners Symposium of the National Commission on Teaching & America's Future, Denver, CO, July 12-14.

④ 卢俊勇，陶青.从中小学教师到教师教育者的关键转变——实习指导教师培训：美国做法与有效策略[J].现代教育管理，2019(1):47-51.

⑤ Greenberg J., Pomerance L., Walsh K. Student Teaching in the United States[J]. National Council on Teacher Quality, 2011(1): 8-12.

⑥ Dillon E., Silva E. Grading the teachers' teachers[J]. Phi Delta Kappan, 2011(1): 54-58.

⑦ Feiman-Nemser S., Parker B. Mentoring in Context: A Comparison of Two U.S. Programs for Beginning Teachers[R]. Michigan: the National Center for Research on Teacher Learning, 1992: 7-8.

⑧ Feiman-Nemser S., et al. Are mentor teachers teacher educators [J]. Mentoring: Perspectives on School-based Teacher Education, 1993(1): 147-165.

⑨ 赵路华.教育实习指导教师的选派及培训[J].重庆三峡学院学报，2010(2):158-160.

从培训的具体内容来看,学者克拉克认为,应当提升指导教师对实习生教学活动的研究能力,从分析细节问题入手,最终落脚到对教育理念的把握。[1] 吉尔豪斯(Giebelhaus)则强调,培训应关注指导方法和能力,如移情,发现、解释和阐述问题的能力。此外,指导教师应当通过培训获得制定计划、实施高效指导及反思自身指导行为的能力。[2] 新西兰学者麦克唐纳(McDonald)将培训的内容概括为:明确指导目的、指导风格、指导方法及如何建立师徒关系。[3]

③ 完善实习指导工作的组织管理制度。大学和中小学校建立合作共同体,在薪酬制度、职称晋升和组织管理层面对实习指导工作提供保障,能够有效提升学校教师参与实习指导的积极性。[4][5] 美国密歇根州立大学会为学校教师支付300美元(指导1位实习生)的酬劳;还将每年的一月定为"指导教师月"。[6] 悉尼大学规定,指导教师可免费选修1~2门暑期课程。[7] 此外,美国一些中小学和幼儿园还为接纳实习教师的班级配备全职助教,以方便教师兼顾实习指导工作。[8] 国内有学者提出,高校和幼儿园可通过构建幼教联盟,选派有理论素养和实践经验的教学能手担任指导教师;实施高校和幼儿园教师的双向挂职,并将实习指导纳入绩效考核,提升指导教师的评聘、培养、考核的规范化和系统化,切实提升实习指导质量。[9]

已有研究对于实习指导教师的角色特征、价值描述,呈现出丰富而真实的指导教师角色形象;与此同时,由于缺乏理论支撑,部分研究中存在指导教师角色的概念界定不清、内涵指向不明,不同维度角色内容彼此交叉的现象。由此,我意识到,如要深入理解

---

[1] Clarke A. Professional development in practicum settings: Reflective practice under scrutiny[J]. Teaching and Teacher Education,1995,11(3):243-261.

[2] Giebelhaus R., Bowman L. Teaching mentors: Is it worth the effort? [J]. The Journal of Educational Research,2002,95(4):246-254.

[3] McDonald L. Effective mentoring of student teachers: Attitudes, characteristics and practices of successful associate teachers within a New Zealand context[J]. New Zealand Journal of Teachers' Work,2004,1(2):85-94.

[4] 徐文秀,朱春英,蔡久慧.实行教育实习指导师资格认定制度之我见[J].现代中小学教育,2007(7):68-71.

[5] 徐祖胜.中小学教师作为教师教育者:一个不容忽视的问题[J].当代教育科学,2019(6):51-55.

[6] 陶青,卢俊勇.美国密歇根州立大学小学全科教师培养——实习指导教师的本质、实践和专业发展[J].外国中小学教育,2015(10):42-47.

[7] 黄建辉.专业体验导向:澳大利亚悉尼大学教育实习模式探析[J].外国教育研究,2016,43(2):83-94.

[8] McBride B., Fisher M. Academics versus service in child development laboratory schools[M]. Charlotte: Information Age Publishing, Incorporated,2019:63-70.

[9] 朱广兵.基于现代学徒制的幼师教育实习模式构建——以M幼儿师范学校幼教联盟为例[J].现代教育论丛,2015(4):87-91.

并揭示指导教师的角色特征,需要对"角色"概念的内涵、结构进行明确界定。本书将基于角色理论中的相关概念,构建幼儿园指导教师角色研究的内容框架,需要对角色理论的产生、发展及其应用进行梳理。

(三) 角色理论及其相关研究进展

1. 角色概念的引入与角色理论的产生

"角色"首先是一个戏剧表演中的专用名词,而后被社会科学研究领域的学者借用,以考察社会生活。1934 年,美国社会心理学家、符号互动论的创始人米德(Mead)将其引入社会心理学领域,用来研究自我与他人之间的关系;美国人类学家林顿(Linton)曾在探讨地位与角色的关系时,对社会地位和角色概念进行了明确区分。此后,不同领域的学者基于各自视角、运用不同方法,对角色的相关问题进行了大量研究。因此,社会科学中角色概念的出现,带有学科交叉的性质,对于角色理论的贡献大多来自人类学、心理学和社会学领域,这种通过多门社会科学的共同参与而发展的结果,导致了一种综合心理学、社会学和人类学有关内容,并形成独特语言系统和概念系统的角色理论的诞生。[1]

那么,何谓角色理论?学术界的说法尚未统一,有人将其定义为以角色作为理解个人社会行为的理论[2];也有人认为,角色理论是从社会意识和社会行为方面研究个体社会职能本质及其活动规律的理论。我国学者奚从清将角色理论定义为,研究个体在互动过程中扮演角色及其活动规律的理论,其将"角色扮演"作为角色理论的核心概念,关注不同类型的期望角色如何经由个体的自我解释和评价而得到传递,又怎样受个体扮演技巧的制约,同时关注角色扮演与自我概念的一致程度,并将角色扮演作为个体与社会之间的联结点。[3] 又如学者特纳(Turner)指出,米德在引入角色概念时,并没有明确界定个体行为同社会结构之间的关系,而后人们不断探索个体如何通过扮演角色而介入社会结构之中,并对角色的相关问题进行了研究,这一研究方向被称作角色理论。[4]

角色理论的研究范围广泛而复杂,目前主要分为结构角色理论和过程角色理论两大派别。结构角色理论以角色在社会结构中所处的位置为出发点,研究角色行为、社会

---

[1] 周晓虹.现代西方社会心理学流派[M].南京:南京大学出版社,1990:222.
[2] 时蓉华.社会心理学[M].上海:上海人民出版社,1986:57.
[3] 奚从清.角色论——个人与社会的互动[M].杭州:浙江大学出版社,2010:19-20.
[4] 特纳.社会学理论的结构[M].吴曲辉,等译.杭州:浙江人民出版社,1987:431.

期望、角色冲突以及角色同社会的关系,由此而形成其核心概念和理论体系,代表人物包括米德、林顿、戈夫曼(Goffman)、默顿(Merton)等。如以人类学家林顿为代表的人类学和结构功能主义的观点,聚焦社会结构或社会制度中同各种地位相联系的权利与义务,认为地位所代表的权利和义务发生效果时便是角色扮演,由此而创造出角色丛、角色冲突等概念。过程角色理论则以社会互动为基本出发点,围绕互动中的角色扮演过程开展对个体角色扮演、角色领悟与建构、角色校正等问题的研究,以特纳为代表,其将过程角色理论建立在对以往结构角色理论批判的基础之上,并将"角色领会"视作社会行动的本质,进而提出并分析了"角色的产生及特性""角色作为互动框架""角色与行动者的关系"等命题。①

综上,结构角色理论和过程角色理论均受到米德观点的启发,具有共同的理论基础,双方并非派系之争,而是角色理论家之间所采取的不同分析方法之争。由此启示我们在看待角色时,一方面应持结构性观点,另一方面应采用过程性的研究策略。② 近年来,社会学、社会心理学等领域的学者开始从角色概念、社会地位、期望角色、派生及角色理论如何应用于社会体系和个人适应等方面进行了论述。③ 由此,角色理论自身在不断发展、完善的同时,"角色""身份"也成为分析社会结构及特征、解释并预测人们行为的有力工具,从而被作为研究视角和理论基础,广泛应用于当下的社会科学研究。

2. 角色理论的应用及其相关研究进展

美国学者彼德尔(Billdle)曾用角色理论中的"一致""角色冲突""角色适应"和"角色扮演"四大核心概念,作为统领角色理论应用于相关研究的基本线索。其中,"一致"旨在关注期望角色的表达、协调及其社会价值,而后三者均作为对于个体角色扮演过程的特征及相关问题的探讨。由此,本章节将从以下两方面归纳角色理论的相关研究内容。

(1) 角色期望的表达、协调及其社会价值

自20世纪50年代以来,已有研究开始针对角色期望、角色行为规范展开研究,其关注不同群体对于同一角色所持有的期待是否具有一致性,并将这种角色规范的协调一致作为社会群体成员所共有的目标,以及社会得以和谐运行的根本。从行业类型来看,已有研究主要集中在相关群体对于以下三大行业从业者角色的期待:一是医疗行业,如病患对于医生、护士、麻醉师的期望以及护理专业实习生对临床带教教师的角色

---

① 特纳.社会学理论的结构:下[M].邱泽奇,等译.北京:华夏出版社,2001:51-55.
② 奚从清.角色论——个人与社会的互动[M].杭州:浙江大学出版社,2010:36-37.
③ 比德尔,曾霖生.角色理论的主要概念和研究[J].现代外国哲学社会科学文摘,1988(11):4-7,35.

期望;二是商业,如顾客、企业管理者对于销售、服务人员的角色期望;三是教育行业,相关群体(教师、家长、学生、学校管理者)对于教师(辅导员)、校长等的角色期望。

从内容来源来看,以教师角色期望的研究为例,学者力博翰(Libham)等人曾将教师角色期望分为教师自身角色期望、他人对教师的角色期望、教师所预测的他人对自己角色的期望三类。① 也有学者将其分为教师"自我形象"和"公共形象":②前者指教师群体对于自己的角色期望,如我国学者殷振华等人经由对教师群体的调查所建构的教师自我角色期望模型,由期望结构、教师工作领域和教师学生观三大维度构成;③后者多为学生、家长和学校管理者视角下的教师期望角色,及与之相关联的师生关系、家校关系的考察。已有实证研究的结果表明,不同国家、地区、群体对于不同学科、学段、性别的教师期望角色具有较大差异,且期望角色的内容表述在教师个人品格、能力和专业素质结构上各有侧重。④⑤ 如有学者将教师期望角色分为情感、认知及职业三个维度,或将期望角色归为个人魅力、师生关系、角色类型、工作能力、综合素质五个方面。⑥ 此外,不同群体对于教师角色的期望呈现出"变与不变""一致与冲突""合理与不合理"的共存,且由于不同取向或立场的共生,外界期望同教师自身期望之间往往存在差异明显,从而容易使教师陷入一种无所适从的窘境。⑦

此外,关于教师自身角色期望的研究明显少于外界对其角色期望的研究,这与角色期望的类型划分方式密切相关,教师自身角色期望在一些研究中也时常被归入角色认知的概念范畴。同时,已有研究开始关注个体如何看待期望角色,从而产生对于角色规则的理解与依从,或是将成功的角色扮演者视作具有"移情能力"的人,进而在社会互动中实现对于期望角色的内化和演绎,以促进个人的发展和社会的一体化。⑧

(2) 角色扮演的特征、复杂性及现实问题

角色扮演的概念由米德率先提出,其将"扮演别人的角色"视为个体自我发展和参与社会互动的主要方式。传统的角色理论对于角色扮演的解释可大致分为以下两种:

---

① 王晓伟.江苏省三地四群体教师角色期望的比较研究[D].苏州:苏州大学,2008:7.
② 朱丹.教育相关群体对中学教师的角色期望之比较[D].长沙:湖南师范大学,2006:21.
③ 殷振华,赵守盈.教师自我角色期望量表的编制[J].心理研究,2011,4(1):76-80.
④ Morris B. An analysis of the perceived behaviors of early childhood education teachers on selected characteristics[J]. Illinois School Research and Development,1978:14(2):65-72.
⑤ Daly, John A. Writing apprehension in the classroom: Teacher role expectancies of the apprehensive writer[J]. Research in the Teaching of English,1979:13(1):37-44.
⑥ 王晓伟.教师角色期望维度的实证研究[J].中国科教创新导刊,2008(9):111-112.
⑦ 刘要悟,朱丹.教育相关群体的教师角色期望之社会调适和教师自我调适[J].教师教育研究,2010,22(2):35-39.
⑧ 比德尔,曾霖生.角色理论的主要概念和研究[J].现代外国哲学社会科学文摘,1988(11):4-7,35.

一种观点认为角色扮演意味着归属期待的准确性,即个体所归属于他人的期望角色同别人实际所持有的期望相一致的程度;另一种观点则认为,角色扮演包含着复杂的社会思想,角色扮演者需要设想别人也抱有绘制他人角色观念和行为的期待,并具有对他人角色期望进行准确判断的能力。与此同时,当人们论及个体角色扮演过程所具有的特征时,通常会涉及"角色丛"(role set)概念。依照默顿的观点,社会地位与角色一一对应,每个人都会占据一些各不相同的社会地位,反过来每一个社会地位都有自身的角色丛。[1] 因此,个体身处角色丛系统,在扮演不同角色的过程中难免会遇到角色冲突(role conflict)和角色模糊(role ambiguity)、角色转换(role transition)等问题。其中,以角色冲突的相关研究最为盛行,如学者卡恩(Kahn)所提出的角色互动理论模型中,将角色扮演定义为角色执行者同角色发出者之间基于期望角色而进行互动的过程,并聚焦个体可能会面临的角色冲突表征形式及成因(个体、人际和组织层面)[2],由此而在国内外学界被广泛使用。国内学者曾采用卡恩的角色互动理论模型,分析我国乡村校长[3]、大学教师[4]、产学研合作中的教师[5]等角色的扮演过程;国外学者也以此为蓝本,探索个体"工作—家庭冲突(促进)"关系的形成机制。[6][7]

与此同时,角色模糊也是近年来出现在角色研究中的高频词汇,且时常同角色冲突一同出现。角色模糊是指角色的相关预期缺乏或不清,即个体不清楚自身所扮演角色的职责。角色模糊分为自我和他人角色混同两类,具体体现为以下三方面内容:一是角色期望的内容模糊,二是角色期望的实现路径模糊,三是完成角色扮演的预期结果模糊。上述角色权利、责任边界不清晰,角色期望模糊的情形会增加个体对于角色扮演过程的焦虑和不满,导致角色扮演的效果受到影响。[8] 国内外已有研究致力于测量工具的探索和验证,旨在更为精确地呈现角色模糊的概念结构,从而对个体的角色认知水平

---

[1] Merton R. The role set: Problem in sociological theory[J]. British Journal of Sociology,1957(2): 106-120.
[2] Kahn L., et al. Organizational stress: Studies in role conflict and ambiguity[M]. New York: Wiley, 1964.
[3] 陆超,刘莉莉.挣扎与坚守:多重角色下乡村校长角色冲突的表征及动因——基于25位乡村校长的访谈研究[J].教育发展研究,2021,41(18):77-84.
[4] 朱沛沛.我国大学教师角色冲突发生机制研究[J].黑龙江高教研究,2018(8):31-34.
[5] 范惠明.角色理论:产学合作中教师角色的一个分析框架[J].高教探索,2021(6):34-39.
[6] Netemeyer G., et al. Development and validation of work-family conflict and family-work conflict scales [J]. Journal of Applied Psychology,1996,81(4):400.
[7] Greenhaus H, Powell N. When work and family are allies: A theory of work-family enrichment[J]. Academy of management review,2006:31(1),72-92.
[8] 范惠明.角色理论:产学合作中教师角色的一个分析框架[J].高教探索,2021(6):34-39.

进行判断。①② 也有研究聚焦不同群体角色模糊的具体表现及成因,如已有研究表明,我国中小学心理教师的角色模糊主要表现为心理教师与管理者、德育教师及普通教师角色的混淆,进而从德育工作管理框架和特殊教育范围等维度进行了分析;或是对于角色模糊同个体角色认同、角色持守的关系进行了探索,如ICU年轻护士群体所感受到的角色冲突、角色模糊同个体的工作疲溃感、离职意愿均呈显著正相关。③

综上,随着人们对于角色概念及其核心要素(如角色主体、社会关系、权利义务、社会功能等)研究的不断深入,以及角色理论应用领域的不断拓展,其自身也处在不断完善的进程中。与此同时,已有研究对于角色期望的表达及价值,个体角色扮演过程中面临的角色冲突、角色模糊等现实问题的关注,启示我们在对幼儿园实习指导教师角色进行识别、解释时,既要充分参考社会、组织和个人对于角色的外在规定性要求和期望④,也要倾听角色主体的声音,关注指导教师在角色扮演中面临的困境、需求及其在角色调适过程中所发挥的主体性和能动性。

(四) 已有相关研究的评述及启示

从视角来看,已有研究基于哲学、心理学和社会学领域的相关理论,在理论层面,对教育实习的本质展开了深入剖析;在实践层面,聚焦教育实习目标、组织、实施及评价,揭示现实问题,进而探究改进策略,这为全面了解教育实习的相关问题、明确研究方向奠定了坚实的基础。然而,已有教育实习研究中所涉及的指导教师的相关内容大多旨在探讨如何促使其发挥作用以提升教育实习质量,鲜有关注承担实习指导工作对于教师自身的影响,导致所提建议和对策难以有效落实,教育实习的价值未能充分发挥。

本书在看待和分析幼儿园教育实习、教师教育的相关问题时,以幼儿园实习指导教师为切入点,将其视为一种社会存在,透过指导教师同自我、他人与社会的互动,洞察其赖以存在的环境中各种错综复杂的关系,如幼儿园教师与教师教育者、幼儿园指导教师与高校指导教师、幼儿园与高校、教育理论与实践之间的相互作用。与此同时,将实习指导教师角色建设置于幼儿园教师专业发展、教师教育职前职后一体化进程中加以考

---

① Vansell M., et al. Role conflict and role ambiguity: Integration of the literature and directions for future research[J]. Human Relations,1981(1):43-71.

② Rizzo R., et al. Role conflict and ambiguity in complex organizations[J]. Administrative Science Quarterly,1970(2):150-163.

③ 刘晔,杨敏,陈菲菲.ICU年轻护士角色冲突和角色模糊、工作疲溃感对离职意愿的影响[J].中华护理杂志,2013,48(6):533-535.

④ 陈映芳.关于在青年社会学中导入角色理论的理论思考[J].社会学研究,2000(6):85-91.

量,兼顾个体角色胜任与整个教师教育系统可持续发展的动态平衡。

从内容来看,对教育实习现状的研究居多,针对实习指导教师的研究相对不足。近年来,已有部分学者开始关注教育实习中的"人",对实习生及其同指导教师的互动展开研究,如分析实习生的专业发展特点、学习需求,聚焦师徒互动过程和师徒关系等问题。国内外已有研究对于实习指导教师角色的描述,呈现出由"课堂主导者"向"实践监督者",再向"教师教育者"的转变趋势,并倡导构建"合作学习者"和"合作教学者"的新型师徒关系,这一方面体现出当下成为和培养"反思性实践者"的教师教育者专业发展理念,同时勾勒出理想的指导教师角色形象。美中不足的是,已有研究较多呈现为教师教育领域的学者对学校实习指导教师角色应然状态的论述与论证,或包含于实习生对于教育实习现状的反馈和评价中,鲜有倾听角色扮演者的声音,了解学校教师对于自身承担教师教育者角色的看法、体验及其所面临的现实挑战和发展需要的研究。部分研究中甚至出现将实习指导教师专业发展与教师专业发展同一而论、概念混淆的现象,由此而导致外界对于指导教师作为"教师教育者"角色的认识较为模糊。

由此,本书以角色理论为基础,以对幼儿园实习指导教师"角色"的探究建构内容框架,兼顾结构性和过程性原则,全方位、多角度地揭示幼儿园实习指导教师期望、领悟与实践角色的现状及特征。在分析上述三种指导教师角色的互动方式及影响因素时,同时关注个体由幼儿园教师教育者角色转换过程中面临的现实困境,及其在角色适应、调适过程中所发挥的主体性和能动性。

从方法来看,以往关于教育实习现状的研究大多采用问卷调查法,指导教师的相关内容体现在个别题项中。针对指导教师和实习指导的已有研究以小范围的个案研究为主,仅关注某一班级或个别教师。特别是国内关于指导教师的研究,多为针对国外指导教师选拔、管理和评价标准的内容分析或实践经验总结。一方面,这些研究能够为本选题的研究方法选取、技术路线设计提供有益参考;但另一方面,其所得研究结论的丰富性和科学性存在一定局限的问题也不容忽视。

因此,我们将采用混合设计的研究范式,综合运用内容分析法、问卷调查法、访谈法和参与式观察法,揭示外界对于幼儿园实习指导教师的角色期望,了解指导教师在角色领悟和实践过程中面临的现实困境和发展需求,揭示指导教师在教育实习场域中所呈现的角色行为。多元的研究方法不仅能够拓宽分析指导教师角色相关问题的视角,还能创造数据间的对话空间,从而有效提升研究结论的丰富性与科学性。

三、幼儿园实习指导教师角色研究的理论透镜

(一) 角色理论及启示:关注指导教师角色特征及角色实现

苏联学者安德列耶娃曾提出,社会学中的角色概念应包含以下三层内容:首先,角色是社会中存在的对个体行为的期望系统;其次,角色是占有一个地位的个体对自身的特殊期望系统;最后,角色是占有某一地位个体的外显、可观察的行为。[①] 本书依照上述角色内容来源和基本形态的不同,将幼儿园实习指导教师角色划分为期望角色、领悟角色和实践角色三种,旨在多维度、多视角地揭示其现状及特征,并从角色实现的角度出发,分析不同角色之间的关联与差异。

1. 揭示三种角色的内在结构与外在功能

角色扮演构成了个体与社会之间的联结点。一方面,角色不但规定了个人在社会结构中的地位和身份,也规定了个体作为角色承担者所应当履行的权利和义务,表达了社会对其成员的要求。另一方面,角色在与外部环境相互作用时,还表现出包括互动、规范和自我表现等一系列功能[②],促使个体通过角色扮演来参与社会互动、履行社会职责并实现自我价值。我们将揭示社会所赋予幼儿园实习指导教师角色的身份、地位、规范、行动权限及观念等内在结构;同时关注幼儿园实习指导教师角色所展现出的指向自我与外部的社会功能,分析角色内在结构与外在功能之间的关系。

2. 探究指导教师角色实现的状况及成因

角色理论认为,人们在承担某一角色任务时,会试图了解角色的基本规范和外在期望,并追求个体行为符合社会规范和他人愿望,以获得社会和他人的认同。因此,在理想状态下,角色实现意味着期望、领悟和实践角色在内容构成上具有一致性,在功效发挥上均处于较高水平。然而现实生活中,由于每个人都受到自身条件和周围环境的影响,不同个体对于同一角色的规范、行为模式的理解可能有所差别,即使不同个体对于同一期望角色有相同理解,落实到实践中的角色行为也未必相同,所以人们实际的角色行为往往同期望角色有一定差距。

本书将首先揭示幼儿园实习指导教师的期望角色、领悟角色和实践角色的现状及

---

① 安德列耶娃.西方现代社会心理学[M].李翼鹏,译.北京:人民教育出版社,1987:170.
② 秦启文,周永康.角色学导论[M].北京:中国社会科学出版社,2011:71-72.

特征,然后分析不同角色在内容构成和功效发挥上的关联、差异及其同角色实现之间的关系,进而探究指导教师角色实现的影响因素,最终提出旨在促进幼儿园实习指导教师角色实现的建议和对策。

(二)"互动仪式链"理论及启示:关注师徒互动行为及影响

互动仪式链(Interaction Ritual Chains)理论由当代美国社会学家科林斯(Collins)提出,其在继承古典社会学家涂尔干、戈夫曼等人对社会生活中关于"仪式"概念及其社会功能等问题的研究基础之上,聚焦"互动仪式"的发生机制,试图通过"互动仪式链"将微观社会学和宏观社会学统一起来,构建了一种以微观为基础,微观分析与宏观分析相结合的问题分析视角。

该理论认为,互动仪式(Interaction Ritual,IR)是人们最基本的活动,人与人之间的际遇(encounter)所构成的微观情境是互动仪式的起点,相互关注和情感连带是互动仪式的核心机制。[1] 其中,相互关注是一种高度的互为主体性;情感连带则指参与主体聚集在同一场所,通过身体共在而相互影响,将注意力集中于共同的对象和活动上,通过相互关注、分享情绪体验、唤起情感共鸣,从而获得一种与认知符号(文字、图像、名字)相关联的身份感和情感能量,并获得从事为社会道德所允许的活动的信心、热情和愿望。[2]

1."互动仪式":为实践角色的数据收集和分析提供了参考框架

如图0-2所示,互动仪式由四个要素组成:其一,两个或两个以上的人共同在场;其二,对局外人设定界限;其三,人们具有相互关注的焦点;其四,互动主体分享共同的情绪或情感体验。互动仪式所产生的结果主要包括:群体团结(一种成员身份感);个体情感能量;代表群体社会关系的符号(文字、图标、姿势等),使得成员感到自己与集体相关;维护群体的正义感和道德感。"互动仪式"的组成要素和结果为我们实地观察、深入分析幼儿园教育实习场域中的师徒互动行为提供了理论框架。

首先,依照上述互动仪式的四大组成要素设计观察提纲,收集师徒互动事件。同时关注指导教师和实习生同"自我"的互动,其外显为师徒双方在无结构访谈中所表达的,对于师徒互动过程及结果的主观体验,以及对于自身及他人行为意图的判断。

---

[1] 柯林斯.互动仪式链[M].林聚任,王鹏,宋丽君,译.北京:商务印书馆,2012:7-9.
[2] 柯林斯.互动仪式链[M].林聚任,王鹏,宋丽君,译.北京:商务印书馆,2012:10-11.

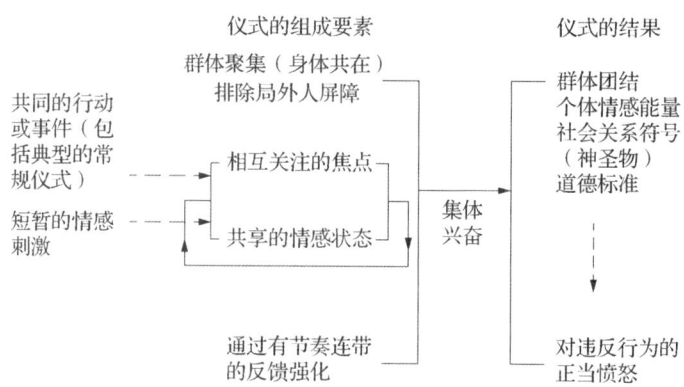

图0-2 "互动仪式"的要素及结果①

其次,基于角色概念的核心要素,结合上述"互动仪式"的要素和结果,从以下三个层面分析师徒互动行为:其一,人际关系构建层面,包括师徒所发起、参与的共同行动或事件的频率和时间、情感投入水平及互动氛围;其二,行为模式呈现层面,包括互动行为发生的情境、双方共同关注的焦点及行为方式;其三,社会功能实现层面,包括互动仪式之于实习生的社会关系符号以及群体归属感获得的影响。最终,通过"质量结合"的方式对观察和访谈数据予以统计、分析,揭示幼儿园实习指导教师实践角色的内在结构与特征。

2. 相互关注与情感连带:个体情感投入与获得值得关注

"互动仪式链"理论认为,对于互动过程的分析,需要关注以下两个问题:一是参与主体的相互关注以何种程度发生,二是参与主体间的情感能量能够在何种程度加以传递,从而产生情感连带。首先,情感能量是互动仪式的核心要素和结果,是一种长期而稳定的社会情感状态,其包含一个连续的系统,从高端的自信、热情、自我感觉良好到中间状态的平淡,再到末端的消沉、主动性缺乏和消极的自我感觉。这类似于心理学中的"驱力"概念,同时又具有一定的社会性。高水平的情感能量能够促使个体对社会互动充满热情,形成关注焦点和情感共鸣,进而产生情感连带。其次,在互动过程中存在"互动仪式市场",由于个体拥有的情感能量和文化(符号)资本各不相同,处于高位的人容易获得情感能量,并支配关注焦点和互动过程,由此体现出一种不平等性,且对主体产生不同影响。

"互动仪式链"理论中所提"相互关注"和"情感连带"概念,启示我们关注互动仪式进程中,师徒双方的相互关注与情感能量获得程度及其所产生的情感连带。同时,"互

---

① 柯林斯.互动仪式链[M].林聚任,王鹏,宋丽君,译.北京:商务印书馆,2012:80.

动仪式市场"的观点启示我们在分析互动仪式的结果时,应关注双方所持有的文化资本同情感能量的关系,以及互动结果对双方主体"身份感"获得的影响,进而揭示幼儿园实习指导教师实践角色的社会功能发挥水平。

(三) 情境学习理论及启示:构建幼儿园教师教育实践共同体

情境学习(Situated Learning)由美国学者莱夫(Lave)和温格(Wenger)于20世纪90年代提出,其基于人类学视角,将作为主动行动者的人、活动和世界看作一个相互构成的整体,以探讨学习的本质。作为情境学习的核心要素,"合法的边缘性参与"提出了一种分析、理解学习的方式;"实践共同体"则被视作组织中解决问题和意义制造的手段,以此来强调人与社会、学习与实践的不可分割性。①

1. 合法的边缘性参与:为分析教师学习、行动和互动方式提供有益启示

作为情境学习的核心特征,"合法的边缘性参与"中存在三对相互对立的子概念:合法的与不合法的,边缘的与充分的,参与和不参与。合法意味着持有入场资格,是学习得以发生的前提。边缘性是一个授权的位置,当学习者开始进入一个包含权力关系的社会结构时,通常会处在被剥夺权利的位置。同时,边缘性也是一个积极术语,新手的部分参与并不意味着"不相关"或者"脱离"兴趣的实践,当边缘性被赋予权力时,它便暗示着一种开放的通道,一种以理解为目的,凭借逐渐增长的"参与"通达源头的途径。值得注意的是,该理论用"充分参与"(full participation)与"边缘性参与"(peripheral participation)相对应,而不是"中心参与"(central participation,有将共同体中的向心参与归结为单一中心或是技能获得的线性概念的嫌疑)或者"完全参与"(complete participation,暗示着一个知识或实践的封闭领域),旨在说明共同体成员关系样态的开放性与多样性。参与强调行动者与世界、活动、意义、学习和知识之间相互依赖的关系。②

在幼儿园教育实习场域中,实习生的学习具有"合法的边缘性参与"特征。高校为实习生争取到进入幼儿园、班级工作的资格;而作为新手,其在行动过程中必然处于"边缘性"位置,需要先观察,然后在指导教师的安排下承担一些辅助性工作,慢慢拓展参与的广度和深度,从而完成角色转变、获得教师身份。由此,我们将从"合法的边缘性参与"的视角分析实习生经由行动、互动的学习方式与特征,并思考以下问题:在幼儿园教育实习现场,"合法的边缘性参与"的实现程度如何?这种基于行动、互动的学习样态需要何种行业

---

① 莱夫,温格.情境学习:合法的边缘性参与[M].王文静,译.上海:华东师范大学出版社,2004:1-10.
② 莱夫,温格.情境学习:合法的边缘性参与[M].王文静,译.上海:华东师范大学出版社,2004:6,17.

文化?指导教师应如何作为,促进实习生意识到"边缘性参与"对于专业学习的价值?①

2. 实践共同体:为培育、优化幼儿园教师教育共同体提供有益参考

1887年,德国社会学家滕尼斯在其著作《共同体与社会》中,率先提出"共同体"一词,将其定义为由人和物的关系所形成的现实或有机生命的"结合"②,强调人们共同的精神意识、认同感和归属感。③ 莱夫和温格在此基础之上,提出实践共同体概念,将其阐述为"人、活动、世界之间的一系列关系"。温格在其后的著作中对实践共同体进行了进一步探讨,认为"人类生活意味着,人们将持续不断地参与到各种事业中去,从保证生存到追求最高贵的娱乐"。相互卷入、合作的事业和共享知识库既是实践共同体凝聚力的来源,也是其存在的必要且充分条件。实践共同体概念的提出,是对情境学习中"合法的边缘性参与"的进一步拓展与论证。首先,提出实践共同体既是生成的,也可以被指导、培育,强调人在学习过程中的主体地位和能动作用。其次,从个体和共同体两大层面理解学习的本质及价值。对个体而言,学习意味着通过一种实践卷入和身份获得为共同体做出贡献的过程;对共同体而言,学习则是一种改善实践、提升价值和持续更迭的过程。最后,强调了理论对于实践共同体的价值,正如温格所言,理论视角并不是"医治百病"的药方,而是一份行动指南,指导你应当注意什么、可能会遇到何种困难及如何应对。④

由此启示我们,在充分认识、分析存在于教育实习中的高校和幼儿园所构成的合作共同体特征、运行机制的基础之上,应着力对其进行培育和优化。同时应当意识到,该共同体不仅限于促使实习生获得专业发展,还应关注其对高校教师和幼儿园教师专业发展的价值,以及包括高校、幼儿园和教师教育系统在内的、组织层面的自我更新与持续发展,促使共同体成员实现充分的相互卷入与资源共享。此外,理论与实践的关系一直是教师教育领域经久不衰的研究课题,"实践共同体"将学习视作一种社会实践形式的同时,不忘关注理论的价值。本书将关注个体对于理论与实践关系的认识,以及教育理论与实践在共同体运行过程中的作用方式,从而避免陷入"知行"割裂的二元论误区。

---

① 陈向明.从"合法的边缘性参与"看初学者的学习困境[J].全球教育展望,2013,42(12):3-10.
② 斐迪南·滕尼斯.共同体与社会——纯粹社会学的基本概念[M].林荣远,译.北京:商务印书馆,1999:52.
③ 杨晓萍,王其红.走向实践共同体的学前教育教研制度——基于新制度主义的分析[J].内蒙古社会科学,2020,41(2):182-188,213.
④ 温格.实践共同体:学习、意义和身份[M].李茂荣,等译.南昌:江西人民出版社,2018:8.

四、幼儿园实习指导教师角色研究的实践进路

(一) 核心概念界定

1. 教师教育与幼儿园教师教育

我国 2001 年颁布的《国务院关于基础教育改革与发展的决定》第一次以"教师教育"替代"师范教育"概念,提出"完善以现有师范院校为主体、其他高等学校共同参与、培养培训相衔接的开放的教师教育体系"。随后,《教育部关于"十五"期间教师教育改革与发展的意见》中明确提出,教师教育是在终身教育思想指导下,按照教师专业发展的不同阶段,对教师的职前培养、入职教育和在职培训的统称。幼儿园教师教育是指在终身教育思想指导下,按照教师专业发展的不同阶段,对幼儿园教师的职前培养、入职教育和在职培训的统称。

与此同时,相关研究中也有"学前教师教育"的提法,从已有"学前教师教育"的研究内容来看,"学前"所涉及教育对象的年龄范围包括 3~6 岁、0~6 岁,甚至 0~8 岁。就幼儿园教育实习而言,"幼儿园教师教育"的提法更加准确、聚焦。且国家层面颁布的文件中,较多使用了"幼儿园教师教育"概念,如《幼儿园教师专业标准(试行)》中,开展幼儿园教师教育的院校要将专业标准作为幼儿园教师培养培训的主要依据。我国教育部于 2011 年 10 月颁布的《教师教育课程标准(试行)》中,同样采用了"幼儿园职前教师教育课程目标与课程设置"的说法。

2. 教育实习与幼儿园教育实习

教育实习是各级教师教育院校的高年级学生,在完成规定数量的课程学习并达到一定考核标准后,进入中小学(含幼儿园、中等职业学校、特殊教育学校,下同),在高校和所在学校教师的指导下,参与包括教学实习、班主任实习、教研实习等内容的教师教育实践性课程,旨在培养师范生的社会责任感、创新精神和实践能力。[①]

在英文文献中,与"教育实习"相对应的词是"student teaching";文献中常用的还有"田野经验"(field experience)一词[②],其内涵更为广泛,包括儿童行为观察、参观访问、

---

① 教育部关于加强师范生教育实践的意见[J].中华人民共和国教育部公告,2016(5):103-104.
② National Association for the Education of Young Children (NAEYC). Standards for initial & advanced early childhood professional preparation programs 2010[EB/OL].[2020-12-18]. http://www.naeyc.org/ncate/standards.

小组活动指导、保育实习及教学法课程试教、教育实习等形式。自2010年,全美教师教育认证委员会(NCATE)提出"蓝带计划",倡导教师教育向临床实践型转变之后,文献中常用"临床经验"(clinical experience)来替代"田野经验",以凸显其实践情境的真实性、持续性和多样性。①

从人员来看,《教育部关于加强师范生教育实践的意见》中要求高校实行实习资格考核制度,师范生须通过相关课程学习和技能考核合格后,方可进入教育实习环节。所以,参加教育实习的学生一般为高年级的师范生。已有英文文献中出现过"职前教师"(preservice teacher)、"候选教师"(teacher candidate)、"未来教师"(teacher-to-be, prospective teacher)和"实习教师"(student teacher)等说法。在我国幼儿园教育实习的场域中,使用频率较高的是"实习生"和"实习教师",本书中将统一使用"实习生"概念,相对合适的英文表述是"student teacher",以便同处于见习(或实习)期的新入职教师(novice teacher)加以区分。此外,我国教育实习一般实行"双导师制",由举办教师教育的院校教师和中小学教师共同指导实习生。② 由此,高校指导教师和学校指导教师也是教育实习的重要参与者。

从性质来看,根据《教育部关于加强师范生教育实践的意见》,教育实习同教育见习、教育研习等环节共同构成了教育实践的内容,要求举办教师教育的院校要制订教育实习课程标准、实施计划、实习手册、评价标准等工作规范。同时,《教师教育课程标准(试行)》中将教育实习归为实践性课程,占一定学时和学分。③ 由此,教育实习的本质是一种教师教育实践性课程(practicum curriculum),即包含教法类课程、教育实习和教育见习等各种形式的有目的、有组织的教育实践活动,同专业理论课程相对应。

从目标和内容来看,教育实习要求实习生通过参与教学实习、班主任实习、教研实习等多项内容,旨在达到以下三大目标:一是教师角色体验与师德养成,旨在促进实习生深入了解、体验教师角色,逐步形成良好的师德素养和职业认同;二是专业知识与能力的获得,帮助实习生更好地理解教育教学专业知识,掌握必要的教育教学设计与实施、班级管理与学生指导等能力;三是为未来教师从事中小学教育教学工作和实现持续的专业发展奠定扎实的基础④,由此而呼应了当下"实践取向"和"终身学习"的教师教

---

① Greenberg J., Pomerance L., Walsh K. Student teaching in the united states[J]. National Council on Teacher Quality, 2011:1.
② 教育部关于加强师范生教育实践的意见[J].中华人民共和国教育部公告,2016(5):103-104.
③ 教育部教师工作司.教师教育课程标准(试行)解读[M].北京:北京师范大学出版社,2013:7.
④ 教育部关于加强师范生教育实践的意见[J].中华人民共和国教育部公告,2016(5):103-104.

育课程理念。①

本书中,幼儿园教育实习是高校学前教育专业高年级的学生,在完成规定数量的课程学习并达到一定考核标准后,基于高校和幼儿园教师的共同指导,深入幼儿园和班级之中,了解幼儿实际情况,设计教育活动方案,组织一日活动,参与教研活动、家园合作等各种形式保教工作的一种实践类课程②,旨在促使师范生涵养专业理念与职业道德,掌握系统的专业知识和专业技能,从而成为能够履行幼儿园教育教学工作职责的专业人员。

从人员和属性来看,幼儿园教育实习同教育实习基本一致。从目标和内容来看,幼儿园教育实习更为聚焦,实习生通过参与上述各类保教工作,获得对幼儿园教育过程的真实感受,获得同幼儿园教师直接对话的机会,获得能够促进幼儿发展的实践经历与体验。③ 其中,专业理念和职业道德维度的目标可进一步分解为具有教师观、儿童观、教育观与相应行为和个人修养,如认同幼儿园教师的专业性、独特性,理解幼儿阶段的特性和价值,理解"保教结合"的重要性,重视生活、游戏之于儿童发展的价值。专业知识与能力维度的目标,除了包含理解幼儿、教育幼儿的知识与能力,还强调幼儿园教师要具备发展自我的知识与能力。上述目标和内容的表述一方面体现出幼儿园教育实习从属于教育实习的范畴,另一方面也显示了幼儿园教师教育实践课程在目标设置和内容选择上所具有的不容忽视的特质。

3. 实习指导教师与幼儿园实习指导教师

当下我国的教育实习普遍采用"双导师制",由举办教师教育的院校教师和中小学教师共同指导实习生。④ 因此,高校(举办教师教育的院校)指导教师和学校(中小学、幼儿园)的指导教师均可称作"实习指导教师"。尽管二者目的一致,但其在教育实习过程中所承担的职责和关注的重点却不尽相同。

英文文献中,用"mentor teachers"来指代学校指导教师角色的用法较为普遍,其内涵兼具示范者、监督者和支持者之义,且蕴含着师徒在交往过程中共同发展、相互支持和双向学习的关系。⑤ 已有研究中的"实习指导教师"概念表述与教育实习模式、教师教育政策密切相关。如1986年美国第一所教师发展学校(PDS)建立以后,

---

① 教育部教师工作司.教师教育课程标准(试行)解读[M].北京:北京师范大学出版社,2013:134.
② 教育部教师工作司.教师教育课程标准(试行)解读[M].北京:北京师范大学出版社,2013:78-81.
③ 教育部教师工作司.教师教育课程标准(试行)解读[M].北京:北京师范大学出版社,2013:133.
④ 教育部关于大力推进教师教育课程改革的意见[J].基础教育动态,2011(24):22-23.
⑤ 王红艳,陈向明.审视"Mentoring-启导"现象——国内外相关研究综述[J].现代教育管理,2010(7):103-106.

一些研究开始用 cooperating teacher、classroom teacher、school-based teacher 来指代学校实习指导教师,与同为教师教育者角色的"高校指导教师"(university supervisor)加以区分。自 2010 年美国国家教师教育认证委员会(NCATE)颁布"蓝带计划",倡导临床实践型的实习模式以来,"clinical educator"也会作为学校实习指导教师的专有名词,广泛出现在美国教师教育的研究之中。此外,从研究视角和聚焦内容来看,已有研究对于"实习指导教师"的概念表述可大致分为以下几种:一是用"coach""instructor"等词,其研究内容大多关注指导教师对于实习生专业能力、教学策略和问题解决方面的指导,进而拓展到指导教师对实习生自我效能感、个人教育风格的影响;二是用"supportor""collaborator""advisor"等词汇来指代学校实习指导教师,研究内容聚焦如何构建支持性的师徒关系、和谐人际氛围,并将其视为实习生"学习教学"的前提;还有一些实习教师社会化的相关研究中,用"guider""agent"等概念来定义学校指导教师角色。[①] 综上,通过比较、分析上述概念的来源、使用语境、研究视角及具体内容,本书最终采用内涵相对丰富、使用较为广泛的"mentor teachers"作为实习指导教师的英文释义。

我们认为,幼儿园实习指导教师是指承担高校学前教育专业学生教育实习指导工作的幼儿园教师,即由高校和作为实习基地的幼儿园,按照一定标准选拔出来,在其日常工作所在的班级之中,对实习生的教育教学过程进行指导的一线幼儿园教师。由此,幼儿园实习指导教师概念包含两大核心要素:一是幼儿园教师,二是具有指导实习生的工作经历。

4. 角色与幼儿园实习指导教师角色

《现代汉语词典》中角色定义为戏剧、影视剧中演员扮演的剧中人物,也可用来比喻生活中某种类型的人。[②] 这与其历史渊源密切相关,角色起源于古希腊罗马剧场中的戏剧和舞台,指演员在某场戏剧中扮演的那个人物所具有的特征。正如学者肖恩(Shaw)和康斯坦左(Constanzo)所言,角色以其在舞台、戏剧中的原意进入社会科学领域,其概念本身并无变化,聚焦人在一定社会背景之下所表现出的行为特征。与此同时,其概念又带有社会学、人类学和心理学等多学科交叉的性质,由此而使得人们对于角色概念的界定具有一定差异。[③]

[①] Butler B. Conceptualizing the roles of mentor teachers during student teaching[J]. Action in Teacher Education,2012,34(4):296-308.
[②] 中国社会科学院语言研究所词典编辑室.现代汉语词典[M].7版.北京:商务印书馆,2016:712.
[③] 周晓虹.现代社会心理学:多维视野中的社会行为研究[M].上海:上海人民出版社,1997:360-361.

我们认为，角色是个人在社会关系中的特定地位及与之相关联的权利义务、行为规范、行为模式、人际关系和社会功能。幼儿园实习指导教师角色是指与幼儿园实习指导教师的社会地位、身份相关联的一套行为规范、行为模式、人际关系和社会功能。

本书的核心内容是对于角色现状与特征的探索，以回答幼儿园实习指导教师角色"是什么""有何特征"等问题。依照苏联学者安德列耶娃所提观点，角色概念应囊括以下三方面内容：角色是社会中存在的对个体行为的期望系统；角色是占有一个地位的个体对自身的特殊期望系统，并指向个体在与其他个体互动中的行为方式；角色是占有某一地位个体的外显、可观察的行为。① 根据上述概念中角色的不同属性和形态，可将其划分为期望角色、领悟角色和实践角色三种。②

(1) 期望角色

期望角色(expected role)指社会或群体对某一特定社会角色所设定的理想的行为规范、行为模式、人际关系及其社会功能，是一种"应该如何"的观点。可进一步划分为剧本期望、演员伙伴期望和观众期望三类。③ 其中，剧本期望是社会或团体对于角色行为的规定和要求，主体在扮演某一角色时，需要对角色规范、权利、效能及其中所涉及的社会关系予以了解，从而决定如何行动；演员伙伴期望是指互动情境中其他伙伴的期待和要求，通过作用于角色主体的主观感受而对其行为产生影响，成为塑造人类行为的重要力量；观众期望中，观众是指占据各种地位的个体所组成的一个实在群体或社会范畴，涉及成员资格和对于个体该做什么、不该做什么的看法，构成了互动角色的参考框架。

幼儿园实习指导教师的期望角色由以下三部分构成："剧本期望"主要包括高校和幼儿园中涉及教育实习、实习指导工作要求的规章制度及相关文本文件；"演员伙伴期望"是实习生对指导教师在师徒互动中所扮演角色的期待；"观众期望"取自高校指导教师、园所实习工作负责人对幼儿园实习指导教师角色的看法，以及学术研究者在相关文献中对于幼儿园指导教师应然角色的论述与论证。

(2) 领悟角色

领悟角色(insight role)是指个体所理解的，自身扮演的角色所包含的行为规范、行为模式、人际关系和社会功能，属于认识层面的角色。④ 领悟角色具有一定的主观色彩，

---

① 安德列耶娃.西方现代社会心理学[M].李翼鹏,译.北京:人民教育出版社,1987:170.
② 秦启文,周永康.角色学导论[M].北京:中国社会科学出版社,2011:48.
③ 特纳.社会学理论的结构[M].吴曲辉,等译.杭州:浙江人民出版社,1987:432.
④ 奚从清.角色论——个人与社会的互动[M].杭州:浙江大学出版社,2010:15.

即便处于同一社会地位的人,对其行为规范和行为模式的理解也不会完全相同。幼儿园实习指导教师的领悟角色是指个体所理解的,关于幼儿园实习指导教师的行为规范、行为模式、人际关系和社会功能。

(3) 实践角色

实践角色(practical role)是个体根据自己的理解,在参与社会互动过程中所表现出的外显、可观察的行为及其社会功能,属于客观现实形态。[①] 在日常生活中,角色行为往往和社会互动联系在一起,加之角色的概念最初脱胎于互动理论,因此,社会互动被视为实践角色研究的重要视角。[②] 幼儿园实习指导教师的实践角色是个体根据自身对幼儿园实习指导教师的理解,在参与社会互动过程中所表现出的外显、可观察的行为及其社会功能。

值得一提的是,书中还将涉及角色主体一词,在此一并对其概念进行说明。主体(subject)与客体(object)相对应,本是哲学中的一对基本范畴,后来许多学科的研究中都会运用到"主体"概念。由于对主体概念的理解不同,其含义并不完全一致。[③] 角色理论中的"角色主体(role subject)"是指作为某一特定角色的承担者的人,本书中的角色主体特指幼儿园实习指导教师。

5. 角色实现

他人和社会对角色持有一定期望,主体通过与外界期望的互动而形成构想角色,主体可以选择接受或拒绝构想角色,并对自身所接受的构想角色进行调适,最终通过角色扮演而表现出角色行为,上述过程称为"角色实现"[④]。由于人们在承担某一角色任务时,会试图了解角色的基本规范和外在期望,并追求个体行为符合社会规范和他人愿望,以获得社会和他人的认同,因而在理想状态下,期望、领悟和实践角色应当具有高度一致性。现实生活中,受到个体内在因素和外在环境的共同作用,三种角色往往会呈现出一定差别。由此,角色实现的过程恰如其分地体现出角色本身所兼具的共性与个性。其中,共性是角色的重要属性,由角色的基本规范和社会期望所决定,其确立了角色目标、要求,行为边界和范围,也确定了其质的规定性,应当寓于期望、领悟和实践角色之中;个性则体现了个体在角色领悟和实践中的主体性表达、创造性发挥,能够促使角色

---

① 秦启文,周永康.角色学导论[M].北京:中国社会科学出版社,2011:57.
② 奚从清.角色论——个人与社会的互动[M].杭州:浙江大学出版社,2010:40.
③ 张志伟.主体概念的历史演变[J].教学与研究,1996(5):66-68.
④ 漆涛.学生角色研究[D].上海:华东师范大学,2017:66-69.

内涵不断丰富,成为一个开放的系统,由此而成就人自身的发展和整个社会的进步。①

理想状态下,幼儿园实习指导教师角色实现意味着期望、领悟和实践角色在内容构成上具有一致性(能够提炼出共同的内在规定性要求),三种角色在功效发挥上均处于较高水平。具体而言,剧本期望明确,符合我国当下的幼儿园教师培养要求,外界期望角色的内容清晰度较高,且具有内在一致性;指导教师能够及时获知该角色的基本规范和外在期望,充分发挥主体性,经由调适而将其内化为领悟角色,并在参与社会互动的过程中力图表现出符合角色要求、他人期望和自身特点的角色行为,从而实现其社会功能;实践角色能够成为促使期望角色和领悟角色内涵不断丰富、内容不断完善的有效经验来源。

(二) 研究整体思路

如图0-3所示,本书的内容呈现遵循现状描述、特征分析、原因探究、策略探寻的逻辑思路:揭示幼儿园实习指导教师期望、领悟和实践角色现状及特征;分析三种角色的关联、差异及其同指导教师角色实现的关系;探究幼儿园实习指导教师角色实现的影响因素;探索促进幼儿园指导教师角色实现的建议和对策。

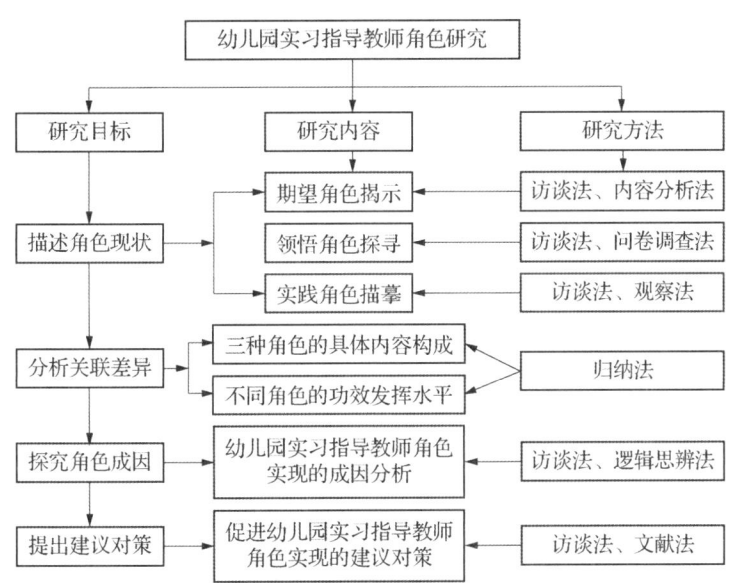

图0-3 幼儿园实习指导教师角色研究的整体思路

首先,依照角色理论,将幼儿园实习指导教师角色划分为期望角色、领悟角色和实践

---

① 秦启文,周永康.角色学导论[M].北京:中国社会科学出版社,2011:77-78.

角色三种。其一,采用内容分析法,提炼高校、幼儿园规章制度中对于幼儿园指导教师角色的剧本期望和已有相关文献中所提观众期望;采用访谈法,获取高校指导教师、园所实习负责人和实习生对于幼儿园指导教师角色的看法和期待,揭示幼儿园实习指导教师期望角色的现状及特点。其二,采用半结构访谈法,收集并分析"领悟角色"的质性研究数据,初步形成概念框架,并产生调查问卷条目;发放预测试问卷,探索领悟角色的内在结构要素,修正概念框架并呈现角色模型;发放正式调查问卷,验证领悟角色模型,揭示领悟角色的现状及特征。其三,进入幼儿园教育实习场域,采用参与式观察法和无结构访谈法,细致描摹指导教师在师徒互动中展现出的角色行为,进而从人际关系建构、行为模式呈现和社会功能发挥三个层面,提炼幼儿园实习指导教师实践角色的内在结构及特征。

然后,在本书的第四章分析幼儿园实习指导教师期望、领悟和实践角色在内容构成、功效发挥上呈现出的关联、差异及其同角色实现之间的关系,进而整合访谈、调查和观察所得数据的分析结果,分析指导教师角色实现的现状状况与影响因素。

最后,基于当下我国学前教育改革和发展需求,结合指导教师所报告的主体需求,从促使期望、领悟和实践角色内涵趋向一致、功效充分发挥的角度出发,尝试为促进幼儿园实习指导教师的角色实现提出建议对策。

(三) 研究方法运用

1. 内容分析法

内容分析法(Content Analysis)诞生于20世纪初的传播学领域,是一种通过对传播内容进行客观、系统、定性与定量相结合的描述与分析,以透过现象看本质的科学方法。该方法近年来被广泛运用于社会学、心理学等领域的社会科学研究。其主要由解读式内容分析法、实验式内容分析法和计算机辅助内容分析法构成。其中,解读式内容分析法(Hermeneutic Content Analysis)是指通过精读、理解和阐释,整体而深入把握文本内容的内在结构和意义的研究方法。[①]

采用解读式内容分析法,精读、比较并提炼组织层面(高校和幼儿园)工作规章制度中对于幼儿园实习指导教师角色的要求,以及已有幼儿园教育实习、实习指导和指导教师的相关文献中涉及"幼儿园实习指导教师"的相关内容,揭示幼儿园实习指导教师角色的剧本期望和观众期望。

---

① 邱均平,邹菲.关于内容分析法的研究[J].中国图书馆学报,2004(2):12-17.

2. 访谈法

访谈是一种研究性交谈,是研究人员通过口头谈话的方式,从研究对象那里收集第一手资料的研究方法。在访谈过程中,可以了解受访者的所思所想和情绪反应、他们生活中曾经发生的事情及其行为背后所隐含的意义,并具有对意义进行解释的空间,由此而成为社会科学研究中的重要研究方法。①

首先,从对访谈结构的控制程度来看,分为结构型、无结构型和半结构型三种。②采用半结构访谈法,访谈者事先准备好关于"幼儿园实习指导教师期望角色"的访谈提纲,以便对整个谈话进程进行一定程度的控制。同时鼓励受访者积极表达个人观点,详细描述、分析自身所期待的指导教师角色,从而揭示相关主体(实习生、高校指导教师和园所实习负责人)对于幼儿园实习指导教师的角色期望。

其次,为了深入了解幼儿园实习指导教师对自身角色的认识、体验和评价,所面临的现实困境与主体需求,我采用半结构访谈法,访谈多位具有实习指导工作经历的幼儿园教师,鼓励受访者积极参与对话、提出话题,描述并解释实习指导过程中的具体事件、真实体验和主观感受,寻找关键话语和线索③,获取关于幼儿园指导教师领悟角色的质性研究数据,从而揭示主体用来理解自身实习指导教师角色的意义结构。④

再次,从受访者的人数来看,访谈还可以分成个别访谈和集体访谈两种。个别访谈是1名研究人员和1位访谈对象就研究问题进行交谈,能够确保受访者得到高度关注,从而对自己的主观体悟和内心世界进行较为深刻的挖掘。集体访谈则是由1~3名研究人员和6~10位受访者组成,最常见的形式是"焦点团体访谈",其优势在于能够为参与者提供一个相互交流的机会,从而对"事实"和"知识"进行集体性建构。依照研究需要和受访者意向将分别对高校指导教师、园所实习负责人进行个别访谈;对于实习生的访谈则采用集体和个别访谈相结合的方式,旨在了解上述不同群体视角下的幼儿园实习指导教师角色,并提升研究结果的丰富性和可靠性。⑤

3. 问卷调查法

问卷调查法是一种通过事先设计的一系列问题,收集有关研究对象心理特征、行

---

① 陈向明.质的研究方法与社会科学研究[M].北京:教育科学出版社,2017:165,170.
② 陈向明.质的研究方法与社会科学研究[M].北京:教育科学出版社,2017:165,171.
③ 陈向明.教师如何作质的研究[M].北京:教育科学出版社,2001:12.
④ 哈奇.如何做质的研究[M].朱光明,等译.北京:中国轻工业出版社,2007:23-24.
⑤ 陈向明.质的研究方法与社会科学研究[M].北京:教育科学出版社,2017:173.

为数据的方法,其标准化程度高、结构较为固定,易于在较短时间获得大量信息。① 我们所聚焦的幼儿园实习指导教师领悟角色,需要研究对象依照自身实际情况和主观感受作答。为此,根据前期文献研究所获资料,结合访谈资料的编码结果,采取自陈量表的形式编制《幼儿园实习指导教师角色研究调查问卷》。我通过问卷星平台,在全国范围内发放调查问卷,收集关于幼儿园实习指导教师领悟角色的大规模数据,然后使用SPSS、AMOS等软件对数据进行统计,建构领悟角色模型,揭示幼儿园实习指导教师领悟角色的现状与特征。

4. 参与式观察法

观察法是观察者利用感觉器官和其他科学手段或仪器,有目的地对研究对象进行考察,以取得研究资料的一种方法。正所谓观者,看也;察者,思考、比较、鉴别也。英国社会学家莫森(Mosen)曾将观察视为社会科学研究的第一等方法。② 观察法要求研究者深入教育现场,去感知、思考研究对象所呈现的行为及其背后的意义。参与式观察(Participant observation)作为一种典型的质性研究数据收集方式,是指研究者为了发展对于某个群体的社会科学的理解,在自然场景中展开观察,并与此群体建立并维系多面的、与情境相适应的联系。③ 在参与观察的过程中,观察者需要与被观察者一起生活、工作,在密切的相互接触和直接体验中倾听、观察他们的言行,以了解其对自身行为意义的解释。学者高德(Gold)曾根据"观察"和"参与"的不同程度,将参与式观察进一步划分为四种类型:完全的观察者、作为参与者的观察者、作为观察者的参与者和完全的参与者。值得注意的是,在质性研究中,研究者只有成为社会世界的一部分,才能够从"局内人"的视角,理解和建构研究对象所在的整个生活世界,因此,从某种意义来看,社会科学研究中很少存在局外人式的完全的观察者。④

我将以"作为参与者的观察者"身份,对幼儿园教育实习场域中的人、事、物进行深入观察,聚焦师徒互动的情境、内容、策略及影响,生动呈现并诠释真实教育实践情境之下的幼儿园实习指导教师角色。

由于幼儿园工作具有保教结合的性质,幼儿园指导教师与实习生需要在日常工作

---

① 慕荷吉,阿尔班.早期儿童教育研究方法[M].费广洪,郑福明,译.北京:高等教育出版社,2012:146,160.

② 范伟达,范冰.社会调查研究方法[M].上海:复旦大学出版社,2010:241-242.

③ 约翰·洛夫兰德,等.分析社会情境:质性观察与分析方法[M].林小英,译.重庆:重庆大学出版社,2009:19.

④ 陈向明.质的研究方法与社会科学研究[M].北京:教育科学出版社,2017:228-229.

时间内与儿童共同生活，只有作为其中的一员，才能同儿童、实习生、幼儿园指导教师和整个环境建立较为融洽、和谐甚至亲密的关系。与此同时，当研究者试图将累积的研究资料转换为深奥微妙且兴趣盎然的数据时，需要保持头脑冷静，与现场保持一定距离，由此而维持一种内在的张力。① 因此，我在收集数据的过程中，将不断反思自身参与和观察的意识、时机、方式，充分调动身心，悬置"前设"与"偏见"，以尽最大努力实现与研究对象的"视域融合"。

值得注意的是，典型的参与式观察法总是交织着看与参与、倾听与询问，而其中一些倾听与询问的做法类似于"深度访谈"（In-depth interview）。深度访谈以诠释建构主义哲学为基础，植根于被访者的第一手经验，通过聚焦范围较为狭窄的话题，以了解研究对象对于某个事件、经历的态度、感受和观点，进而建构一种基于理解基础之上的富有意义的社会现实。其目的是追求细节、深入和信息的丰富程度，类似于格尔茨（Geertz）所说的"深描"概念。② 与此同时，深度访谈法要求研究者和受访者之间具有重复而漫长的接触。可见，深度访谈与参与式观察作为自然主义研究的核心技术，具有相互依存性（mutuality）。③ 因此，我在实施参与式观察的过程中，会不定期对幼儿园实习指导教师、实习生进行无结构的深度访谈，收集"师徒互动""指导教师"和"实习指导"的相关信息，试图引导指导教师和实习生呈现"与自我互动"的结果，并将其作为分析、佐证观察数据的有力支撑。此外，在实践角色的数据收集过程中，将始终遵循"5W+H"原则，即以时间（when）、地点（where）、人物（who）、内容（what）、原因（why）和方式（how）为框架构建师徒互动事件的完整过程。④

（四）资料收集与分析

1. 期望角色

如图 0-4 所示，采用内容分析法，提炼高校、幼儿园规章制度中对于幼儿园实习指导教师角色的剧本期望和已有相关文献中所提观众期望。采用访谈法，获取高校指导教师、园所实习负责人和实习生对于幼儿园指导教师角色的看法和期待，揭示幼

---

① 洛夫兰德，等.分析社会情境：质性观察与分析方法[M].林小英，译.重庆：重庆大学出版社，2009：19.
② 赫伯特·J.鲁宾，艾琳·S.鲁宾.质性访谈方法：聆听与提问的艺术[M].卢晖临，连佳佳，李丁，译.重庆：重庆大学出版社，2010：10-12.
③ 洛夫兰德，等.分析社会情境：质性观察与分析方法[M].林小英，译.重庆：重庆大学出版社，2009：20.
④ 陈向明.教师如何作质的研究[M].北京：教育科学出版社，2001：127.

儿园实习指导教师期望角色的现状及特点。

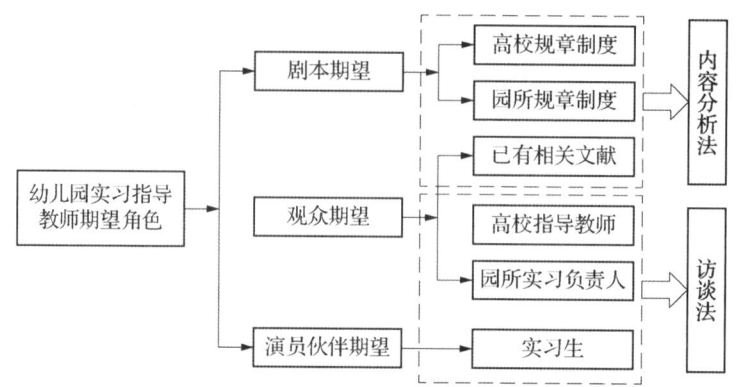

图 0-4　幼儿园实习指导教师期望角色的内容来源及资料分析

（1）文本数据收集与分析

在收集高校、幼儿园规章制度和相关文献时，将主题饱和（thematic saturation）和数据饱和（data saturation）作为是否继续收集数据的依据，即当数据反复出现相同编码，再无新编码、新主题出现时，可视为饱和状态，从而保证了数据收集与分析过程呈现出一种开放、交互的状态。依照上述标准，最终收集到的文本数据信息如下。

① 剧本期望：高校和幼儿园规章制度。通过滚雪球抽样，我请熟识的高校教师、实习生、幼儿园教师和园长帮忙征集能够体现高校"教育实习工作要求"的文本，如《教育实习手册》；以"幼儿园（学前）教育实习"为题，搜集公开出版物。同时采用强度抽样的方式，依照已有相关文献中所提及的线索搜集剧本期望，旨在获取密集而丰富的研究数据。最终，共收集到 30 份来自不同地区、性质、层次高校学前教育专业的《教育实习手册》及相关附件。

同时，我向江苏、上海、山东、重庆、贵州、四川、内蒙古、浙江、云南九个省市 30 所幼儿园的园长、实习工作负责人和实习指导教师征集数据。在取样范围内，尚未发现幼儿园层面设有教育实习相关工作的规章制度。

② 观众期望：学术研究者观点。首先，以"幼儿园（或学前）教育实习"为主题词，全文并含"指导教师（或实习指导）"，在中国知网、维普期刊数据库、万方数据库中进行检索；然后依照强度抽样原则，综合考虑文献被引量、期刊级别和发表年限等因素，同时结合关键词和摘要内容进行目的性取样；随后通读文献内容，剔除无关样本，将涉及幼儿园实习指导教师的内容进行转录。最终获取 45 份有效样本（期刊 25 篇，学位论文 20 篇）。

(2)访谈数据收集与分析

① 访谈对象选取。采用目的抽样和方便抽样相结合的方式,邀请我所熟识的实习生、园长、高校教师进行自荐和推荐,选取两所高校的10位实习生、四所高校的5位指导教师以及5位幼儿园实习工作负责人作为"幼儿园指导教师期望角色"的访谈对象,基本信息如表0-5至0-7所示。

表0-5 访谈对象基本信息——实习生

编号	学校	年级	实习园所	实习方式	已有实习经验
S1,S2	S校（专升本）	五年级下	城市教办园	自主选择的分散实习	专科学习期间曾顶岗实习1年
S3,S4	N校	四年级下	城市教办园	学校安排的统一实习	三年级下曾参加过8周自主实习
S5~S10	S校	四年级下	城市公办园	学校安排的统一实习	三年级下曾参加过8周统一实习

表0-6 访谈对象基本信息——高校指导教师

编号	高校类型	年龄（周岁）	职称	教龄（周年）	实习指导年限
T31	市属高校	34	讲师	9	9
T32	市属高校	38	副教授	13	13
T33	省属高校	49	副教授	15	15
T34	省属高校	37	讲师	7	7
T35	省属高校	31	讲师	1	1

表0-7 访谈对象基本信息——园所实习工作负责人

姓名	园所属性	年龄（周岁）	教龄（周年）	管理实习工作年限	备注
K1	城市教办园	44	24	8	分管教学、实习的副园长
K2	城市民办园	36	9	4	5年教办园工作经历,现任民办园长
K3	城市教办园	45	23	5	分管实习工作的教师,高校专业课程的兼职教师
K4	城市公办园	48	28	10	园长,高校兼职教师
K5	城市教办园	42	22	12	幼儿园师训主任,分管新教师培训和实习工作

② 访谈提纲编制。依照"期望角色"概念中的核心要素拟定访谈提纲。而后邀请 2 位高校教师和 2 位博士生,讨论并修订访谈提纲的内容、结构及提问方式。随后分别选取高校指导教师、实习生和园所实习工作负责人各 1 位进行预访谈,进一步调整、完善访谈提纲。最终形成了园所实习工作负责人、高校指导教师和实习生三个版本的《幼儿园实习指导教师期望角色访谈提纲(正式)》,见附录一。

③ 访谈实施过程。首先向访谈对象介绍研究目的、内容及数据保密措施等事项,并就访谈形式、时间和地点进行协商。依照方便性原则,本次访谈采用线上与线下相结合的形式,线上访谈全程启用视频通话状态,并进行录屏和录音。其中,对于实习生的访谈共分两轮,分别安排在教育实习开始的前一周和结束的后一周,以便获取较为丰富的数据。个别访谈的时长约 40～60 分钟;集体访谈的时长约 1.5～2 小时。最终,结合现场笔录和视频、音频转录的结果,整理出 20 份原始数据,共计 81 125 字。采取参与者检核法(Member Checking),从转录好的数据中随机抽取部分内容,请受访者进行校对,以确保访谈数据所描述事实的准确性。①

④ 质性资料编码。依据扎根理论原则,使用 NVivo12 软件,对上述质性研究资料进行了包括"开放编码—主轴编码—选择性编码"在内的三阶段编码,以概念作为分析单位,运用不断比较的方法关联、发展类属关系,自下而上建构了幼儿园实习指导教师期望角色的概念框架。在此过程中,邀请 1 位具有质性研究经验的博士生和我共同对部分数据进行编码(Peer Debriefing),双方就不一致的编码进行讨论协商,以确保编码过程和编码结果的合理性、严谨性。

编码过程中发现,由于已有幼儿园教育实习的相关文献大多以实习生、高校指导教师为研究对象,同访谈对象群体基本一致,使得学术研究者和相关主体(实习生、高校指导教师和园所负责人)视角下的期望角色在基本结构(核心类属和次类属)上相类似。故将相关文献的内容分析结果和相关主体的访谈结果一并呈现,命名为"演员伙伴和观众期望"。

2. 领悟角色

"混合方法研究"被称为继定量研究和定性研究之后的"第三条道路"②,主张在对定量(封闭的)数据和定性(开放的)数据进行收集、整合的基础上进行诠释,以有

---

① Morse M., et al. Verification strategies for establishing reliability and validity in qualitative research [J]. International Journal of Qualitative Methods, 2002, 1(2): 13-22.
② 尤莉.第三次方法论运动——混合方法研究 60 年演变历程探析[J].教育学报,2010,6(3): 31-34,65.

效解决研究问题。该范式在尊重不同范式之间差异的基础上,试图创造并维持数据间的对话状态,使得研究者能够全面把握研究问题。① 我们希望在呈现幼儿园实习指导教师的领悟角色时,既能诠释生动而丰富的细节,揭示其特征,又能对质性研究结果予以拓展,考察角色特征在一定范围内的分布情况②,从而呈现科学性和精确度较高的结果。③

采用"混合方法研究"范式,综合运用半结构访谈法和问卷调查法,揭示指导教师领悟角色的现状及特征。依照美国学者克莱斯维尔(Creswell)和克拉克(Clark)所提出的探索型序列设计(Exploratory Sequential Design)模式展开。④ 首先,采用半结构访谈法,收集关于"幼儿园实习指导教师领悟角色"的质性研究数据,经由对数据的编码、分析和提炼,建构领悟角色概念框架,产生问卷条目。随后,小范围内发放预测试问卷,运用统计学方法检验问卷的信效度,探索领悟角色模型,并形成正式问卷。最后,展开正式调查,统计分析所得数据,验证角色模型,整合质性和量化研究数据,全面揭示、深入分析领悟角色特征。

(1) 收集访谈数据,建构概念框架

① 选取研究对象。采用目的性抽样法,采取自上而下和自下而上相结合的滚雪球式抽样方式,邀请我所熟识的幼儿园教师进行自荐,请园长和实习生进行推荐。

为了确保研究数据的丰富性和多样性,还需兼顾到受访者所在地区、年龄、教龄、指导年限等因素。30位访谈对象来自江苏(6人)、上海(4人)、山东(5人)、重庆(5人)、贵州(6人)、云南(4人)6个地区,访谈对象的基本信息如表0-8所示。我事先向访谈对象说明了研究目的、期待及研究伦理等事宜,并就访谈形式、时间进行协商,以获取质性研究的"入场"资格。所有访谈均采用线上的形式,每次约60分钟,全程启用视频通话(25位受访者同意开启摄像头,29位同意录屏)。

---

① 徐治立,徐舸.社会科学"混合方法研究"范式争论与方法论探讨[J].中国人民大学学报,2021,35(5):159-170.

② 张绘.混合研究方法的形成、研究设计与应用价值——对"第三种教育研究范式"的探析[J].复旦教育论坛,2012,10(5):51-57.

③ Matthew M.,Michael A. 质性资料的分析:方法与实践[M].张芬芬,译.重庆:重庆大学出版社,2008:57-58.

④ Creswell W., Clark V. Designing and conducting mixed-methods research[M]. Thousand Oaks: Sage, 2007:192-199.

表 0-8 访谈对象基本信息一览表

		人数	占比(%)			人数	占比(%)
年龄	26～30 岁	9	30.00	教龄	4～6 年	8	26.67
	31～40 岁	14	46.67		7～9 年	5	16.67
	41～50 岁	6	20.00		10～15 年	6	20.00
	51～60 岁	1	3.33		16 年及以上	11	36.66
指导年限	1～3 年	9	30.00	职称	暂未评定	1	3.33
	4～6 年	6	20.00		幼教二级	9	30.00
	7～9 年	4	13.33		幼教一级	17	56.67
	10～15 年	6	20.00		幼教高级及以上	3	10.00
	16 年及以上	5	16.67				
最高职务	普通教师	3	10.00	学历	专科	1	3.33
	主班教师	3	10.00		本科	26	86.67
	中层领导[a]	19	63.33		研究生	3	10.00
	(副)园长	5	16.67				
所在地区	城市	25	83.33	园所性质	公办园	28	93.33
	农村	5	16.67		民办园	2	6.67

注:a 中层领导包括年级组长、教研组长、保教(副)主任、总务(副)主任、办公室主任、园长助理等职务。

② 编制访谈提纲。以社会学中的"角色"概念及其核心要素,如角色规范、人际关系、行为模式、社会功能等作为结构框架,拟定访谈提纲。在初始提纲编制完成后,邀请 2 位高校学前教育专业的教师(博士)和 3 位博士研究生,讨论并修订访谈提纲的基本结构、具体内容和提问方式。随后选取 2 位具有丰富实习指导工作经验的幼儿园教师进行了预访谈,并依照访谈结果及其所提建议,再次调整访谈提纲内容。最终形成了《幼儿园实习指导教师领悟角色访谈提纲(正式)》(见附录二)。

③ 建构概念框架。结合现场笔录和视频转录,整理出 30 份访谈数据(编号为 T1～T30),共计 203 574 字。使用 NVivo12 软件对所有访谈资料进行了包括"开放编码—主轴编码—选择性编码"在内的三阶段编码,自下而上建构幼儿园实习指导教师领悟角色的概念框架。

首先,将所有资料逐级登录,从中发现、提取并命名了 123 个自由节点,如"亦师亦友""有话要说""示范者"。

其后,深入分析自由节点的语境和语义,寻找彼此关联,同时考察不同节点出现的频率,最终将其归为10个二级编码,形成树状节点。如"亦师亦友""有话要说、有话能说"都涉及对于师徒关系的描述,因此纳入共同的二级编码,命名为"师徒关系"。

最后,进一步分析树状节点的逻辑关系,确定了包括"实践中的教师教育者""班级儿童的教师""职业入场的领路人"和"专业发展的获得者"在内的四大核心类属,构建了幼儿园实习指导教师领悟角色的概念框架。

(2) 开展预试调查,探索构想模型

① 编制调查问卷。首先,依照上述编码结果,整理出87个初始条目,接着对其进行筛选,合并表达相似内容的条目、删除包含节点数量较低的条目,最终剩余63个条目。然后根据问卷设计的基本原则和要求,将每一个条目转换成相应问卷题目,对题目的语句表述和内容范围进行反复思考、调整,形成了《幼儿园实习指导教师角色调查问卷(初始版)》。

然后,设计项目评估表,将经由访谈资料编码所得出的四大核心类属、10个子维度的名称及63道题目打散,邀请1位有问卷编制经验的学前教育专业博士和2位博士生,对具体题目、基本维度和概念构想进行匹配。邀请2位本领域专家就题目表述的准确性、内容的单维性和有效性进行评估。旨在确保问卷内容、维度设置和整体概念构想的逻辑性和严谨性。

同时,制定了《幼儿园实习指导教师角色研究语义评估问卷》(见附录三),以了解题项内容是否容易被研究对象所理解。[①] 邀请S校学前教育专业36位实习生,通过问卷星平台,向其所在实习园的指导教师推送问卷,共回收到30份有效问卷。结果表明,所有题目的被理解程度都在3(清楚)和4(非常清楚)区间。与此同时,向5位幼儿园实习指导教师、3位园长、1位区幼教教研员发放语义评估问卷,并请参与评估者当场对结果予以解释、说明,部分反馈意见及调整结果的举例如下:

"第2题:我会为实习生提供机会,参与不同工作"语义不清楚,不同工作的内容不清楚,幼儿园教师除了班级中的各项工作,还有事务性工作(如开会、学习),部分教师兼任行政工作,所以不同工作的具体指向不明,会让调查对象无从判断。改为:"我会为实习生提供机会,参与班级各类工作。"

"第7题:我能够从实习生处获得一些前沿理论"前沿理论的概念较为模糊。改为:我能够从实习生处了解到一些新的专业知识。

---

① Harkness J., Pennell E., Schoua-Glusberg A. Survey questionnaire translation and assessment[J]. Methods for Testing and Evaluating Survey Questionnaires,2004,546:453-473.

"第 56 题:如果实习生不提问题,我很少主动指导"中的"不提问题"这一表述不清楚,主动指导的含义较为模糊。改为:"如果实习生不提问题,我很少发起对话。"

"第 62 题:我希望实习生能了解未来工作中可能面临的挑战"中的"工作"指向不明确,是幼儿园教师行业,还是所有职业,有些实习生未来并不准备去幼儿园工作。改为:"我希望实习生能了解幼儿园教师日常工作中所面临的挑战。"

最终,依照"角色"概念中的核心要素,确立指导教师领悟角色的半结构访谈提纲,而后经由对全国范围内 30 位幼儿园指导教师访谈资料的编码结果,形成了初始问卷的具体题项和构想维度,而后结合项目评估、语义评估结果,不断调整、修订题项,形成了《幼儿园实习指导教师角色研究调查问卷(预测版)》(见附录四)。

调查问卷由标题、问卷说明、答题指导语、题项和答案、结束语五部分组成。问卷标题和开头的说明部分,阐述了研究目的、内容和保密承诺。主体内容由研究对象基本信息、指导教师角色调查两部分构成。基本信息包含:调查对象所在幼儿园的地区和属性;教师的年龄、教龄、实习指导年限、学历、职称、职务和荣誉获得情况。指导教师角色调查部分:从内容来看,包含 63 个具体题目;从形式来看,采用李克特(Likert)5 点计分量表,数字 1 到 5 依次代表"完全不符合""有点不符合""一般符合""比较符合"和"完全符合",旨在了解调查对象对于题项内容的认同程度,并以此作为领悟角色概念框架的修订依据。李克特量表要求题目具有同质性、选项具有等距性,所得分数是一种连续分数[①],可进行描述统计、差异检验、因素分析等多种形式的数据分析。由于该量表能够有效回应本章节的核心问题,揭示领悟角色的基本结构与具体内容,遂将其作为问卷题目的呈现方式。

② 发放调查问卷。对于问卷样本数量的选取,学界并无统一要求。问卷样本数量与因素分析结果的可靠性密切相关,预测试问卷的样本数量应为问卷题项数的 5 倍,且不少于 100;康瑞(Comrey)和李(Lee)认为因素分析的问卷样本数在 300 左右是比较适宜的。[②] 就此项研究而言,预试问卷共有 63 个题项,样本至少要达到 315 份。我们通过问卷星平台,在江苏省的苏北、苏中和苏南地区共发放问卷 400 份,具体信息如表 0-9 所示。而后对所回收问卷进行筛查、审核,剔除无效问卷,最终获得有效问卷 324 份,有效率为 81%。

---

① 邱皓政.量化研究与统计分析——SPSS(PASW)数据分析范例解析[M].重庆:重庆大学出版社,2013:28.

② 吴明隆.问卷统计分析实务——SPSS 操作与应用[M].重庆:重庆大学出版社,2010:207.

表 0-9 预测试调查对象基本信息（$N=324$）

所属区域	所在地区	人数	百分比(%)
苏北	徐州	83	25.62
苏中	南通	108	33.33
苏南	苏州、南京	133	41.05

③ 检验调查问卷。预测试完成后，依次运用决断值比较、题项与总分相关、同质性检验（信度检验、共同性与因素负荷量）的方法，对预测试问卷63个题项进行了层层分析、筛选，最终共删除20个不达标题项，保留43题，纳入后续探索性因素分析。

与此同时，采用探索性因素分析方法（Exploratory Factor Analysis，EFA）检验问卷能否用于测量理论概念或特质。对预测试的324份有效问卷的数据进行了项目分析及探索性因素分析，最终剩余20个题项，形成《幼儿园实习指导教师角色研究调查问卷（正式版）》（见附录五），并调整领悟角色的整体结构、修订因子维度、完善表达方式，最终探索出幼儿园实习指导教师领悟角色的构想模型，如图0-5所示。

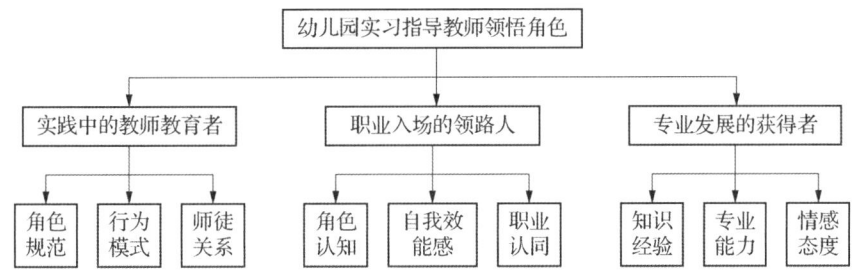

图0-5 幼儿园实习指导教师领悟角色的构想模型

（3）实施正式调查，验证角色模型

① 修订调查问卷。从修正后的整体结构来看，保留了"实践中的教师教育者""职业入场的领路人"和"专业发展的获得者"三个因子，仍可维持原有命名。而原有框架中的"班级儿童的教师"角色，由于相关题项的研究数据未达到因子构成标准，故予以删除。同时，考虑到其内容主要体现为对"实践中的教师教育者"角色的影响，如学者伊万斯（Evans）所言，"儿童的教师"是一个看似十分普遍、没有必要专门论证的概念，但确实能够影响学校教师成为教师教育者、参与实习指导的过程。① 由此，后续章节将持续关注"班级儿童的教师"对于指导教师角色扮演过程的影响，并在后续章节加以论述。

从因子维度来看，因子一"实践中的教师教育者"由6个题目构成。其中，第43题

---

① Evans L., Abbott I. Developing as mentors in school-based teacher training [J]. Teacher Development, 1997(1): 135-147.

"主要参照自身经历指导实习生"属于"角色规范"维度;第17题"行动前告知要求"、第23题"亲身示范以纠正不当行为"、第39题"行动后及时反馈"同属"行为模式";第38题"把实习生当成班级教师团队的一分子"、第51题"从'过来人'的角度理解实习生的行为"则归为"师徒关系"维度。

因子二"职业入场的领路人"由3个子维度、7个题目构成,以呈现指导教师之于实习生的价值。将维度1命名为"角色认知",包括第59题"要求实习生定期总结收获"和第62题"希望实习生了解工作挑战";维度2为"自我效能感",由第5题"帮助实习生认识自身专业优势与不足"和第57题"希望实习生对自身能够胜任教师职业充满信心"组成;维度3"职业认同",包括第20题"希望实习生想要成为幼儿园教师的信念更加坚定"、第34题"促使实习生感受职业价值"和第48题"传递自身对工作的热爱"。

因子三"专业发展的获得者"由7个题目构成,揭示了幼儿园教师同实习指导教师角色的内在一致性要求。原有框架中的"外在动力"维度不复存在,"内在要求"维度得以保留。参考已有研究对于教师专业发展内容的划分方式,结合修订后问卷的题项内容,将"内在要求"的维度进一步细化为知识经验、专业能力和情感态度三个维度。①②第8题"促使检视自身行为"、第25题"实习生看待问题的方式对我有所启发"同属"专业能力"维度;将第7题"了解新的专业知识"、第21题"从实习生分享的见闻中获得启发"、第35题"教育策略耳目一新"归属于"知识经验"维度;第22题"实习生的工作热情感染到我"则属"情感态度"维度。

此外,对《幼儿园实习指导教师角色研究调查问卷(正式版)》的说明部分和调查对象基本信息的提问方式进行了调整。在说明部分增加了"幼儿园实习指导教师"概念,将调查对象的年龄、教龄改成直接填写"周岁""周年"具体数字的方式,以提升答题速度和信息准确性。

② 发放调查问卷。采用方便抽样的方式,利用问卷星平台,以作为高校实习基地的幼儿园为单位,在全国范围内发放问卷,共收到1 195份问卷。审核并删除无效问卷,如"实习指导年限"数据填写为零的问卷。同时考虑到因素分析的样本量要求,如学者康瑞和李认为,样本量要达到500左右,因素分析的效果才是非常好的。③ 最终剩余

---

① 叶澜,白益民,等.教师角色与教师发展新探[M].北京:教育科学出版社,2001:230.
② 朱旭东.论教师专业发展的理论模型建构[J].教育研究,2014,35(6):81-90.
③ Comrey L., Lee B. Interpretation and application of factor analytic results[M]//A first course on factor analysis, 2nd. Hillsdale: Lawrence Erlbaum, 1992:250-254.

1 042份有效问卷,有效率为87.2%,其中一半(521份)用于探索性因素分析,另一半用于验证性因素分析。正式调查中,研究对象的地区分布如表0-10所示。

表0-10 正式调查的有效研究对象地区分布一览表($N=1\,042$)

所属区域	所在地区	人数	百分比(%)
华东地区	上海、江苏、福建、浙江、山东	633	60.75
华中地区	湖北、河南、湖南	36	3.45
西南地区	四川、重庆、云南、贵州	238	22.84
华北地区	北京、河北	135	12.96

③ 验证角色模型。《幼儿园实习指导教师角色研究调查问卷(正式版)》的回收完成后,按照同预测问卷数据处理过程完全一致的步骤进行项目分析(item analysis)、因素分析(factor analysis)和信度分析(reliability analysis),并将统计结果作为题项筛选、后续角色模型验证的依据。项目分析的结果显示,修订后的正式问卷中,全部题项具有较好的区分度、内在一致性和同质性,均可保留。此外,随机选取521份问卷进行探索性因素分析,结果与上述领悟角色的构想模型(图0-5)基本维持一致;量表整体信度、三大构想维度的内部信度较为理想。

为验证"幼儿园实习指导教师领悟角色构想模型"的因素结构是否合理,运用Amos数据统计软件,对另一半正式问卷数据(521份)进行验证性因素分析(Confirmatory Factor Analysis,CFA)。首先,依照构想模型的维度划分及其所含题项,绘制一阶三因子模型,发现其一阶因素构念间存在中高关联程度(均介于0.67~0.85)。我们又尝试进一步假定,三个一阶因素构念能够测量更高一阶的因素构念,即所有一阶因素受到一个较高阶潜在特质"幼儿园实习指导教师角色"的影响。① 随后据此而绘制出二阶一因子一阶三因子模型,并依照基本适配度、整体适配度和内在结构适配度三大指标来判断模型适切性。② 经过层层检验,所构建的包含二阶一因子一阶三因子的领悟角色模型(如图0-6),具有一定适切性。

3. 实践角色

(1) 研究对象选取

采用强度抽样和方便抽样相结合的方式,选取幼儿园教育实习场域中的师徒组合作为研究对象。首先,我通过强度抽样的方式选取实习基地,邀请J市四所高校学前教

---

① 吴明隆.结构方程模型——AMOS的操作与应用[M].2版.重庆:重庆大学出版社,2010:246.
② 吴明隆.结构方程模型——AMOS的操作与应用[M].2版.重庆:重庆大学出版社,2010:38.

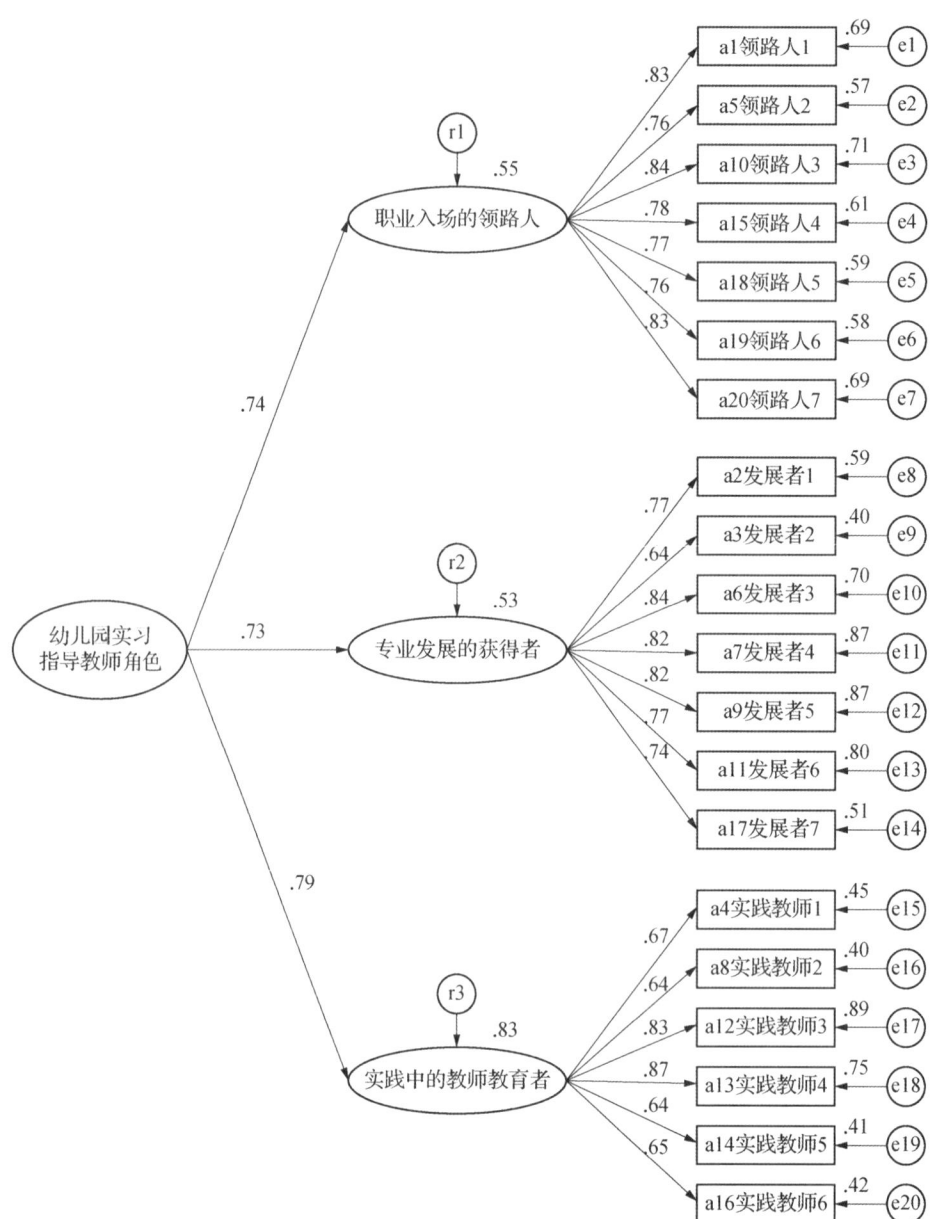

图 0-6　幼儿园实习指导教师领悟角色的验证模型

育专业的实习指导教师和往届学生进行推荐,选定 W 和 M 两所实习基地。W 幼儿园是一所拥有 70 余年历史的省级优质幼儿园,具有较为成熟的课程体系、管理体制和教师专业成长支持系统。M 幼儿园创立仅 6 年时间,是一所集教育服务、研究和教师培养性质于一身的新型省级优质幼儿园。两所幼儿园均被评为省级幼儿园教师教育实践基地,是当地高校争相选择的教育实习场所,大多数班级每学期都会接收至少两所高校的实习生,能够提供丰富而密集的信息。其次,依照方便抽样的方式,请幼儿园实习负责人根据本学期工作安排,推荐4位幼儿园教师及其所指导的实习生参与研究,具体信息见表0-11。

表0-11 实践角色的研究对象基本信息一览表

幼儿园	班级	师徒组合	指导教师	实习生	备注
W	小一班	A	39岁,16年实习指导工作经历,本科学历,主班教师、年级组长	大三下在J市参加过8周的教育实习,准备跨专业考研(小学教育方向)	A和B组合中的指导教师同在小一班
W	小一班	B	26岁,1年实习指导工作经历,本科学历,配班教师	大三下回家乡Z市实习8周,准备跨专业考研(美术方向)	A、B和C组合中的实习生同为N校大四学生。实习时间为3月15日—4月25日
M	小二班	C	30岁,5年实习指导工作经历,研究生学历,主班教师、教研组长	大三下在J市实习8周,通过J市的教师招聘考试笔试,但未通过面试	
M	中二班	D	27岁,3年实习指导工作经历,本科学历,主班教师、年级组长	大四曾在J市参加顶岗实习1年,声乐、舞蹈特长,通过了J市的教师招聘考试	D组实习生为S校(专升本)学生,实习时间为3月1日—4月15日

(2) 研究数据收集

我事先向所在班级的指导教师、实习生说明了研究目的、期待、数据去处及研究伦理等事宜,并就每周的观察时间与师徒双方进行协商,获取了质性研究的"入场"资格。在2021年3月1日—4月25日期间,每周选择4天,每天对1组师徒的日常工作过程进行参与式观察,并利用午休或放学后时间对双方就"师徒互动事件"进行无结构访谈。在收集数据过程中遵循"5W+H"原则,以时间、地点、人物、内容、原因和方式为框架构建师徒互动事件的完整过程。观察时间共计21天,约185小时(部分时段由于实习生请假或指导教师外出而无法进行),最后结合观察记录和访谈转录,整理出41份原始数据,共计285 972字。

(3) 质性资料编码

使用质性数据分析软件NVivo12 Plus,分别对观察和访谈资料进行编码。第一阶段,采用情境分析法,将每个组合作为一个个案,以实习时间为线索,勾勒师徒互动的完整进程,分析不同组合特征。第二阶段,首先依据"互动仪式链"理论所提"互动仪式组成要素"和"互动仪式结果"(详见图0-2),并参考我国学者魏戈、陈向明基于该理论所提师徒互动的研究框架，①提取出162个"师徒互动事件"，其中，观察到的互动事件有65个，访谈到的事件97个。然后根据上述"互动仪式"的起点、过程和结果，同时结合角色概念的核心要素，从以下三大层面分析师徒互动事件并提炼指导教师角色。其一，人际关系建构：师徒所发起、参与的共同行动或事件的频率和时间、情感投入水平及互动氛围。其二，行为模式呈现：互动行为发生的情境、双方共同关注的焦点及行为方式。其三，社会功能发挥：互动仪式之于实习生的社会关系符号以及群体归属感获得的影响。最终通过"质量结合"的方式对观察和访谈数据予以统计、分析，揭示幼儿园实习指导教师实践角色的内在结构与特征。

（五）质性研究信效度

质性研究中，"效度"是指研究者能够在多大程度上真实、准确呈现研究对象看待某种社会现象的角度、方式，以及在整个研究过程中，双方的关系构建对于理解这种"真实"所能够发挥的作用。② 因此，质性研究的效度检验是针对整个研究过程的检验。为了确保研究结果能够较为真实地反映实践层面的幼儿园指导教师角色，我采取了以下策略。

一是在数据收集和整理过程中遵循三角互证原则（Triangulation）。③ 首先，同时运用观察和访谈法，并对"所见"和"所闻"的数据不断进行比较，特别是当观察结果和访谈结论不一致时，会再次进行多轮访谈和观察，直到获得对某一问题较为深入的了解。其次，在不同的时间、情境之下，对于比较重要的问题、观点或行为进行反复观察和多次访谈，以得出最终结论。由于人的知觉具有相互关联性，所有知觉都会指向并证实同一个事实，反之，如果其中出现较为明显的矛盾和不一致的现象，则说明研究效度存在问题，需要反复求证。再次，就一些问题，对实习现场的其他人，如配班教师、访学教师、园长、高校指导教师等进行访谈，从不同角度了解情况。二是严格遵循研究者自释性（Researcher reflexivity）原则，在每次转录、编码之后，会对于自身在研究现场，特别是访谈过程中的言行进行反思；并通过撰写备忘录的方式，不断提醒自己悬置自身的假设、观点和偏见；同时，对于研究数据保持开放态度和应有的敏感性，并谨记"效度"产生

---

① 魏戈，陈向明.社会互动与身份认同——基于全国7个省（市）实习教师的实证研究[J].教育学报，2015,11(4):55-66,76.

② Creswell W., Miller L. Determining validity in qualitative inquiry[J]. Theory into Practice, 2000, 39(3): 124-130.

③ Golafshani N. Understanding reliability and validity in qualitative research[J]. The Qualitative Report, 2003, 8(4): 597-607.

于关系之中①,时刻注意自身与研究对象关系的建构与维持。

质性研究的信度,主要涉及两大层面的问题。一是研究结果的可靠性,即在多大程度上令人信服。学界普遍认为,信度是效度的必要条件,由此可推,整个研究过程的效度一旦得以确保,那么所得的结果就有理由令人信服。② 二是研究结果的可推广程度。由于人类的大脑具有某种自律性,其享有许多共同的生活经历和思维方式,同一文化中的人们往往具有共同的心理行为和社会反应模式,因此,其用以阐述思想观念的方式也具有普适性,由此使得质性研究结论具有一定的推广价值。③ 如果研究结果揭示了同类现象中一些共同的问题,使得读者在思想和情感上产生了共鸣,由此便起到了推广的作用。但前提是研究结论能否超越对事物进行简单描述的层面,而进入到比较深入的、实质性的原因分析层面。

由此,本书在揭示实践层面的幼儿园实习指导教师角色时,力图突破对于现象的简单描述,在揭示研究对象个性的基础之上,对蕴含其中、深层次人或事的"共性"进行探究,促使人们对于研究结论产生共鸣,并为相关问题的研究提供新视角、新思路,从而提高研究结论的信度。

---

① 陈向明.质的研究方法与社会科学研究[M].北京:教育科学出版社,2017:409.
② Patton Q. Qualitative evaluation and research methods [M]. 3rd ed. London: Sage Publications, 2002: 82.
③ 陈向明.质的研究方法与社会科学研究[M].北京:教育科学出版社,2017:413-414.

第一章
来自外界的期待：幼儿园实习指导教师的期望角色揭示

期望是一种巨大的动力，对角色行为有重大影响，它使角色扮演者按照社会和人们的愿望去行动。如果没有明确的期望，个体在扮演角色时便会缺乏生气和活力，不可能有任何作为和进步。①

——奚从清

期望角色(expected role)，也称理想角色(ideal role)，指社会或群体为某一社会角色所设定的理想行为模式、行为规范和社会功能，是一种"应该如何"的观点，也是社会结构与角色行为之间的桥梁。一个人的角色行为是否符合其所处地位和所具有的身份，在很大程度上取决于其是否遵从了期望角色。② 期望角色的内容不仅含有社会公认的规范和行为模式，还重视相关群体和个人的观点。因此，期望角色同领悟角色和实践角色共同构成了幼儿园实习指导教师角色研究的主要内容。我们采用较为经典的来源于舞台剧的划分方式，将期望角色的具体内容划分为剧本期望、演员伙伴期望和观众期望三类。③ 也有学者曾根据期望角色的来源，将其分为来自外界的期望和角色扮演者的自我期望。④ 由于自我期望同后续章节内容"领悟角色"概念在内容上有所交叉，为使研究内容的层次更加清晰，本章节着重关注来自外界的期望角色。

"**剧本期望**"中，"剧本"一词在古希腊和古罗马时期是指被写在羊皮纸上，演员必须阅读的 roll(原本是指书写了法律法规的羊皮纸)。⑤ 从呈现形式和基本内容来看，"剧本期望"通常是以文本(inscriptions)，如法律条文、规章制度等形式存在的，对于角色规

---

① 奚从清.角色论——个人与社会的互动[M].杭州：浙江大学出版社，2010：101.
② 秦启文，周永康.角色学导论[M].北京：中国社会科学出版社，2011：93，46.
③ 周晓虹.现代西方社会心理学流派[M].南京：南京大学出版社，1990：236.
④ 赵剑光.角色、自我与人格[J].人文杂志，1988(4)：31-34.
⑤ 漆涛.学生角色研究[D].上海：华东师范大学，2017：49.

则(norm)、行为规范(rule)的指示(prescription)。① 因此,将组织层面(高校和幼儿园)以规章制度形式呈现的,对于幼儿园实习指导教师的角色规则、行为规范的描述,作为"剧本期望"的主要来源。

"演员伙伴期望"是指互动情境中其他演员的要求,通过作用于角色主体的主观感受而对其行为产生影响,成为塑造主体角色行为的重要力量。在幼儿园教育实习场域中,实习生是指导教师最主要的"演员伙伴",其对于幼儿园实习指导教师的角色期待构成了"演员伙伴期望"的主要内容。

"观众期望"中的"观众"可以是真实的,也可以是虚构的,他们组成了一个实在群体或是社会范畴,其唯一必要的判断标准是,源于各种类型观众的期望能够对互动角色的行为产生影响,能够指导角色扮演者的行动。就幼儿园教育实习而言,"观众期望"由两部分内容构成。一是高校指导教师、园所实习工作负责人的期待。在教育实习过程中,高校教师的指导能够影响实习生的行为;园所实习工作负责人的理念和行为直接影响幼儿园指导教师的行为。二是学术研究者对于幼儿园实习指导教师应然角色的论述。这不仅由于部分研究人员会进入幼儿园教育实习场域收集实证数据,成为师徒互动情景中的实体观众;更为关键的是,学术研究者在相关文献中所提观点旨在对幼儿园指导教师、实习指导工作产生积极影响,以解决现实问题,故将相关文献中学术研究者的观点纳入"观众期望"研究范围。

此外,尽管上述不同类型的期望角色在来源、内容上存在一定交叉,如部分高校指导教师会参与高校"剧本期望"的拟定,学术研究者大多来自高校指导教师和实习生群体。然而其在呈现形式和效用上存在本质区别:"剧本期望"以官方文件的形式出现,应当能够反映出高校幼儿园教师培养工作的基本理念,以及幼儿园指导教师作为"教师教育者"角色所必须遵守的行为规范和职责要求,具有统摄力量。"演员伙伴期望"和"观众期望"的本质是个人观点的表达,其既受到"剧本期望"的统摄和约束,又受到个体经验的影响,且体现出一定的个人立场,被视为角色扮演者行为的塑造力量和参考框架。因此,我们有必要将上述不同类型的期望角色内容予以区分并分别呈现。

期望角色是角色理论中的重要概念,是角色扮演者的行动指南,它约定了角色行为准则和行为方式,使得角色扮演者按照社会、他人的期望去行动。值得注意的是,期望角色并不等同于角色行为,还需要通过角色扮演者的内化,才能以角色行为的方式表现

---

① Biddle J. Role theory: Expectations, identities, and behaviors[M]. New York: Academic Press, 2013: 132.

出来。期望角色的内化受到多种因素的影响,就期望角色本身来说,其内涵的清晰度是关键。① 因此,我们分别对"剧本期望""演员伙伴期望"和"观众期望"的内容予以描述,而后依照"角色清晰度""角色模糊"等相关概念及其判断标准,揭示幼儿园实习指导教师期望角色的特点。

综上,本章将梳理幼儿园实习指导教师期望角色的内容,揭示其特点,旨在为判断主体领悟角色和实践角色在何种程度符合期望角色提供有效参照。

一、剧本期望:角色内涵明确,内容清晰度呈现出校际差异

总体来看,多数高校的剧本期望中能够提炼出"指导者"和"评价者"角色,可见,高校对于幼儿园实习指导教师的要求总体较为一致,且内涵明确。具体来看,不同高校剧本期望在内容表述、形式呈现上存在明显差异。部分高校设有幼儿园实习指导教师选拔标准,也能够从中提炼出其对于幼儿园指导教师角色所持有的期待和要求。

(一)"指导者""评价者"为核心,角色要求清晰度待提升

高校剧本期望的编码结果如表1-1所示,由"指导者"和"评价者"两大核心类属构成。进一步分析发现,不同高校对于指导教师角色要求的内容表述存在明显差异,多数剧本期望的内容清晰度有待提升。

表1-1 幼儿园实习指导教师角色的剧本期望资料编码

核心类属	二级编码	三级编码	节点来源a	参考点数b	参考点举例
指导者	指导内容	全面指导各项工作	21	30	指导实习生组织各项活动;指导教学活动;指导实习生开展保育、教育工作
	指导时机	全程指导	18	18	全程指导;在整个实习过程中予以指导
		按需指导	7	7	根据需要指导实习生组织活动;解答问题
		及时指导	5	5	及时指导实习生;帮助实习生妥善处理好突发事件;发现问题及时沟通
	指导方式	示范行为	25	30	以身作则;示范日常管理行为;发挥榜样作用
		介绍情况	22	25	介绍本班幼儿和保教工作情况;帮助实习生熟悉幼儿园环境和一日工作流程

---

① 周晓虹.现代西方社会心理学流派[M].南京:南京大学出版社,1990:237.

续 表

核心类属	二级编码	三级编码	节点来源[a]	参考点数[b]	参考点举例
指导者	指导方式	传授经验	16	18	传授管理经验;注意引发反思;传授教育、教学经验
		分享资源	7	11	开放公开课、教研、课程审议活动;协助收集研究数据
	指导对象	已有经验	2	7	曾以旁观者的身份观察、了解实践;已了解幼儿园的一般特点和教师工作的特质
		学习需求	2	7	希望与儿童建立信任关系;需要全面介入式的集中保教实习
评价者	评价形式	成绩评定	30	30	依据实习生表现评定成绩并盖章;评语力求明确具体,最好有事例说明
		过程评价	12	19	在实习初期、中期和后期各对实习生进行一次书面评价;随堂听课、课后评课
	评价标准	无标准	5	5	设有指导教师签字处;负责评定实习生成绩
		模糊标准	11	11	酌情评分;根据实习生的思想政治表现、教学表现和班主任工作表现综合评价
		具体标准	14	14	技能考核标准;表现性评价指标;课堂教学活动评价标准

注:a 表示包含此节点的访谈材料数量;b 所有文本资料中包含此节点出处的数量。

1."指导者"角色要求的内容表述尚待完善

高校对于"指导者"角色的要求,围绕教师的"指导"行为展开,可进一步细化为指导内容、指导时机、指导方式和指导对象四个维度。

(1) 指导内容全面性有余而层次性不足

高校在表述指导内容时,习惯使用"全面指导""指导各项工作"等语句,如近三分之二的文本中提出:

全程指导实习生组织一日生活中的各项教育活动(G3);全面指导所带实习生的实习工作(G12)。

"全面指导""指导各项工作"的内容要求,能够体现国家层面对于幼儿园教师的培养要求,如我国 2021 年颁布的《学前教育专业师范生教师职业能力标准(试行)》中提到的"师德践行能力、保育和教育实践能力、综合育人能力、自主发展能力",均需要师范生在专业人士的"指导"下,经由全面了解、参与和研究幼儿园的各项教育实践活动而获得。此外,《教育部关于加强师范生教育实践的意见》中要求高校将教育实践贯穿教师培养的全过程,整体设计、分阶段安排教育实践内容,并提供有效指导。然而,就我们所关注的教育实习而言,学生已经拥有一定的理论和实践学习积累,且实习时间通常只有

4～8周,幼儿园指导教师需要对实习生参与各项工作的时间、顺序、方式和程度等进行统筹安排。上述对于实习指导内容"面面俱到"的角色要求,容易为指导教师在实际操作过程出现眉毛胡子一把抓、期望要求过高抑或完全放任不管等问题埋下隐患,实习指导的有效性难以保障。

值得一提的是,已有部分高校不仅将观摩、参与和研究教育实践贯穿幼儿园教师培养的全过程,整体规划实践课程,还具体规划每学期实践课程的目标、内容和要求,如:

第一年的两个学期,通过见习全面了解幼儿园工作、环境特点及一日活动安排;第二年的关注点是班级幼儿和保育工作,并逐步展开领域教学实践;第三年开始关注不同幼儿的个体需要,继续尝试领域教学,并开展家园工作和游戏组织;第四年综合运用专业知识开展全面工作,解决实践问题。(G1)

高校还据此提出了较为详尽的幼儿园实习指导教师工作职责,如在第四学年教育实习中,提出指导教师应向实习生介绍的内容包括:幼儿园、班级和幼儿的基本情况,一日工作要求;需要为实习生开放的实践工作类别、顺序、次数、程度;实习生需要达到的能力目标。如:

确保每个学生有3次机会主班,学做半日活动中的区域活动、游戏及各个领域教学活动,基本达到本校学前教育专业教学技能合格标准的要求。(G1)

这不仅有助于幼儿园指导教师了解实习生的已有经验、学习要求,还能使其明确"指导者"的角色职责,统筹安排实习内容并提供有效指导。

(2) 指导时机、方式的有效策略待丰富

从指导时机来看,多数高校要求指导教师"全程指导""及时指导"或"根据需要指导",具有一定的灵活性,且赋予指导教师充足的决策权利和行动空间,使其能够在综合考虑园所、班级的工作安排、高校实习要求、实习生的学习特点和个体差异之后,合理安排实习工作并予以指导。从指导方式来看,半数以上的剧本期望中明确指出,指导教师应当采用"示范行为""传授经验"等方式对实习生进行言传身教。部分高校提到了"引发反思"的观点,要求指导教师在传授经验时,注意引发反思,帮助实习生发现并分析问题,体现了我国当下所倡导的"反思性实践者"的幼儿园教师培养理念,有助于促使指导教师为实习生在观摩、参与和研究教育实践过程中,经由"实践、反思、再实践、再反思,不断提高专业能力,形成终身学习与持续发展的意识和能力"提供有力支持。

其中,也不乏一些高校的剧本期望中仅用"指导"一词来描述教师的行为方式,如要求:

指导实习生加强师德修养;指导实习生制定实习计划、备课、上课;指导实习生开展

班级工作和家长工作。(G22)

尽管指导内容涉及的范围十分广泛,却并未针对不同内容提供丰富而有效的指导策略。幼儿园教师对于实习生"践行师德"的指导方式,同"备课、上课"和"家长工作"的指导方式应当有别,未加区分地使用"指导"一词不足以为教师行为方式和策略选择提供有益参考。高校的角色要求中缺乏对于指导情境、时机、方式、策略等细节的描述,容易造成指导教师,特别是"指导者"经验相对缺乏的幼儿园教师,在知晓应当"传递经验""引发反思"的前提之下,仍旧难以在合适的时机采用适宜的方式为实习生开展各项工作提供有效指导。

为此,个别高校针对"指导者"的行为方式、时机提出了具体建议。如:

最有效的实习指导是您基于对实习生存在问题的了解,在具体情境中给他们示范;当实习生遭遇问题情境时,您可以在一旁先观察,让他们多探索一下,实在不行,您再出手相救;您可以帮助实习生反思、分析原因、引导他们改进行动,这份经历将是其未来专业道路的重要基石;您如果每天能跟他们有简短交流,哪怕是眼神鼓励,都会让他们元气满满。(G2)

上述剧本期望建议指导教师基于对具体情境的观察、了解和判断,并选择多元化的指导方式(如示范行为、观察、眼神鼓励、反思倡导),有助于指导教师充分理解并有效发挥"指导者"的角色价值。此外,少数高校提到"提供资源"的指导方式,如:

请指导教师协助实习生收集调查报告的研究数据(G34);在不影响幼儿园工作的情况下,请允许学生以年级组为单位,集体观摩一次园所的课程审议工作(G18)。

从表述语境来看,高校并未使用祈使句和能愿动词"应当""应",而出现了"请""在不影响工作的情况下"等内容,表明幼儿园层面或是指导教师个人,有权选择承担或拒绝上述要求。究其原因,一是此部分内容可能超出了指导教师的日常工作范围,需要花费额外的时间和精力才能完成,如协助收集研究数据;二是课程、教研资源是教师个人、年级组或幼儿园积累的知识资本,其有权决定是否同实习生分享以及在何种程度以何种方式分享;三是高校对于上述角色要求的内容表述有待完善,指导教师所提供的关于课程、教研和教师发展的专业资源,有助于实习生加深对于幼儿园教育实践和教师职业的认识。而事实上,《教师教育课程标准(试行)》中要求学生应通过"参与各种教研活动,获得与幼儿园教师直接对话或交流的机会",实习生在教研、课程审议等活动中不仅是旁观者,也应当成为积极的对话者和反思者,其所提观点也许能够为幼儿园教师带来启发,促使双方共同获得专业发展。高校未能将"提供资源"这种实习指导方式的重要价值予以说明,难以引起幼儿园实习指导教师的重视。

(3) 指导对象学习需求的信息仍需完善

指导教师作为教师教育者,需要了解实习生(职前教师)的专业学习需求,才能有的放矢。正如美国学者丽莲·凯兹(Lilian Katz)所言:"同幼儿的发展具有阶段性一样,幼儿园教师的专业发展也具有阶段性,且每一阶段都有其独特的需求,应当有独特的训练重点。"①这里的"需求"通常包含两层含义:一是指理想常模的某种概念与实际状况之间的差距,即"应该是什么"与"实际是什么"之间的差距;二是来自有机体内部的张力,为了保持有机体处于健康状态,需要使这些张力得到恢复。② 实习生的需求既包括高校对于实习生所应当达到的共性的学习要求(理想常模与应然状态)以及实习生群体的实然状况,也包含一些来自实习生个体的、个性化的学习需要(内部张力),这两种需求可能存在一定程度的交叉、重叠,也可能具有较大差异。因此,"指导者"需要在把握高校教育实习目标和实习生群体的实际状况基础之上,依据实习生的个性化需求调整实习内容与指导方式。

绝大多数高校在《教育实习手册》中都有关于教育实习目标的说明,这有助于幼儿园指导教师了解高校对于实习生的"应然水平"的要求,而仅有两所高校对于实习生群体的实际学习状况进行了简要介绍:

同学们已经迈入大四,在这之前的六个学期都有持续的专业见习,观察、了解实践,但还都只是以旁观者的身份。他们渴望和幼儿真正地亲密接触,体验信任关系的建立;他们也渴望成为班级共同体中的一员,和老师、家长们并肩作战,给小朋友们创造良好的学习环境。当然,他们也担心自己能否跟小朋友们愉快相处,能否跟得上幼儿园节奏,能否配合好老师做好班级工作,能否尝试和家长真诚地交流。(G2)

而多数高校未对实习生群体的已有经验、现实状况和学习需求予以说明,使得幼儿园指导教师作为"指导者",难以充分了解指导对象的群体特征,特别是当实习生的个体需求同群体状况存在一定差异时,仅满足个体需要容易导致以偏概全,难以充分实现其角色价值。

2."评价者"角色效用的发挥受到一定局限

(1) 评价形式:过程性评价相对不足

我们所收集到的30份文本数据中,均能提炼出"评价者"的角色要求。从属性来看,教育实习作为高校教师教育实践类课程的重要组成,占有一定学分,实习生修满学

---

① 凯兹.与幼儿教师对话——迈向专业成长之路[M].廖凤瑞,译.南京:南京师范大学出版社,2004:206.
② 马云鹏.课程与教学论[M].北京:中央广播电视大学出版社,2005:108-113.

分并获得合格的课程成绩才能达到毕业要求。因此,"评价者"成为高校剧本期望的核心类属。其中,12所高校明确要求幼儿园指导教师采用过程性评价与终结性的成绩评定相结合的方式,不仅要在实习结束时评定实习生的成绩,还应当在整个实习过程中观察、评价实习生的表现,并定期予以反馈。个别高校积极探索多样化的评价形式,如采用"纸面评价与口头评价"相结合的方式,请指导教师在实习期初、期中和期末各对实习生进行一次书面评价;口头评价在日常教育实践情境中随机进行。又如采用"档案袋"式的过程性评价方式,利用网络平台,将学生需要在教育实习过程中完成的任务,包括观察记录、反思随笔、实践活动记录、阶段性总结等内容上传到网络平台,指导教师可对学生的任务完成情况进行过程性评价。

与此同时,近三分之二的高校仅强调幼儿园指导教师在实习结束时负责评定实习生成绩。总体来看,目前高校对于幼儿园实习指导教师"评价者"角色的要求,以终结性的成绩评定为主,过程性评价相对不足。从"评价者"的角色价值来看,我国目前倡导以学习者为中心、结果导向(Out-come Based Education,OBE)的专业人才培养理念和模式,"结果"一词中包含持续改进的思想,即评价应当为进一步改进实践提供依据。[①] 由此,来自幼儿园指导教师的评价应当为实习生认识、评价、反思自身教育理念和行为、完善实践学习过程提供指导;也应当为高校持续改进人才培养目标、毕业要求和课程质量提供有效依据。[②] 一旦高校对于指导教师"评价者"的角色要求一味强调实习结束时的"成绩评定"和"签字盖章",而疏于关注实习生在整个实践学习过程中的"行为表现""现实困惑"和"能力获得",就容易导致"为评而评""重结果而轻过程""重形式而轻内容"的观念,实习评价的效用发挥受到限制,不足以为实习生专业学习过程的不断完善和高校教师教育质量的持续改进提供参照。

(2) 评价标准:内容清晰度参差不齐

无论是对于终结性的成绩评定,还是过程性评价,客观翔实、可操作性的评价标准都尤为重要,能够使得幼儿园指导教师在承担"评价者"角色时有章可循。[③] 事实上,高校对于幼儿园实习指导教师"评价者"角色的剧本期望中所呈现出的评价标准可谓从无到有、从模糊到清晰,不同学校实习评价标准的内容清晰度呈现明显差异。

---

① 张男星,张炼,王新凤,等.理解OBE:起源、核心与实践边界——兼议专业教育的范式转变[J].高等工程教育研究,2020(3):109-115.

② 李政云,王攀.美国实习教师表现性评价及其对我国教育实习评价的启示[J].湖南师范大学教育科学学报,2018,17(1):94-98.

③ 王菠,王萍.澳大利亚高等院校学前教育实习指导手册:解读、分析与借鉴[J].外国中小学教育,2018(5):39-48.

5 所高校仅在《教育实习手册》的成绩鉴定栏设有"幼儿园指导教师签字"处,未提供任何形式的角色要求和评价标准。11 所高校要求指导教师"根据实习生的考勤情况、实习过程中的表现和实习手册撰写情况评定成绩"(G19),或是"根据实习生的思想政治表现、教学表现和班主任工作表现进行客观而准确的评价"(G23)。

上述评价标准的可取之处在于,其不仅关注到实习生的专业能力和教学水平,还重视实习生的学习态度、思想政治表现以及作业完成情况,为指导教师作为"评价者"的成绩评定工作指明了方向。然而,高校未提出具体而明确的评价标准,由此会导致作为"评价者"的幼儿园指导教师只能依据个人经验、期待或是个人印象来评价实习生的表现,评价结果的客观性和公正性均难以保障。

另有近半数的高校不仅要求指导教师对实习生的课堂教学活动、日常带班表现分别进行评价,还提出评价标准。进一步分析发现,不同高校教育实习评价标准的清晰度存在明显差异,其内容表述及背后所体现出的评价理念既有值得肯定之处,也存在尚待完善之处。如个别高校提出:

> 对教育活动方案和试教效果的评价,可参考相关教材的评价章节以及《幼儿园课程》教材中的相关内容,由幼儿园指导教师酌情评分。(G8)

由此体现出高校希望幼儿园指导教师在"评价者"角色承担过程中尝试将教育理论与实践相联系,使评价结果有据可依。其中的挑战在于,幼儿园指导教师需要自行查阅相关教材,并对不同版本、不同书目中的内容进行仔细筛选和提炼,在要求落实的过程中可能会出现一定困难。此外,部分高校的实习评价标准中仍将"实习生能否完成教育实习中的教学工作、保育工作、家长工作等各项任务"(G31)作为唯一评价指标。从本质来看,这是一种基于工作逻辑而非专业逻辑的评价方式[①],而非指向实习生专业能力的培养,同《幼儿园教师专业标准(试行)》《学前教育专业师范生教师职业能力标准(试行)》等文件中倡导的,以提升师范生的专业能力为导向,关注其师德践行、保教实践、自主发展等方面的能力能否通过参与教育实践而得到提升,专业知识是否有效转化为能力的教师培养理念存在一定差距。

我们发现,如表 1-2 所示,已有个别高校开始尝试采用表现性评价的方式,要求实习生、高校指导教师和幼儿园指导教师共用一套评价标准,对实习生在教育实习过程中的行为表现予以观察、描述和评价。尽管该评价标准作为"征求意见稿",仍有尚待完善之

---

① 于开莲,宋鹏雁,张慧,等.循证师范专业认证视域下学前教育专业本科教育实习评价标准构建研究[J].教师教育研究,2022,34(1):40-48,56.

处,如需要说明"技术层面反思"的含义,需要评价者针对"反思有深度""学习效果不够显著"以及"有效解决问题"的评价结果予以说明,但其中所体现出的"反思性实践者"的教师培养理念,紧扣国家学前教育专业认证标准中的毕业要求的具体评价内容,以及加权各维度得分和不同主体评价结果的计算方法,有助于提升评价结果的准确性和客观性,有效落实"评价者"的角色要求,充分发挥实习评价的价值。

表1-2 实习生表现性评价标准(征求意见稿)节选(G2)

评价者:○实习生 ○同伴 ○实习园指导教师 ○高校指导教师

毕业要求	差 (60分及以下)	中 (61~80分)	良 (81~95分)	优 (96~100分)	权重	得分
学会发展 (反思研究、自主学习)	对实习体验不能及时加以反思,没有利用实习机会深化学习的意识和行动	实习中能及时反思,有利用实习机会加深学习的意识,但由于多是技术层面的反思(如对深层原因追问不够),因此学习效果不够显著	能针对实习中的问题和困惑主动反思,反思有深度,积极地利用实习机会加深学习,能在指导教师帮助下有效地解决问题,增强自信心	在实习中能及时深入反思收获及存在的问题,不断自我激励,形成自信,能针对问题和困惑主动查阅资料,寻求导师帮助,积极地利用实习机会加深学习,解决问题,成效显著	0.1	

(二)选拔标准兼顾幼儿园教师资历、专业素养与角色意愿

理论研究和实践经验均表明,教育实习计划成功的关键是选拔一些优秀教师,他们有能力对实习生的专业学习过程进行诊断、指导、协助和引领。并不是所有的优秀教师都能够胜任实习指导教师的角色,因此,幼儿园实习指导教师的选拔工作至关重要。剧本期望中所呈现的幼儿园实习指导教师选拔标准,既能够决定"哪些幼儿园教师能够成为教师教育者",为幼儿园实习指导教师角色设置准入门槛,也可以体现出高校对于指导教师角色权责、行为规范的基本要求。

表1-3 幼儿园实习指导教师选拔标准的资料编码

核心类属	二级编码	三级编码	节点来源[a]	参考点数[b]	参考点举例
选拔标准	教师资历	工作年限	4	4	工作三年以上;有五年以上的幼教工作经历
		学历	4	4	本科及以上学历;专科学历
		职称	4	4	具有幼教一级及以上教师职称

续 表

核心类属	二级编码	三级编码	节点来源[a]	参考点数[b]	参考点举例
选拔标准	专业素养	理念与师德	3	3	热爱幼教工作；有科学的儿童观、教育观、教师观
		知识和经验	7	7	工作经验丰富；有扎实的保教知识
		专业能力	2	2	具有综合育人、随机教育的能力；善于沟通
	角色意愿	热情和责任心	4	4	对培养新教师有热情和责任心；乐于承担实习指导工作

注:a 表示包含此节点的文本数量;b 所有文本资料中包含此节点出处的数量。

　　7 所高校的剧本期望中提到关于指导教师选拔的内容，均要求选派工作经验丰富的优秀幼儿园教师承担实习指导工作。其中，4 所高校提出了较为明确的"幼儿园指导教师选拔标准"，如表 1-3 所示。从具体内容来看，指导教师不仅需要具有一定的资历，包括工作年限、职称和学历，还应当具有较为积极的"教师教育者"角色意愿，乐于承担幼儿园教师的培养工作。一方面，这是对我国《教师教育课程标准（试行）》中要求建立具有高水平的实习指导教师队伍，《学前教育专业认证标准（第二级）》中要求高校"有遴选教育实践指导教师的制度与措施"等内容的有效回应。另一方面，这说明部分高校已经意识到幼儿园实习指导教师角色之于实习生的专业学习效果、高校教师教育课程质量的重要价值。

　　此外，幼儿园实习指导教师选拔标准对于"教师资历"和"专业素养"的描述，多聚焦个体作为幼儿园教师角色的资历和专业素养，体现出幼儿园教师角色同实习指导教师角色之间的内在关联。如"热爱幼教工作，有科学的儿童观、教育观、教师观"的指导教师能够成为幼儿园教师角色的示范者、实习生学习的榜样。然而，值得注意的是，优秀的幼儿园教师并不等同于专业的教师教育者，上述"专业素养"仅针对幼儿园教师角色，或是提出"实习指导教师"与"幼儿园教师"角色之间的共通之处，如能够"综合育人、随机教育"，而未涉及指导教师作为"教师教育者"所应当具备的特殊专业素养。国外一些高校对于学校指导教师的选拔标准中要求实习指导教师参加过涉及成人学习理论、同伴指导技能等内容的教师教育者专业培训；要求实习指导教师具有对实习生进行表现性评价的能力，具有提供反馈、展开专业对话与合作教学的能力；要求实习指导教师具有管理或教师教育领域的相关资格证书。[①] 相比之下，我们现有的选拔标准仅关

---

① 卢俊勇,陶青.美国实习指导教师的选拔:标准、过程及其启示——什么样的教师可以成为教师教育者[J].外国中小学教育,2018(3):51-56.

注指导教师的角色意愿,而未对主体作为"教师教育者"角色的专业素养和资历加以要求,"实习指导教师"同"幼儿园教师"角色的差别尚未受到应有重视。

由此,我们将持续关注"幼儿园教师"同"实习指导教师"角色之间的关系,分析不同资历(工作年限、学历和职称)的指导教师的角色领悟和实践水平是否存在显著差异,并关注剧本期望中的选拔标准能否有效落实,进一步了解多数未提出明确选拔标准的高校如何实施指导教师的选拔和管理工作。

(三) 单独呈现、包含于《教育实习手册》之中或当面转达

收集到的 30 份样本中,1 所高校拥有专门的《幼儿园实习指导老师工作指南》,内设高校学前教育专业实习简介(实习目标、具体内容、组织形式、考核与评价标准)、实习生的特点简介以及高校对于幼儿园指导教师工作内容和方式的建议,要求高校指导教师负责发送至幼儿园实习工作负责人处。高校将剧本期望以工作指南的形式单独呈现,能够体现出其对于教育实习,特别是幼儿园实习指导工作的重视,有助于幼儿园实习指导教师了解高校的教师培养理念、目标和要求,合理定位自身"教师教育者"角色的职责和功能。

多数高校对于幼儿园指导教师的角色要求存在于《教育实习手册》之中,且拥有独立的标题"幼儿园指导教师职责",其同级标题一般为实习生角色职责和高校指导教师角色职责,上位标题是教育实习的组织与管理,同教育实习目标、内容和评价共同构成了《教育实习手册》"总则"(开篇要求)。幼儿园实习指导教师角色的剧本期望包含于《教育实习手册》之中,表明幼儿园实习指导教师是教育实习中不容忽视的参与主体,有助于实习生、高校指导教师和幼儿园实习指导教师明确自身及他人的角色职责,全面了解教育实习任务和要求。相较于上述单独呈现的形式,其内容概括程度较高,所占篇幅相对有限。

少数高校设有《学生实习任务要求》《实习工作管理要求》等相关文件,将教育实习的任务内容、管理评价的要求一并列出,其中包含对于指导教师角色的职责要求。高校指导教师需要每周至少入园一次,同每位实习生所在班级的指导教师进行单独沟通,以传达高校要求,并进行共同指导。高校严格控制指导教师同实习生的人数比例(高校指导教师同实习生的人数比为 1∶5),要求高校指导教师同幼儿园指导教师当面沟通,以传递指导、评价和管理工作的细则。这一方面有助于加强指导教师之间的联系,落实高校教育实习要求;另一方面存在一定隐患,一旦高校指导教师未能充分理解或及时传递角色要求,幼儿园指导教师所获知的剧本期望也容易出现一定偏差。

由此,高校对于幼儿园实习指导教师角色要求的呈现形式,既关乎其内容的清晰度,也能够体现出高校对于实习指导工作的重视程度。

二、演员伙伴和观众期望:结构、功能相一致,内容各有侧重

学术研究者借助教育学、心理学、社会学等领域理论,以分析、解决教育实习中的现实问题为目标,所论述的指导教师应然角色可谓"有理可依";实习生、高校指导教师和园所实习负责人基于各自立场和经验提出的期望角色,内容虽各有侧重却"有据可循"。我们经由对文本资料的比较、分析和综合,提炼出的"演员伙伴"和"观众"期望,包含"实践中的教师教育者""职业入场的领路人""园所文化的传递者"和"专业发展的获得者"四大核心类属,如图1-1。

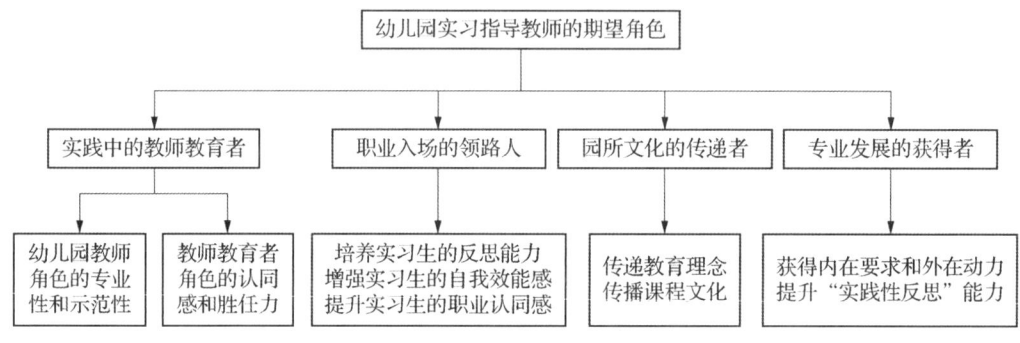

图1-1 "演员伙伴和观众期望"的结构示意图

社会生活中的每一个角色都是一个系统,具有结构性和功能性两大属性。其中,结构性是指每个角色都具有自身的内在结构,包括角色扮演者、角色观念、角色规范、行为模式等基本要素,由此而在"量"和"质"上构成了该角色的内在规定性,使得不同角色得以区分。功能性则是指角色与其外部环境相互作用时所表现出来的能力和功效,是角色的内在结构、组织秩序及其时空形式的外在表现。① 就上述幼儿园实习指导教师角色所包含的四大核心类属的性质来看,"实践中的教师教育者"侧重描述期望角色的内在结构,其余核心类属则偏重外在功能。

(一) 实践中的教师教育者

"实践中的教师教育者"角色由"幼儿园教师角色的专业性和示范性"和"教师教育

---

① 秦启文,周永康.角色学导论[M].北京:中国社会科学出版社,2011:71.

者角色的认同感和胜任力"两大次类属构成。

1. 实习指导教师首先应是专业的幼儿园教师

(1) 学术研究者勾勒专业幼儿园教师角色的内容框架

相关文献中,"幼儿园教师角色的专业性和示范性"体现为教育经验丰富、专业能力突出和师德理念过硬三大维度,既同《幼儿园教师专业标准(试行)》的维度划分(专业知识、专业能力、专业理念和师德)一致,也符合国内外学者对于教师专业素养的分类方式。① 此外,用"教育经验"(而非专业知识)命名子维度,旨在强调教育经验经由思维的参与而形成,是专业知识得以内化和应用的产物。②

(2) 实习生关注指导教师在日常工作中的策略运用

实习生较为关注指导教师在日常工作中展现出的专业能力,并将其视为学习目标和榜样。从编码结果来看,"专业能力展现"维度的节点数量最多,内容包含教育教学能力、班级管理能力、家长工作能力等,范围几乎涵盖了幼儿园教师日常工作的方方面面。其中,多数实习生将"教育策略运用"视为幼儿园教师专业能力的最直接体现。如:

指导老师组织活动时很有策略,说话声音并不大,也很少大喊大叫,但小朋友就是能把注意集中在她身上,真的很专业。(S8)

究其原因,幼儿园教师的教育行为和策略具有可视化、易于观察的特征。高年级学生在参加教育实习之前已经完成了大部分课程的学习,初步建构了个人的儿童观、教育观和教师观,迫切希望了解现实中的幼儿、幼儿园教育和幼儿园教师,以便将头脑中的理论与现实中的行为建立联系,因而十分关注指导教师在日常工作中所展现出的教育行为和策略。

(3) 高校教师呼唤教育情怀与反思品质的示范作用

其一,高校指导教师期望幼儿园指导教师在职业认同、教育情怀和工作状态上为实习生带来积极影响。

角色示范者不只是专业上的,指导教师整个人的工作状态及其对儿童、对教育、对这份职业的态度,都会被实习生看在眼里、记在心上。如实习生在反思日记中生动描述了幼儿园教师"累并快乐着"的工作状态及其表现出的对孩子的爱,并表示自己要以此为榜样,让我非常感动。(T34)

其二,高校教师期望幼儿园指导教师在日常教育行为上展现出专业性。在其看来,

---

① 叶澜.新世纪教师专业素养初探[J].教育研究与实验,1998(1):41-46,72.
② 吴刚平.教育经验的意义及其表达与分享[J].全球教育展望,2004,33(8):45-49,56.

幼儿园指导教师对实习生的影响具有潜移默化、随机性的特点。实习生会在参与实践工作的过程中,或在某一个特定情境之下,有意或无意地观察、模仿指导教师的教育风格和行为方式,以此来建构个人的教育经验。

> 在建构区,实习生跟孩子的互动没有效果,这时指导教师走过来,用自己的方式跟孩子互动,实习生看到了,并且反思自己的行为,那就学到了。也许这个过程连指导教师自己都没意识到。(T33)

其三,高校教师期望幼儿园指导教师成为反思性实践者,从而为实习生所效仿。多数受访者明确提到"反思""实践反思"等相关概念。

> 示范者并不是说指导教师的行为都是正确的,实习生都要去模仿。因为教育过程本身有很多东西是不能确定的,即便是再优秀的老师也会有行为不当的时候,关键是在实习生面前能不能意识到自己的问题,然后去反思、解决问题。(T35)

因此,在高校教师看来,幼儿园指导教师角色的示范性,不在于其教育理念和行为的绝对正确、不容置疑或无可挑剔,而在于其是否敢于承认自己的不足,保持不断反思的意识、行为和习惯,从而成为实习生学习和模仿的榜样。

(4)园所实习负责人追求内在教育质量和外在形象口碑

园所实习负责人同样提到了指导教师作为"幼儿园教师角色"的专业性和示范性。但相较于实习生和高校指导教师,其基本立场具有明显差异。对内,园所实习负责人希望承担实习指导工作能够督促本园教师提升自身的专业性,进而提升幼儿园的整体教育质量。

> 我们会在实习结束时,请实习生谈谈对指导教师的评价,对幼儿园教育、管理工作的感受,并且会在园务会上点名表扬得到实习生认可的指导教师,这是激励我们老师提升专业水平的一个有效途径,老师专业水平上去了,整个幼儿园的教育质量才能提升。(K4)

对外,园所实习负责人希望本园教育质量能够获得高校的认可,从而为幼儿园树立良好口碑。

> 我会跟我们的老师讲,在指导实习生的时候,你代表的不只是个人,而是整个幼儿园的教师形象,所以要做好自己,成为别人学习的榜样。我们不仅需要得到同事的认可,也需要外界(高校老师、学生)的认可,这样才是真的专业。(K1)

此外,园所实习负责人希望以教育实习为纽带,增进幼儿园同高校之间的交流,以建立更深层次的联结与更广范围的合作。

> 承担实习工作是帮助高校培养人才,我们老师具有专业性、教得好,才能得到高校的认可,学生才会来实习。当我们在课程建设、教研活动、课题申报工作中需要高校老师帮助时,你请人家,人家才愿来,帮助都是相互的。(K3)

第一章 来自外界的期待:幼儿园实习指导教师的期望角色揭示

在园所负责人看来,幼儿园并非职前教师培养工作的责任人,其承担教育实习工作是在支持高校人才培养工作。同样,高校教师受邀参与幼儿园课程建设、教学研究以及在职教师培训等工作也属友情赞助。因此,上述互利互惠合作关系的本质是高校和幼儿园基于各自需求所进行的资源交换,尚未真正形成"幼儿园教师培养、培训、研究和服务一体化"的协同育人理念和联合培养机制,也就导致幼儿园层面鲜有针对实习指导工作的规章制度。

2. 优秀指导教师不仅仅是专业的幼儿园教师

优秀指导教师并不等同于专业的幼儿园教师,作为教师教育者,其不仅要为实习生展示示范性的教育行为,还应当提供积极而有效的指导。① 用"角色认同感"和"角色胜任力"两个概念作为统领"教师教育者"角色内容的主线,相关文献的内容分析和相关主体的访谈资料编码结果如表1-4所示。

表1-4 幼儿园实习指导教师期望角色的编码结果

次类属	二级编码	三级编码	节点来源	参考点数	参考点举例
教师教育者	角色认同感(愿为)	身份认知	27	39	能够发现指导契机;避免仅"友情出场";提供充分的实践机会;具有指导意识;具有责任意识
		价值认同	21	30	乐意帮助实习生成长;认同实习指导对于实习生的价值
	角色胜任力(能为)	更新指导理念	17	24	淡化指导者身份;给予实习生自主权;鼓励创新;以开放的心态接纳实习生
		细化指导内容	31	40	提前梳理保教工作要点;了解学校实习要求;循序渐进与重点突出
		善用指导策略	16	28	线上、线下结合;实习生自评与互评;利用视频、观察记录;口头与书面相结合
		关注学生需求	27	38	了解实习生所思所想;帮助实习生缓解"现实震撼"
		构建师徒关系	29	37	乐于沟通交流;注意表达方式;"非管理者与工具人";"平等的对话者";"职场前辈与新手"

(1) 角色认同是提升个体行为动机的关键

角色认同是指主体对特定角色相对稳定的理解和期望。② 个体在社会生活中扮演

---

① Zeichner K. Beyond traditional structures of student teaching[J]. Teacher Education Quarterly, 2002, 29(2): 59-64.

② Wendt A. Anarchy is what states make of it: the social construction of power politics[J]. International Organization, 1992, 46(39): 391-425.

的角色具有多维性,认同是角色中的自我成分。部分学者指出,当下教育实习中,幼儿园指导教师普遍缺乏对于自身"教师教育者"角色的认同,具体表现为缺少对教师教育培养目标,即培养什么样的未来教师的认识;未能意识到自身作为"教师教育者"需要具备的指导技能,且很少反思自身实习指导理念和指导教师的角色行为,因而导致教师教育者角色的专业性未受到应有重视。

与此同时,学术研究者提出了提升幼儿园指导教师角色认同的具体措施。我们采纳学者特菲奥(Tajfel)的观点,将其所提期望归纳为身份认知和价值认同两个维度。[1] 身份认知是指幼儿园指导教师对自身"教师教育者"角色的认识,如"明确指导教师职责,保持正确的角色定位"(Q20)。价值认同则体现为幼儿园指导教师对于教师教育者角色价值和意义的认可。首先,角色认同应当成为个体角色承担的前提和必要条件,如多数文献中提道:

对教育实习有积极正确的认识,有意愿指导实习生,应当成为幼儿园选派实习指导教师的首要要求。(Q13)

其次,角色认同是提升个体内在动机的关键所在。

好的指导教师愿意对实习生的学习付出时间、精力并充满耐心,乐意帮助他人不断成长。(Q27)

再次,角色认同水平高的指导教师十分认可自身在实习生专业发展中的价值,进而表现出较强的责任意识、关怀意识和指导意识,角色价值得以发挥。

(2) 角色胜任力彰显教师教育者概念特质

胜任力是指个体有效从事某种职业的能力或资质[2],其指向特定的工作任务,并与工作绩效密切相关。[3] 相关文献中明确提出,实习指导应当被视作一项特定任务,指导教师需要具备"教师教育者"的专业资质。

具体而言,如表1-4所示,指导教师应了解实习指导的理念和内容、实习生的特点与需求,具有运用指导策略、构建师徒关系的能力,才能较好地承担"教师教育者"角色。学术研究者对于幼儿园指导教师期望角色的描述,多见于建议与对策部分,旨在解决当下幼儿园教育实习中的现实问题,以提升实习指导效果,确保教育实习任务的顺利完

---

[1] Tajfel H. Human Groups and Social Categories[M]. Cambridge: Cambridge University Press, 1981:225.

[2] 高健. 幼儿园教师健康教育胜任力研究[D]. 南京:南京师范大学,2015:8-9.

[3] Liu C., et al. Preliminary exploration of the mental health education competency survey of primary and middle school head teachers[J]. Journal of Education & Training Studies, 2014, 2(1):73-80.

成。由此,用"角色胜任力"命名"教师教育者"概念的子维度,具有适切性。

① 学术研究者视角下的期望角色内容聚焦且具有可操作性。从节点来源看,大多数期刊论文中,幼儿园指导教师、实习指导的相关内容仅被作为幼儿园教育实习研究的一部分,对于指导教师的期望角色表述相对笼统。部分以幼儿园指导教师、实习指导、师徒互动为题的研究生学位论文中,由于研究内容相对聚焦,对于指导教师期望角色的论述也较为具体。

从节点内容来看,学术研究者在相关文献中多依照"发现问题—分析问题—解决问题"的思路展开,并在建议与对策部分提出对于角色的期望,内容具有可操作性。如在"儿童个别化学习活动"的指导策略中,涉及对于教师"指导策略"和"指导内容"的建议:

只有让实习生参与其中,才能明白区域环境创设、材料准备的意图;鼓励实习生在行动中提炼布置区域、实施活动、活动后分享环节的组织方法与策略;为实习生提供参与班组会、教研活动的机会,了解教师如何根据主题和幼儿年龄、兴趣和需要创设环境;还应注意提醒实习生关注幼儿所展现的动作技能、认知发展水平和规则意识。(Q37)

进一步分析发现,上述建议中还体现了"指导理念"的更新,让实习生充分参与实践,鼓励实习生在行动中总结教育策略,提供参与教研和班组会的机会,均体现出其希望指导教师能够持有开放的心态,接纳实习生,且给予实习生一定的自主权,让实习生明白环境创设意图,而非一味模仿行为,能够体现出"反思性实践者"的教师培养理念。

② 相关主体的期望角色以"师徒关系"的描述为主线。相关主体(实习生、高校指导教师和园所实习负责人)视角下的期望角色,由对师徒关系的描述展开,最终落脚到对指导教师作为"教师教育者"角色胜任力(指导理念、内容、策略等)的期待,由此也印证了"教师教育者"角色的内在要素之间存在密切关联并相互作用。具体来看,相关主体对于师徒关系的描述可归纳为"非管理者与工具人""职场前辈与新手""平等的对话者"三类。

非管理者与工具人。实习生参照自身的消极体验,对指导教师在师徒互动中的不当角色行为进行描述和探讨,并提出期望角色。其中,"非管理者与工具人"是一对高频出现的本土概念,用以揭示不当的师徒关系,相对应的指导教师角色观念和行为体现为以下三方面。

一是指导教师在师徒互动中缺乏对实习生的基本尊重。

指导教师每次让我做事都是直接说："哎，你去干下这个事。"有一次我在户外活动区扫地，几个幼儿发现地上有只虫子，就围上来看，我想引导他们观察一下，指导教师看见了，马上说："你们站在那里干吗？赶紧进教室，让她自己在这里扫。"当时我站在那边心里很不是滋味。(S8)

上述事例中，指导教师在同幼儿、实习生互动时所使用的不当语言及非言语行为，如语速、语调、姿势、手势等，不仅会影响师徒关系的建立①，还会直接影响幼儿对于实习生的态度，甚至会对实习生的心理造成一定伤害，从而不利于实习生顺利进入教师角色并融入班级。

二是指导教师将实习指导等同于分配任务，无视实习生的需求。

希望指导教师不要把我们当成工具人，排节目、做环创的时候才需要我们出场，不需要的时候就无视我们的存在。虽然有的老师也会觉得过意不去，请我们喝奶茶，但我们在意的其实不是这个，而是希望能够有一些专业上的收获。(S2)

类似事例在访谈中时有出现，实习生将幼儿园教师的实习指导视为"未加指导的任务分配"的现象较为常见。至少在实习生看来，这种做法不利于其专业学习。那么，实习生希望获得的"专业上的收获"具体指哪些收获，其渴望在何种情境下被关注，想要何种形式的关注，似乎并未被指导教师所了解。由此，实习生借由"工具人"概念描述自身处境，继而提出对于"非管理者与工具人"师徒关系的期待。

三是缺乏指导策略和对于实习生的信任。

指导老师的角色有点像管理者、上下级，不断发布任务，并监督我们完成，稍有差池便会严厉指责。所以我很怕自己做错事，战战兢兢。(S5)

进一步研究发现，这里的"差池""错事"多指有别于指导教师所提要求、标准的行动方式，如教具的数量没搞清楚、运动器械的位置放错、午餐环节擅自为幼儿添汤等。指导教师随时介入、严厉指责的出发点也许是保障教学质量、消除安全隐患或是传递角色规则，但由于其缺乏指导策略，对于指导方式和时机考虑欠妥，容易打击实习生的自信，成为实习生印象深刻的消极体验，并被作为理想师徒关系的反面例证。

职场前辈与新手。 实习生和高校指导教师对于"职场前辈与新手"的师徒关系描述，能够体现出"职场新手"（实习生）的实践学习过程具有"合法的边缘性参与"特征。实习生在刚进入班级时，必然处于"边缘性"位置，需要先观察，然后在指导教师的安排之下承担一些辅助性工作。而"参与"本身暗示着一个开放的通道，当实习生以"合法的边

---

① 王菠.成果导向学前教育专业教育实习课程设计研究[D].长春:东北师范大学,2019:175.

缘性参与"的方式涉足幼儿园实践工作时,作为"职场前辈"的指导教师被期望有所作为,从而帮助实习生意识到参与实践对于自身专业学习的价值,并在此过程中慢慢拓展参与的广度和深度,以便更为深刻地了解属于该行业的行为方式和实践文化。①

在指导理念和指导方式上,实习生希望指导教师能够在态度上给予信任,行为上适度放权,使其能够有机会拓展参与实践的深度和广度,建构个人的专业经验。

希望指导教师能够多给我一些信任和行动的机会,以前我在组织活动、上课的时候,每次遇到突发事件,比如班级有点吵或是小朋友突然提出一个问题,指导教师总是第一时间冲出来帮我解决,其实我很想尝试自己解决。(S10)

在指导时机和内容上,包括实习生行动开始之前的要求梳理和结束之后的经验反思。如高校指导教师提出:"希望实习指导的内容更加全面和系统,特别是在行动之前,指导教师如果能帮他们拎一下要求、注意事项,效果会更好,哪怕只是三言两语。就实习生目前的反馈来看,基本没有"(T32)。

实习生则希望:"带班或者上完课后,指导教师能仔细地跟我讲讲哪里做得好、哪里不好,下次可以如何改进,有什么注意事项。"(S9)

我们发现,上述观点所描绘的指导教师的师徒关系构建能力,同其"教师教育者"角色胜任力中的其余子维度,如指导理念、内容、策略等均存在密切关联。

平等的对话者。现实中,部分指导教师较多关注实习生能否按照"既定""正确"的标准来行动,却疏于了解实习生的已有经验、所持观念和行为背后的原因,师徒双方的对话时常陷入一种单向的"我说你听"的状态。针对上述现象,相关主体提出了"平等的对话者"师徒关系期待。其中,"对话"的概念尤为重要,哲学诠释学视角下的"对话"以可理解性为前提,过程中展现出可传递性,伽达默尔用视域融合来表明理解的可能。视域融合不是要求一个人放弃自己的个性,或是使另一个人受制于自己的标准,而是将自身融入与他人的关联之中,在意识到自身经验有限性的同时洞见一个无限开放的视域(指观察问题的视野,决定了一个人看待问题的全面程度)。②

由此可见,"平等的对话者"关系构建的根本在于师徒双方持有开放的视域和看待问题的视角,尝试从对方的境遇和视角出发,理解、接纳并反思彼此的观念和行为。对于指导教师而言,实习生并非缺乏经验、没有对话权利的人;对于实习生而言,指导教师也不是持有固有标准、正确行为的代言人。园所实习负责人提出:

---

① 陈向明.从"合法的边缘性参与"看初学者的学习困境[J].全球教育展望,2013,42(12):3-10.
② 卢春红.同时性与"你"——伽达默尔理解问题研究[M].北京:中国社会科学出版社,2014:144-151,156-158.

虽然指导教师实践经验相对丰富,但不是说他们做的就一定是对的、没有问题的,而且教无定法,所以希望我们的老师能给实习生一些机会,鼓励他们提出问题、发表自己的观点。(K4)

指导教师被期望给予实习生提问、质疑、解释等表达自身观点的机会,尝试理解并予以回应,从而为双方思想碰撞、视域融合、平等对话者的关系建构创造条件。

综上,多数学术研究者以解决现实问题为目标,勾勒出指导教师作为"教师教育者"所应当具备的"角色认同感"与"专业胜任力"的内容框架。相关主体(实习生、高校指导教师和园所实习负责人)则依照各自立场和经验,以对理想师徒关系的描述为主线,从指导理念、内容、策略等方面表达了对于幼儿园实习指导教师的角色期望。

相较于结构属性侧重于描述"教师教育者"角色内部的各要素及其关系,功能属性则指向某一角色与其外部环境相互作用过程中所表现出的能力和功效。[①] 外界对于幼儿园指导教师角色功能的期望,包括"职业入场的领路人""园所文化的传递者"和"专业发展的获得者"三大核心类属。

(二) 职业入场的领路人

"职业入场的领路人"的角色功能期望来自学术研究者、高校指导教师和实习生,包括培养实习生的实践反思能力、增强实习生的自我效能感、提升实习生的职业认同感三方面具体内容。

1. 培养实习生的实践反思能力

学术研究者基于当下"反思性实践者"的幼儿园教师培养目标,提出对于指导教师的期望,即改变带有明显功利取向的"学徒制"观念,转向"成为和培养反思性实践者"的目标取向。首先揭示出"学徒制"观念下的指导行为特征:

指导教师仅将自己知道的告诉实习生,抑或过度在意自身行为是否具有榜样作用,要求实习生模仿、复制教学技巧,从而忽略教学行为背后的原理,使得实习指导的目标、内容变得十分功利。(Q11)

进而提出应从关注、训练教学技能,转向关注职前教师(实习生)的成长规律、专业发展特点以及可持续发展的能力。同时,应激发并回应实习生的思维,指导实习生将"行"与"思"相结合,关注其经验的连续性,经由反思"过去"而构建当下和未来的专业学习路径,避免浅尝辄止的经验传递。

[①] 秦启文,周永康.角色学导论[M].北京:中国社会科学出版社,2011:71-72.

2. 增强实习生的自我效能感

自我效能感是指人们对自身能否利用所拥有的技能去完成某项工作的自信程度。个体能够通过以往的成败经验、他人的替代性经验(示范效应)和社会劝说(告诉人们他们具备成功的能力)等途径获得自我效能感。[①] 现实中,高校指导教师基于实习生的学习特点和心理需求、所面临的环境适应和角色适应上的现实困境,提出对于幼儿园指导教师的期望,即能够给予实习生情感上的支持、策略上的引领,帮助实习生提升自我效能感,逐渐进入教师角色。如高校教师提出:

> 学生在学校很少接触儿童,到了班上以后,一下子要面对那么多孩子,他们其实很恐慌。希望指导老师给他们一些时间、一些鼓励,有意识地引导学生去观察儿童、关注教育策略,从而获得自信,进入教师角色。(T31)

实习生则根据亲身经历,描述了指导教师的鼓励对于其自我效能感建立的重要价值:

> 有一次,我上完课以后很沮丧,指导教师跟我说,虽然效果不理想,但只要能从中学到东西就是好的,我欠缺的不是能力,而是实践的机会和经验。这让我一下子有了自信,以后不论走到哪里,我一直都会记得这句话。(S9)

已有研究表明,当个体尚未形成较强的自我效能感之前,失败的经验往往会降低个体的自我效能感。[②] 因此,幼儿园指导教师的及时介入和鼓励十分重要,既能使实习生意识到自己拥有完成工作的能力,又能够有效扭转失败经验所带来的不良影响,从而愿意在未来工作中更加努力。此外,部分学者提到,幼儿园指导教师是实习生眼中的"重要他人",实习生十分渴望得到幼儿园指导教师的认可,在遇到困难时也会将幼儿园指导教师视为首选求助对象。因此,幼儿园指导教师对于实习生的积极评价、情感鼓励,能够增强实习生的自我效能感,从而成为实习生"职业入场的领路人"。

3. 提升实习生的职业认同感

职业认同感是个体对某个职业的喜爱和从事某种职业的价值感。教师职业认同是指个体能对自身所从事的教师职业做出积极的感知和正面的评价,从而愿意长期从事这一职业的主观心理感受。相关文献中揭示了幼儿园指导教师之于实习生职业认同感建立的榜样作用,认为指导教师正面的行为示范最能感染实习生,使其重视幼儿园教师职业的价值,提升职业认同感。如:

---

① 周文霞,郭桂萍.自我效能感:概念、理论和应用[J].中国人民大学学报,2006(1):91-97.
② 周文霞,郭桂萍.自我效能感:概念、理论和应用[J].中国人民大学学报,2006(1):91-97.

实习生切实见证和体会到幼儿园教师对幼儿生活、学习等方面成长的促进作用,发现"这个职业可以带来成就感,实现自我价值";指导教师通过言传身教所树立的榜样,能够激发实习生作为未来教师的使命感,"希望我能像指导老师一样,忙碌、充实又有意义",对幼儿园教师职业的接纳明显提高。(Q4)

部分学术研究者还提出了具体建议与对策,为指导教师"职业入场的领路人"的角色扮演指明了方向。一是期望指导教师充分发挥榜样作用,通过行为示范加深实习生对幼儿园教师职业角色、职业特征及专业能力的理解和认知。二是运用"指导性的反思"方式,同实习生讨论反思的必要性和益处,引导实习生分析自身所展现的优势与不足,进而反思幼儿园教师的职业特征、自身专业能力,提高角色认同感。三是期望指导教师能够通过一些非正式交流,如分享个人求学、工作经历以及职业生涯规划等加深实习生对于幼儿园教师这一职业的理解,并重视自身教育理念及对待生活、工作的态度对于实习生所具有的潜移默化的影响,为实习生建立职业认同提供有益参照。

(三)园所文化的传递者

英国人类学家泰勒(Tylor)将文化定义为包括知识、信仰、艺术、道德、法律、风俗以及人作为社会成员所获得的各种能力与习惯。[①] 现实生活中,人类习得文化主要依靠符号性学习和意义性学习,前者是指将事物、知识、技能用符号来替代,通过教育和传授,实现代代相传;后者则指人们通过观察、聆听、互动和交流,在把握各种事物及其意义基础之上习得文化。[②] 幼儿园指导教师的教育理念和行为模式深受幼儿园文化的影响,并能够在师徒互动中,通过可视化的途径(说话、思考或行为方式),将文化加以传递。"园所文化的传递者"的期望主要来源于幼儿园实习负责人,包括传递教育理念和传播课程文化两方面具体内容。

1. 传递教育理念

"理念"是指人们对于某一事物或现象的理性认识、理想追求及其所形成的观念。[③] 由此,幼儿园教育理念首先是一种关于"幼儿园教育是什么""幼儿园教育能够做什么"的理性认识;其次是一种理想层面的价值追求,即"幼儿园应当如何促进儿童的发展";最后落脚到具体的教育观念,能够为教育行为提供原则和方向。我们发现,W 幼儿园

---

① 中国大百科全书出版社编辑部.中国大百科全书:社会学卷[M].北京:中国大百科全书出版社,1991:409.
② 郑杭生.社会学概论新修[M].5 版.北京:中国人民大学出版社,2019:74.
③ 韩延明.理念、教育理念及大学理念探析[J].教育研究,2003(9):50-56.

经过长期实践探索,在自身文化积淀与对外交流的过程中形成了"注重幼儿自主性培养"的鲜明教育观念。该园在强调保育到位的同时十分注重发展幼儿的自我服务和自主学习能力,认为这是其日后进入小学、未来走向社会所必须要具备的品质。因此,园所实习负责人要求本园教师在向实习生介绍工作流程、传递教育经验时强调上述教育观念;还希望指导教师在日常工作的过程中,能够将"注重幼儿自主性培养"的教育观念落实到具体行为上,遵循"幼儿自己能够完成的事,成人不能代劳"的行动原则,不断为幼儿创造自我服务、自主学习的环境和机会,从而能够为实习生所观察、了解和感知。由此,园所实习负责人期望指导教师通过身体力行的方式,将"看不见"的教育理念转化为"随处可见"的教育行为,以传递园所文化。

2. 传播课程文化

幼儿园课程文化是特定的团体在课程建设过程中形成的,为大多数成员认同和践行的,能影响课程建设进程和水平的知识、理念、信仰及处事方式等精神特质。① 如要课程文化、价值信念产生持久的效能,需将精神层面的内容沉积到师幼共同生活之中,内化为教师和幼儿的行为准则。② 实习生进入幼儿园班级时,便成为师幼共同生活中的一员,能够在观察、互动和行动过程中,耳濡目染地习得课程文化,从而形成个人对于儿童、课程的理解。新组建不久的 M 园采用班级教师、儿童共建班本课程的方式构建课程体系,并形成了鲜明的"看儿童、找课程"的课程理念。

在我们幼儿园,每位老师、儿童都拥有较大的自由发展空间和自主性,都是班本课程的建设者,指导教师能够带领实习生一起参与课程建设和实施过程,帮助实习生了解"儿童中心"的课程观如何落到实处。(K3)

上述观点中,允许实习生成为幼儿园课程的建设者,能够彰显开放性和接纳性的课程管理理念,有助于发挥实习生专业学习的主体性。实习生成为课程的建设者而不仅是旁观者,能够更为直观地了解课程的来龙去脉、课程设计和实施中的挑战以及教师的应对方式,从而将精神层面的儿童观、课程观转化为实践层面的教育行为,并经由反思而获得更为深层的价值认同。

综上,在园所负责人看来,指导教师不仅要向实习生传递可视化、符号化的知识,还承担着引导实习生在参与师幼共同生活的过程中,全面感受和理解幼儿园教育理念、课程文化的责任和使命,从而成为"园所文化的传递者"。

---

① 虞永平.试论幼儿园课程文化建设[J].教育导刊(幼儿教育),2008(1):4-7.
② 张帅.幼儿园课程发展需文化引领[N].中国教育报学前周刊,2022-04-18.

(四) 专业发展的获得者

外界对于幼儿园指导教师成为"专业发展的获得者"的期望,主要体现为以下两个方面:一是从内在要求和外在动力角度,论述"幼儿园教师"和"实习指导教师"角色之间的关联;二是提出指导教师可经由实习指导而提升自身的"实践性反思"和"批判性反思"能力,从而获得专业发展。

1. 获得专业发展的"内在要求"与"外在动力"

学术研究者从外在动力和内在要求两个维度论述了承担实习指导教师工作同幼儿园教师自身专业发展之间的关联。

实习指导工作能够为幼儿园教师自身的专业发展提供外在动力和内在要求:作为"示范者"和"榜样",其面临一系列挑战和压力,而来自实习生的肯定能够让其感受到自我价值的实现,从而为其提供了外部发展动力。与此同时,为了能够胜任指导教师角色,指导教师要不断更新教育理念,关注自身教育行为的适切性,成为积极的观察者、反思者和评价者,这无疑也是其自身专业发展的内在要求。(Q18)

高校指导教师关注到"幼儿园教师"和"实习指导教师"角色之间在专业能力上的内在联系。

有的指导教师会频繁打断实习生讲话,甚至直接把实习生赶下去。指导教师也许认为自己是在纠正不当行为,保障教学活动顺利进行。但从实习生的角度来看,她会感到尴尬,自信心也会受到打击。对于作为旁观者的幼儿来说,是不是也会产生消极影响呢?因此我在想,这样的老师在日常的师幼互动中,是不是也有可能会随时打断儿童、不尊重儿童,因为她倾听、尊重他人的能力没有建立。(T33)

上述观点中涉及以下两方面的专业能力。其一,指导教师首先需要界定实习生的"不当行为",并对其可能产生的结果进行预判,然后选择适宜的指导方式和时机。当场介入、频繁打断甚至直接替代实习生组织活动的做法,也许能够保障教学活动的顺利进行,但也会影响实习生建立自信和威信,影响班级幼儿对于实习生的态度以及尊重他人的习惯养成。由此,实习指导的过程同样需要思维的参与,指导教师需要在权衡利弊之后做出选择,这同幼儿园教师角色应具备的反思能力相一致。其二,在高校指导教师看来,"师徒互动"和"师幼互动"之间存在共通之处,教师需要具备一定的倾听、沟通和尊重他人的能力,由此再次印证了"幼儿园教师"和"实习指导教师"角色之间的要求密切相关。

2. 提升"实践性反思"和"批判性反思"能力

教师是反思性实践者,在研究自身经验和改进教育教学行为的过程中实现专业发展。① "反思"在幼儿园教师专业发展和教师教育中的价值已成共识。杜威认为,反思是对某个问题进行反复、认真、不断地深思,识别我们所尝试的事和所发生的结果之间的关系。② 反思需要由一种存在疑惑或不确定的问题情境引起,没有问题情境,反思也就无从产生。园所实习负责人希望指导教师善于发现实习生存在的问题,并以此为契机,对自身教育观念和行为进行反复、认真、不断地思考,从而形成反思习惯、提升反思能力,成为"专业发展的获得者"。

> 实习生身上存在的问题,也许能够反映出我们老师的问题。因为实习生会无意识地模仿指导教师,而且有些行为已经成为习惯,老师自己也可能没意识到。所以老师发现实习生的教育观念、行为存在问题时,可以先反思下自己是不是也存在类似的问题,保持一种不断反思、学习的态度,才能越来越好。(K1)

学者凯米斯(Kemmis)和范梅南(Van Manen)等人曾依据哈贝马斯所提出的三类认识旨趣,将教师的"反思"划分成技术性反思、实践性反思和批判性反思三种形式。③ 其中,"技术性反思"是对有效教学、教育规律和教育技术的追求,关注在既定教育目标和教育理论框架之内寻求最为有效的教学手段。园所负责人所倡导的能够促使指导教师成为"专业发展的获得者"的反思行为,主要是指"实践性反思"和"批判性反思"。幼儿园指导教师被期望作为知识的生产者而非消费者,基于实习生行动过程中的问题情境分析并澄清自身在以往教学行动中的经验、意义和假设,解构并重构那些"习以为常"的教育观念和行为模式,跳出可能存在的个人偏见、利益偏好及错误观念,成为反思性实践者,不断形成属于个人的教育实践智慧。

三、期望角色总体特点:内涵一致,内容表述清晰度待提升

期望角色在多大程度上能够有效发挥价值,为个体角色的领悟和实践提供有益参考,其本身的清晰度是关键。期望角色的清晰度是指期望角色能够为主体所提供信息的明确程度,期望角色的内容越明确、清晰度越高,越能够促使扮演者有章可循,进而追

---

① 教育部教师工作司.教师教育课程标准(试行)解读[M].北京:北京师范大学出版社,2013:134.
② 杜威.民主主义与教育[M].王承绪,译.北京:人民教育出版社,2010:153-154.
③ 杨跃.师范生教育实习反思[J].高等教育研究,2011,32(7):63-67.

求自身行为与期望保持一致。当期望角色的清晰度较低时,个体角色行为的主观随意性便会增大,从而直接影响角色的价值实现。与角色清晰度相对应的还有角色模糊(role ambiguity)概念,表现为以下四种情形:一是期望角色的内容表述清晰度不足;二是群体间的期望角色内容存在较大差异,甚至相互矛盾;三是主体面临角色转换时,新的期望角色内容不清晰;四是外界期望同主体自身的期望不相吻合。① 我们将依照上述标准,基于数据分析结果,分析幼儿园指导教师期望角色的特点。

(一)角色要求的内容、实现路径和预期结果清晰度不足

期望角色的清晰度,可从以下方面进行考察:一是角色要求的内容(是什么),二是角色要求的实现路径(如何做),三是角色扮演的预期结果(如何评价)。一旦角色权利、责任边界不清晰,期望角色模糊,个体在角色扮演的过程中便容易产生焦虑和不满,致使角色扮演的效果受到影响。②

1. 高校剧本期望:校际差异明显,要求清晰度待提升

高校的剧本期望主要存在于《教育实习手册》中。总体来看,不同高校对于幼儿园指导教师的角色要求在内容表述、呈现形式上均存在较大差异。具体来看,"指导者"和"评价者"两大核心角色要求的内容表述清晰度待提升,多数高校对于幼儿园指导教师角色要求的内容(如"指导者"的指导内容、"评价者"的参照标准)、角色要求的实现路径(指导方式和时机)以及实习指导的预期效果如何评价(指导教师评价标准)缺乏明确说明。仅有个别高校经过多年探索,已初步形成理念先进、特色鲜明、富有成效的实践课程体系,在剧本期望中详细阐释了"指导者"和"评价者"的角色要求,且提出了指导教师选拔标准。大部分高校的剧本期望仍然存在篇幅有限、内容模糊、表述笼统等问题,这无形之中增加了个体领悟和实践角色的难度,容易导致指导教师在角色扮演过程中无章可循,且难以充分认识到自身的角色价值。

2. 相关主体期望:内容表述不清,立场各不相同

演员伙伴(实习生)的期望多源于对指导教师角色"不是什么"探讨下所形成的观点,而进一步探讨角色"应是什么"时,其又无法给出较为明确的观点。究其原因,部分实习生认为,自身所提期望对于指导教师的影响极为有限,从而降低了深入思考和表达观点的意愿。

---

① 奚从清.角色论——个人与社会的互动[M].杭州:浙江大学出版社,2010:111.
② 范惠明.角色理论:产学合作中教师角色的一个分析框架[J].高教探索,2021(6):34-39.

没什么具体的期待,期待了也没用,实习之前老师交代我们少评价、多做事。之前有幼儿园让实习生写反馈,有同学写了好多,园长很不高兴,那个幼儿园后面就不再接收我们学校的实习生了。(S6)

个别高校指导教师所提观点可圈可点,体现出"反思性实践者"的教师培养理念,如呼唤幼儿园实习指导教师教育情怀和反思品质的示范作用,希望实习指导的内容更加系统,这与其教师教育者角色的立场密切相关。但总体来看,高校指导教师的期望角色存在内容零散、立场不明的问题。一方面,高校指导教师在访谈中表示,自身与幼儿园指导教师之间的互动时间、次数有限,且并不深入。

我们跟幼儿园指导老师之间没什么联系,彼此不熟悉,即便是偶尔交流,也都会说实习生表现不错之类的客套话,交流不深入。(T34)

因此,高校指导教师对于幼儿园指导教师角色的了解,主要来源于实习生的反馈,信息的真实性和客观性难以考证。另一方面,高校指导教师认为自身尚不具备干涉幼儿园实习指导工作的权利和立场。

我们不可能频繁地到班级去看幼儿园老师如何指导实习生,也没有立场要求幼儿园老师要如何指导我们的学生,我们的要求主要是针对实习生的。(T33)

当下,尽管部分高校通过开展"实习开放日""联合指导""教师专业发展周"等活动为高校指导教师和幼儿园指导教师展开深入交流创造契机,且成效显著;然而,同为"教师教育者"的高校指导教师和幼儿园指导教师之间联系匮乏的现象仍普遍存在。如一些高校指导教师提到,即便双方身处同一场域之中,需要共同对实习生的行为进行点评、指导时,仍然各自为政,难以展开对话。

园所负责人较为关注个体作为幼儿园教师角色的专业性和示范性,对于教师教育者角色则秉承给予指导教师自主权的理念,未提出较为明确的要求和期待。

实习生进入班级之后,主要由各班指导教师负责。由于每个班级的工作内容、进度有差异,小、中、大班也有差异,因此,实习内容和指导方式也会不同。目前指导教师有自主权,可依照自身经验和工作需求来指导实习生。(K3)

此外,园所负责人尽管对于教师教育者角色要求的具体内容、实现路径表述较为模糊,但对于角色扮演的预期成果持有十分明确的期望,希望指导教师能够"教得好",并成为"专业发展的获得者"和"园所文化的传递者",由此而容易导致个体在角色扮演过程中感受到压力,进而影响其角色扮演效果。

3. 文献中的期望角色:内容聚焦,数量、视角存在局限

总体而言,"幼儿园实习指导教师"的相关文献大致分为两类。一类以"幼儿园教育

实习"为题,实习指导、指导教师仅作为研究内容的一部分且占比有限,所提观点基本"点到为止"。另一类以"幼儿园教育实习指导""实习指导教师"为题的文献,对于期望角色的论述,能够涵盖角色要求的具体内容、实现路径和预期结果,研究问题相对聚焦,并且关注到指导教师作为"教师教育者"所应当具备的角色认同感和胜任力,所提建议对策具有可操作性。然而,此部分文献数量有限,且主要基于高校教师教育者、实习生的视角来探讨实习指导的现状及问题,未能深入了解幼儿园实习指导教师在角色扮演过程中面临的现实困境和主体需求。因此,相关文献所提期望在何种程度上能够为幼儿园实习指导教师所获知、内化并付诸行动,仍有待考证。

(二)剧本期望、演员伙伴和观众期望的内涵具有一致性

角色理论中,一致(concensus)是用来描述不同群体对于同一角色的期望之间关系的术语。① 角色的出现,正是因为处在社会体系中的人们需要共同遵守某一社会地位所具有的行为规范,从而知道自己或他人该做什么,且处在该体系中的人都会被期望遵守具有约束力的行为规范,如此一来,社会才有可能成为完善的统一体。只有角色规范达到高度一致时,社会内部的互动才会更趋于平稳。② 高校剧本期望同演员伙伴(实习生)、观众(学术研究者、园所实习负责人和高校指导教师)所表述期望角色的内涵具有一致性,尚不存在明显矛盾和本质分歧。

具体而言,首先,"幼儿园教师角色的专业性和示范性"是外界对于幼儿园实习指导教师期望角色的重要组成。高校剧本期望中,将"示范行为"作为核心类属"指导者"角色的三级编码,将真实教育情境中的亲身示范、以身作则作为主要指导策略。演员伙伴和观众基于各自立场,从教育经验、专业能力和师德理念三大维度描述了幼儿园实习指导教师所应当具有的榜样示范作用。

其次,尽管重视程度和表述方式各有不同,外界的期望角色均涉及关注并支持实习生在专业学习中的主体性发挥问题。这既顺应了当下幼儿园教师专业发展的趋势,即由"外铄型"走向"内生型"转变,提倡教师通过自我反思、自主实践,不断进行自我更

---

① Biddle J. Recent development in role theory[J]. Annual Review of Sociology,1986,12(1):1267-1292.
② 比德尔,曾霖生.角色理论的主要概念和研究[J].现代外国哲学社会科学文摘,1988(11):4-7,35.

新[①],从而获得专业发展,也体现出我国培养"反思性实践者"的幼儿园教师教育目标。[②]如部分高校剧本期望中,要求指导教师应当注意"引发反思",及时"解答问题"。相关文献中提到,幼儿园教师应淡化"指导者"身份,给予实习生一定的自主权,鼓励创新,并倡导指导教师关注实习生的学习需求,成为实习生专业发展的支持者。实习生、高校指导教师和园所实习负责人对于"职场前辈与新手""平等对话者"师徒关系的描述中,提到给予信任、关注需求、适度放权和开放对话通道、营造对话氛围等内容,再次印证了高校剧本期望同演员伙伴期望、观众期望在内容上具有一致性。

(三)幼儿园教师同实习指导教师之间的关系尚待深入研究

作为期望角色的核心类属,"实践中的教师教育者"包含"幼儿园教师角色的专业性和示范性"和"教师教育者角色的认同感和胜任力"两个次类属。前者是必要条件,即具有胜任力的"教师教育者"首先应当是专业的"幼儿园教师"。学术研究者和部分高校指导教师已开始关注"幼儿园教师"同"实习指导教师"专业素养之间的内在关联,并用"专业发展的获得者"来描述自身期待。然而,多数剧本期望的内容表述清晰度不足,加之高校所提指导教师选拔标准中,仅强调主体作为幼儿园教师角色的专业素养和资历,对其"教师教育者"角色的专业资质和能力关注不足,容易导致角色扮演者难以充分认识"幼儿园教师"同"实习指导教师"的关系,或是将上述两种角色的专业性相等同,从而出现角色混同(缺少关于特定角色的信息,期望角色具有不确定性)的现象。因此,这启示我们进一步关注"幼儿园教师"同"实习指导教师"角色之间的关系,了解个体在兼顾角色过程中的主观感受和现实困境。

此外,我们认为,外界期望角色同主体领悟角色之间的一致性程度,需结合后续章节中领悟角色、实践角色的研究结果予以分析,从而进一步判断来自外界的角色期望能够在何种程度、以何种方式为角色扮演者所获得,并作用于个体的角色领悟与实践过程。

本章小结

期望角色是指社会或群体为某一社会角色所设定的理想行为模式、行为规范和社

[①] 姜勇,郑楚楚.汇聚与变革:改革开放40年幼儿园教师专业发展历程解析[J].学前教育研究,2019(3):31-40.
[②] 汪明帅.从"被发展"到自主发展——教师专业发展的现实挑战与可能对策[J].教师教育研究,2011,23(4):1-6.

会功能，可划分为剧本期望、演员伙伴期望和观众期望三类。其中，"剧本期望"是高校和幼儿园以规章制度形式呈现的，对于幼儿园实习指导教师的角色规则、行为规范的指示。"演员伙伴期望"是指实习生对于指导教师在师徒互动中所扮演角色的期待。"观众期望"包括高校指导教师、园所实习负责人的期待以及学术研究者在相关文献中对于幼儿园实习指导教师应然角色的论述。采用内容分析法，提炼高校、幼儿园规章制度中的剧本期望和相关文献中所提观众期望。采用访谈法，获取高校指导教师、园所实习负责人和实习生对于幼儿园指导教师的期待，以揭示幼儿园实习指导教师期望角色的现状及特点。

总体来看，多数高校的剧本期望中能够提炼出"指导者"和"评价者"角色，可见，高校对于幼儿园实习指导教师的要求总体较为一致，且内涵明确。具体来看，不同高校剧本期望在内容表述、形式呈现上存在明显差异。其中，"评价者"参照标准的清晰度参差不齐，"指导者"角色要求中的指导内容全面性有余而层次性不足、指导方式和时机的有效策略尚待丰富、指导对象的相关信息仍需完善。部分剧本期望中提出的幼儿园指导教师选拔标准，兼顾幼儿园教师的资历、专业素养和承担"教师教育者"角色的意愿，却未涉及"教师教育者"专业素养的相关内容。高校的剧本期望大多存在于《教育实习手册》中，幼儿园层面鲜有专门针对实习指导工作的规章制度。

演员伙伴（实习生）和观众（学术研究者、高校指导教师和园所负责人）所描绘的期望角色在基本结构（次类属和三级编码）上具有一致性，由"实践中的教师教育者""职业入场的领路人""园所文化的传递者"和"专业发展的获得者"四大核心类属构成。

其中，"实践中的教师教育者"侧重描述指导教师角色的内在结构，其余核心类属则重在体现其外在功能。"实践中的教师教育者"角色由"幼儿园教师角色的专业性和示范性""教师教育者角色的认同感和胜任力"两大次类属构成。学术研究者勾勒出幼儿园教师角色专业性的概念框架（包含教育经验、专业能力和师德理念三个维度）；实习生较为关注指导教师在日常工作中的教育策略运用；高校指导教师呼唤指导教师在教育情怀和反思品质上的示范作用；园所负责人对于幼儿园教师角色示范性的重视，则以提升幼儿园内在质量和外在形象为出发点。"教师教育者"角色的具体内容，可用"角色认同感"和"角色胜任力"两大主线来统领。"角色认同感"构成了指导教师角色的前提和必要条件，也是提升个体行为动机的关键。学术研究者所提建议对策，从"更新指导理念""善用指导策略""细化指导内容"等维度，提出了指导教师"角色胜任力"的内容框架。相关主体所描述的期望角色以对"非管理者与工具人""职场前辈与新手"和"平等的对话者"的理想师徒关系描述而展开，最终落脚到对"教师教育者"角色胜任力（指导理念、内容、策略等)的期待。

"职业入场的领路人"的期望来自学术研究者、高校指导教师和实习生,其希望幼儿园指导教师能够培养实习生的反思能力,促进其增强自我效能感,并提升职业认同感。"园所文化的传递者"的期望主要来源于园所实习负责人,其认为指导教师不仅要向实习生传递可视化、符号化的知识,还承担着引导实习生在参与师幼共同生活的过程中,全面感受和理解幼儿园教育理念、课程文化的责任和使命,从而成为"园所文化的传递者"。学术研究者提出,"实习指导教师"角色能够为幼儿园教师自身的专业发展提供内在要求和外在动力,并建议指导教师通过提升"实践性反思"和"批判性反思"能力,而成为"专业发展的获得者"。

综上,幼儿园实习指导教师的期望角色呈现以下特点:角色要求的内容、实现路径和预期结果清晰度不足;剧本期望、演员伙伴和观众期望的内涵具有一致性,不存在本质分歧和明显矛盾;幼儿园教师同实习指导教师之间的关系尚待深入研究。此外,外界期望角色同角色扮演者的领悟角色之间的一致性程度,需结合后续领悟角色、实践角色的研究结论予以分析,以判断外界期望角色同主体角色观念和行为的关系。

第二章
角色主体的声音:幼儿园实习指导教师的领悟角色探寻

学校指导教师在教育实习中扮演着关键角色,但奇怪的是,这一群体一直被忽略,其对自身角色的看法,对与高校指导教师、实习生关系的理解及所希望获得的支持,对提升教育实习质量具有重要价值,而我们所了解的却极为有限。[①]

——克拉克

领悟角色(insight role)是指个体所理解的,其所扮演角色的权利义务、行为规范和行为模式,属于认识层面的角色。[②] 社会心理学家认为,个体能否将符合社会、他人所期待的角色规范和要求转化为可视化行为,其自身对于角色的领悟是关键。[③] 然而,已有的实习指导教师的相关研究,多为教师教育领域研究者、实习生视角下的角色期望,鲜有研究倾听指导教师的声音、揭示其对于自身角色的认识,针对幼儿园实习指导教师的研究尤为缺乏。此外,目前尚未搜寻到国内外关于指导教师角色研究的权威调查问卷,加之领悟角色本身具有较强的主观色彩,会受到我国本土文化和幼儿园教育情境的影响。因此,首先需要对幼儿园实习指导教师领悟角色的结构要素予以揭示,本章将以社会学中的"角色"概念为基础,采用探索型序列设计模式,构建领悟角色模型,而后以此为工具,揭示幼儿园实习指导教师的领悟角色现状及特征。

一、幼儿园实习指导教师领悟角色概念框架建构

社会生活中的每个角色都可以看作是一个系统,具有结构性和功能性双重属性。结构性是指由角色观念、规范、行为模式等组合而成的内在结构;功能性则指角色与外

[①] Clarke A., Jarvis-Seinger S. What the teaching perspectives of cooperating teachers tell us about their advisory practices[J]. Teaching and Teacher Education, 2005(21): 65-78.
[②] 奚从清.角色论——个人与社会的互动[M].杭州:浙江大学出版社,2010:15.
[③] 周晓虹.现代西方社会心理学流派[M].南京:南京大学出版社,1990:258-263.

界相联系时所表现出的价值、功效和能力。①"幼儿园实习指导教师领悟角色"的内在结构体现在其核心类属"实践中的教师教育者"之中,外在功能性则包含"职业入场的领路人"和"专业发展的获得者"两方面内容。

(一) 实践中的教师教育者

"实践中的教师教育者"是领悟角色的首要核心类属,能够反映幼儿园实习指导教师角色的基本属性。一方面,多数受访者将"实践"作为其指导行为的前提条件(基于实践情境)、主要内容(聚焦实践内容)和最终目标(指向实践效果)。研究者使用"实践"一词,作为幼儿园指导教师的身份标签,与同为"教师教育者"角色的高校指导教师加以区分。另一方面,几乎所有受访者都提到榜样、示范者、以身作则等词汇,说明其十分认同自身作为"教育者",应恪守"为人师表"的角色承诺。使用"教师教育者"的概念表述,意在说明指导教师从属教育者群体,强调其作为"教师的教师"(即教育对象为职前幼儿园教师),与另一个教育者角色"班级儿童的教师"(教育对象为幼儿)形成呼应。如表2-1所示,"实践中的教师教育者"由角色规范、行为模式和师徒关系三个子维度构成。

表2-1 幼儿园实习指导教师领悟角色的访谈资料编码

核心类属	二级编码	节点来源[a]	参考点数[b]	参考点举例
实践中的教师教育者	角色规范	27	58	自身实习、新入职时的经验与教训;与带徒弟有共通之处;摸着石头过河
	行为模式	30	329	指导就是解答问题;工作中随机指导;言传身教;关注"做什么""怎么做"
	师徒关系	23	60	希望有话要说、有话能说;亦师亦友;给予生活上的关心;不是"高高在上"
班级儿童的教师	时间精力冲突	9	11	时常忙于照顾孩子而忽视实习生;幼儿园教师角色是第一位的
	不良影响规避	21	45	全程配班,以确保儿童安全;保持实习生在自己的视野内
职业入场的领路人	角色认知	18	47	作为一面镜子,照见未来的工作图景;如何将教育理念真正落地;了解未来挑战
	自我效能感	8	20	相信自己能胜任这项工作;认清自己的专业优势与不足
	职业认同	8	14	从观念和情感上对这份工作抱有期待;传递对幼儿和教育的热爱

---

① 张宇.论角色认同的重新定位[J].求索,2008(3):68-69,134.

续　表

核心类属	二级编码	节点来源[a]	参考点数[b]	参考点举例
专业发展的获得者	内在要求	11	20	专业知识温故而知新;看理论书籍以确保言论准确;反思自身的习惯性行为
	外在动力	6	6	把最好的一面展现出来;努力成为榜样;自我价值实现

注:a 表示包含此节点的访谈材料数量;b 所有文本资料中包含此节点出处的数量。

1. 角色规范

受访的幼儿园指导教师普遍表示,对于高校教育实习的目标、内容和要求不甚了解;对于指导教师应当做什么、如何去做、效果如何评价等问题也无从知晓。正如有着17年指导教师角色经历的 L 老师所言:

作为指导教师,我们也很迷茫,因为从来没有人告诉我们,实习生需要获得什么、已经学习过什么、我们该怎么指导,完全是摸着石头过河。(T20)

由此,指导教师对于角色规范的认知,大多基于自身教育实习、新入职时的体会以及带徒弟(新教师)等相关工作的经验,其合理性、清晰性和系统性均难以确保。

2. 行为模式

基于访谈对象对实习指导动机、情境、行为方式和内容的描述,提炼出三种幼儿园实习指导教师角色的行为模式,如表 2-2 所示。

表 2-2　幼儿园实习指导教师角色的三种行为模式

基本类别	行为模式	特征比较
第一类	提供观察场地—解答问题(被动)	相同:实习生全程未能亲身参与实践
第二类	提供示范性行为—解答问题、传授经验(主动)	不同:指导教师是否关注自身行为的示范性,对于解答问题的态度
第三类	示范行为、传授经验—行动中观察—行动后评价、反馈	指向技能训练的经验传授
		指向心智启发的经验建构

前两类行为模式的共同点在于,实习生全程未能亲身参与实践,只是通过"看"和"听"的方式获得间接经验。其区别体现在两个方面。一是指导教师对于自身行为的关注。第一类模式中,指导教师仅为实习生提供了观察场地,甚至不会关注自身行为是否具有示范作用;第二类模式中,指导教师希望通过示范性行为向实习生传递经验。二是指导教师对于问题解答的态度。第一类模式中,指导教师很少发起同实习生的对话,师

徒双方基本没有互动;而第二类模式中,指导教师会主动发起对话,询问实习生的感受和困惑,并答疑解惑。

多数受访者(23位)将实习指导贯穿于日常工作,采取第三类行为模式(详见表2-3)。其中,近80%的教师将"纠正行为"作为反馈的主要内容。仅有少数(5位)教师所描述的事例中,涉及有助于实习生反思能力养成的指导行为,如:

我在给实习生提建议的时候,除了告诉他们应该做什么、怎么做,也会顺带说明我为什么这样做,想想你(实习生)的做法为什么不好,可以再去尝试不同的做法,观察、琢磨下孩子的表现,看我说的是不是在理。(T2)

尽管上述事例的数量和所涉及的人数极为有限,但其所体现出的对于问题情境的聚焦,对于教育行为背后原因的关注,以及对于实习主体话语和行动权力的赋予,使得教育实习成为一种经由实践—反思—再实践的经验建构和能力养成过程,即杜威所倡导的心智启发的过程。

3. 师徒关系

受访者对于师徒关系的理解与建构,可分为两方面:其一,多数指导教师会在日常生活中给予实习生关注和关心,帮助实习生获得归属感、尽快融入班级,从而形成一种"有话能说""像朋友一样交流"的人际氛围。

我会专门为实习生留出放东西的位置,提醒他们多喝水、注意保护嗓子。(T11)

其二,指导教师同样看重自身在"亦师亦友"师徒关系中"师"的角色,希望在实习生面前"有话要说",能够为实习生的专业学习提供帮助,体现出其对于"教师教育者"角色责任的理解。

作为指导教师,肯定是要给到实习生一些专业上的东西,不然人家喊你一声老师,你自己都会觉得对不起这个称呼。(T5)

(二)职业入场的领路人

访谈结果显示,多数指导教师能够意识到自身之于实习生的重要价值,具体体现为促使实习生获得角色认知、帮助实习生建立自我效能感和促进实习生提升职业认同三个维度。

1. 促使实习生获得角色认知

指导教师"职业入场的领路人"的角色功能发挥,同其"实践中的教师教育者"角色的属性、结构密切相关。指导教师能够基于真实教育情境,通过言传身教,促使实习生获知幼儿园教师的角色规范和职业全貌。幼儿园指导教师将自身比作"一面镜子",旨在帮助实习生照见未来工作的真实图景,进而做好充分准备。与此同时,在一些指导教师看来,实习生所掌握的专业知识是"飘在天上的",当其进到班级后,面对的是具有个体差异的幼儿、紧凑的工作环节和全新的角色要求,难免会感受到理想与现实、理论与实践之间的差异。由此,指导教师的角色功能便体现为:帮助实习生将教育理念转化为实际行为,让所学知识真正"落地",从而更为深刻地理解、体验幼儿园教师这一职业。如:

> 实习生总是喜欢关注个别孩子,我会提醒他们关注每个孩子,尤其是在户外活动时。一个是安全问题,还有对孩子的尊重,也是教育公平的体现。我一说,他们就能理解,如果不说,他们可能就意识不到。(T9)

2. 帮助实习生建立自我效能感

不少指导教师认为,自己能够针对实习生行动中出现的问题,提出行之有效的改进建议。部分教师还会要求实习生定期总结经验,认清自身的优势与不足,以明确努力方向。与此同时,实习生在刚进入班级时,通常处于自我关注阶段,渴望得到教育对象(儿童)和专业人士(指导教师)的认可[1],指导教师表示能够理解这种紧张不安而又渴望得到认可的心情,会尽力挖掘实习生在行动中所展现出的闪光点和潜力,给予及时鼓励,从而帮助其建立自我效能感。

3. 促进实习生提升职业认同

指导教师所持教育观念、专业情感,能够影响实习生的职业认同。如 T 老师所言:

> 有些实习生,一来就告诉我,他(她)不喜欢孩子。我会建议他们,先不要着急做出判断,试着走近孩子,融入孩子之中,去感受这份工作。还会跟实习生聊聊我自己这些年的感悟,年轻的时候,喜欢这份工作,是觉得孩子们需要我,而现在是我离不开孩子,我看班上的孩子,百看不厌,每个孩子都不一样,都很可爱。(T11)

可见,指导教师在同实习生、幼儿的共同生活中所展现出的情感态度、所传递的经验,能够为实习生建立职业认同提供有益参照。

(三) 专业发展的获得者

"专业发展的获得者"旨在呈现实习指导工作之于幼儿园教师的价值,具体包括内在要求和外在动力两方面内容。前者体现为指导教师的角色要求同幼儿园教师专业化

---

[1] Fuller F. Concerns of teachers: A developmental conceptualization[J]. American Educational Research Journal, 1969, 6(2): 207-226.

进程中的知识、能力层面的要求具有内在一致性。当提及实习指导之于自身的价值时，部分教师提到，实习指导能够使得自身在专业知识上"温故而知新"，如 D 老师回忆道：

为了确保自身所传递专业理念的准确性，我会主动查阅、翻看理论书籍，比如我要给他们讲皮亚杰，我得说对，不能乱讲，后来发现这对我自己的专业成长也有帮助。(T7)

一些教师在发现实习生的问题时，也会反思自身行为：

当我发现实习生的问题时，会首先想一下自己是不是也存在同样的问题，一些习惯性行为自己意识不到，需要跳出来看。(T24)

由此而获得专业上的提升。"外在动力"则体现为来自外界（如实习生、园长）的评价和反馈，能够促使指导教师增强角色意识、提升专业水平。如个别园长会在实习结束时召开座谈会，以了解实习生对于幼儿园教育质量、实习指导质量的主观感受，并在园所会议上及时向指导教师反馈。这在指导教师看来，既是压力也是动力，能够激励自身提升作为"幼儿园教师"角色的专业性，从而在实习生面前展现最好的一面。

二、幼儿园实习指导教师领悟角色的现状及特征

以《幼儿园实习指导教师角色研究调查问卷（正式版）》中的基本信息（幼儿园所在地区和性质，教师的年龄、教龄、职务等）为自变量，运用独立样本 T 检验、单因素方差分析、多因素方差分析的方法，处理问卷调查所得数据，并力图将半结构访谈所得的质性研究数据与上述量化研究结果予以对照并相互补充，以展现更为丰富的细节，全面揭示、深入分析领悟角色的现状及特征。

（一）总体得分较高，"专业发展的获得者"维度相对较低

首先对 1 042 份有效数据，对领悟角色总体及各维度得分的平均数、标准差进行统计，以揭示指导教师领悟角色的整体特征，详见表 2-3。

表 2-3　幼儿园实习指导教师领悟角色的总体及各维度得分($N=1\,042$)

	平均数(M)	标准差(SD)
领悟角色总体	4.37	0.75
实践中的教师教育者	4.52	0.76
职业入场的领路人	4.38	0.79
专业发展的获得者	4.24	0.80

总体而言,领悟角色的均分为4.37,远高于中值,说明指导教师对于自身角色的认识处于较高水平。具体来看,将三大维度均值从高到低排列:"实践中的教师教育者"($M=4.52$)大于"职业入场的领路人"($M=4.38$),大于"专业发展的获得者"($M=4.24$)。由此说明,主体对于"实践中的教师教育者"角色的感知水平最高,其次是"职业入场的领路人","专业发展的获得者"相对较低。

访谈中,大多数幼儿园教师对于承担实习指导工作持积极态度,表示欢迎实习生的到来,其原因可归纳为以下方面。首先,指导教师推己及人的经验传承与规避,涉及"角色学习"的观点。角色学习(role learning)是主体在特定的社会和互动中,掌握角色的行为规范、态度与情感、知识与技能的过程。[①] 现实中,由于部分幼儿园教师在自身实习或工作初期,遇到了好老师、好师傅,其在师徒互动中不仅实现了"幼儿园教师"的角色学习,也建构了"指导教师"的角色经验,使其在扮演指导教师的角色时能够有意或无意地模仿当年的师傅,从而实现了经验的代际传递。

大家都是从实习生成长起来的,当年我的指导教师非常优秀,在她的严格要求和指导下,我成长得很快,入职后也不像别人那么慌乱、迷茫,我的课堂教学、师幼互动行为,都带着她的影子,真的!所以我想把这种影响传递下去。(T1)

一些指导教师也会以自身经历中的消极体验为反面教材,时刻警示自己引以为戒。

我实习时,指导教师让我趴在地上做手工,腰都坏掉了。我想停下来看看老师怎么带班、教学,都没机会。所以我指导实习生时,会有意识避免这种情况。当然,这(环创)是我们工作的一部分,只有做的过程才能获得经验,但我会告诉他们,主题墙可以怎么布置、规划,也会听听他们的想法和建议,思考如何为他们带来有益经验,而不要像我一样,真的感受到伤害了。(T15)

上述事例中,个体作为角色的主动建构者,能够对角色地位、评价信息进行不断加工,从而将积极经验加以传承、不良影响予以规避,以形成能做什么、不能做什么的心理模式,这便构成了一个由模仿到认知、由自发到自觉的角色学习过程。

其次,多数指导教师较为认同自身"职业入场的领路人"的角色功能。在互动论的研究中,人们致力于用更详细的言辞来阐述自我,而"认同"便是对自我进行阐述的重要途径。自我被看作一系列对特定场景做出反应的认同;认同又是按照其显要性和重要性,被安置在自我层级序列中的。其中,高水平的认同对个体具有极大的影响力,使其极力去组织自身行为,按照一定规划来表现自己,从而展现出与该认同相一致的角色行为;

[①] 秦启文,周永康.角色学导论[M].北京:中国社会科学出版社,2011:87.

认同度越高,角色执行对个体自尊和责任担当的影响就越大。① 大多数教师认同自身"职业入场的领路人"的价值,认为:

> 实习生能否有所收获,要看跟着什么样的老师。如果跟着积极向上、专业能力强的人,对他的个人成长、业务能力、专业素养都会起到积极作用;如果遇到职业倦怠的老师,自己的工作都比较敷衍,对实习生也不会有好影响。(T2)

与此同时,指导教师在角色扮演过程中,通过将自我认同转化为对于"实践中的教师教育者"的角色认知,不断对自身行为进行调适,并试图从实习生那里获得支持,使得自我认同"合法化"②,以此而证实自身的角色价值。

> 我的指导太重要了,如果实习生只是看,没有我的指导,他们肯定也能获得一些东西,但成长的机会只有30%;如果是在我的指导下,边操作边学习的话,这种成长能到60%～70%。实习生会问我,为什么我们带班的时候孩子很安稳,他们一带全乱掉了,因为我们的一个动作、一句话就是教育策略,光看是看不出来的,要自己去做,还要我跟他讲,他才能了解,才会引起重视。(T23)

再次,三大维度中,"专业发展的获得者"的领悟角色得分相对较低。在访谈中,大部分教师将实习指导之于自身的价值,归纳为日常工作量的减少,认为实习生能够分担一些日常工作,如教具制作、环境创设,或是在户外活动中帮忙关注幼儿安全,带班忙不过来时能有人搭把手。极少有指导教师提及实习指导对于自身专业发展的价值。

> 专业上肯定是我们输出比较多,而没有太多输入,一般是我们帮实习生解决问题,我们有问题也不太可能会去问实习生吧。(T4)

个别指导教师还提出"脑力付出"和"体力付出"的观点,认为自身向实习生传授实践经验是"脑力"劳动的付出,实习生理应帮忙分担"体力"工作。在"互动仪式链"理论中,"脑力付出"可理解为"文化资本"中的重要内容,文化资本是个体所具有的特定或专业的知识、做出决定以及赢得尊重权利。③ 在幼儿园教育实习的场域中,指导教师相较于实习生,拥有更为丰富的文化资本,由此而将实习指导视作一种专业上的单向输出,对于自身"专业发展的获得者"角色的感知水平也相对不足。

(二)主体的领悟角色在幼儿园所在地区、性质上未见显著差异

园所特征包括幼儿园所在地区和性质。如表2-4所示,幼儿园所在地区可分为城

---

① 特纳.社会学理论的结构:下[M].邱泽奇,等译.北京:华夏出版社,2001:39-41.
② 特纳.社会学理论的结构:下[M].邱泽奇,等译.北京:华夏出版社,2001:43.
③ 特纳.社会学理论的结构:下[M].邱泽奇,等译.北京:华夏出版社,2001:104.

市幼儿园和农村幼儿园(县城及以下的幼儿园)。本次调查中,71.79%的指导教师来自城市幼儿园。幼儿园的性质包括公办园(教育部门及其以外的机关部门、政府机构所属的社会团体组织、企事业单位、街道社区、乡村组织办园)和民办园两大类,来自公办园的指导教师占总体的89.16%。

表2-4 调查对象所在幼儿园信息统计表($N=1042$)

题项	选项	人数	百分比(%)
幼儿园地区	城市幼儿园	748	71.79
	农村幼儿园	294	28.21
幼儿园性质	公办园	929	89.16
	民办园	113	10.84

调查对象的人数分布在幼儿园所在地区和园所性质上存在较大差异。实习指导教师以城市地区、公办幼儿园教师群体为主,这与高校选择实习基地的标准密切相关。从访谈中可知,目前高校在选择实习基地时,主要考虑其质量和位置。特别是我国2017年出台的《学前教育专业认证标准》对实习基地的数量、质量和稳定性都提出了明确要求。由此,高校倾向于将城市地区的优质公办园作为实习基地首选对象。与此同时,一些高校实行集中实习与分散实习相结合的方式,允许学生自主选择、联系实习园,部分毕业生会根据就业意向,主动到民办园或农村幼儿园实习。此外,随着我国乡村教师定向培养相关政策的颁布,一些农村地区的幼儿园教师开始加入指导教师队伍。如S省自2016年起实施乡村教师定向培养计划,由市级教育行政主管部门统筹安排定向师范生到乡镇一级的幼儿园进行实习。因此,少数指导教师来自民办园和农村园。

采用多因素方差分析法,探究幼儿园地区、性质对领悟角色总体及各维度的影响。如表2-5所示,幼儿园所在地区($F=0.018, P=0.894>0.05$)和性质($F=3.083, P=0.079>0.05$)的主效应,对领悟角色的影响不存在显著差异。

表2-5 领悟角色总体及各维度的幼儿园地区与性质多因素方差分析

维度	因子	平方和	自由度	F
角色总体	幼儿园地区	0.01	1	0.018
	幼儿园性质	1.73	1	3.083
	地区*性质	0.00	1	0.000

续　表

维度	因子	平方和	自由度	F
实践中的教师教育者	幼儿园地区	0.016	1	0.028
	幼儿园性质	1.27	1	2.206
	地区*性质	0.00	1	0.005
职业入场的领路人	幼儿园地区	0.05	1	0.083
	幼儿园性质	0.37	1	0.604
	地区*性质	0.08	1	0.127
专业发展的获得者	幼儿园地区	0.11	1	0.166
	幼儿园性质	3.09	1	4.800
	地区*性质	0.07	1	0.108

幼儿园所在地区和性质的交互作用,对领悟角色总体的影响同样不具有显著差异, $F=0.000,P=0.988>0.05$ 。幼儿园地区的主效应对于"实践中的教师教育者""职业入场的领路人"和"专业发展的获得者"三大维度的领悟角色影响均不存在显著差异($F=0.028,P=0.868>0.05;F=0.083,P=0.774>0.05;F=0.166,P=0.684>0.05$)。

幼儿园性质的主效应对"实践中的教师教育者""职业入场的领路人"和"专业发展的获得者"维度的领悟角色影响不存在显著差异($F=2.206,P=0.138>0.05;F=0.604,P=0.437>0.05;F=4.800,P=0.129>0.05$)。

幼儿园地区和性质的交互作用,对于"实践中的教师教育者""职业入场的领路人"和"专业发展的获得者"维度的领悟角色影响,同样不具有显著差异($F=0.005,P=0.942>0.05;F=0.127,P=0.721>0.05;F=0.108,P=0.742>0.05$)。

指导教师的领悟角色水平在园所地区、性质上不存在显著差异。由于指导教师的准入、培训和评价制度尚未建立,不同地区、不同性质幼儿园的教师,均凭借自身经验建构领悟角色,且普遍具有较高的角色动机和指导意愿,如一位民办园的园长所言:

以前我在公办园带的实习生都是学校统一安排的,现在来我们幼儿园(民办园)实习都是自己联系的,他们毕业以后很可能就在我们这里工作了,我们希望留住人才,所以我们的老师也会尽心尽力地指导他们。(K2)

又如一位来自农村幼儿园的指导教师表示:

来我们幼儿园实习的,一般是想要或者已经考取这里编制的实习生,毕业以后也会在我们幼儿园,或者去附近的幼儿园工作,大家会成为同事,所以我们很欢迎实习生,也希望能帮助他们多了解幼儿园教师的日常工作。(T25)

(三) 领悟角色水平未随主体年龄、教龄和指导年限增长而提升

Person 积差相关的检验结果表明，幼儿园实习指导教师的年龄和教龄（$r=0.836^{**}$）、年龄和实习指导年限（$r=0.644^{**}$）、教龄和实习指导年限（$r=0.694^{**}$）的数据之间均呈现高度相关。且领悟角色的得分在调查对象的年龄、教龄和实习指导年限上可提炼出一些共性，由此而将其一并展开讨论。

1. 18～25 岁教师的领悟角色得分最低，其余组别不存在显著差异

指导教师的年龄可分为五个阶段。其中，31～40 岁的指导教师人数最多，占 40.89%，51～60 岁的指导教师人数最少，约占 3.26%，如表 2-6 所示。

表 2-6　调查对象的年龄分布统计表（$N=1\,042$）

题项	选项	人数	百分比（%）
年龄	18～25 周岁	144	13.82
	26～30 周岁	249	23.90
	31～40 周岁	426	40.88
	41～50 周岁	189	18.14
	51～60 周岁	34	3.26

采用单因素方差分析法，探究领悟角色总体和三大维度均分是否存在年龄上的显著差异，统计结果如表 2-7 所示。

表 2-7　指导教师领悟角色总体及三大维度均分的年龄差异

维度	年龄段	均值	标准差	F	LSD 事后检验
总体	A. 18～25 岁	4.10	0.86	6.009^{***}	$A<B^{**}$，$A<C^{***}$ $A<D^{***}$，$A<E^{*}$
	B. 26～30 岁	4.37	0.72		
	C. 31～40 岁	4.43	0.72		
	D. 41～50 岁	4.45	0.72		
	E. 51～60 岁	4.46	0.68		
实践中的教师教育者	A. 18～25 岁	4.27	0.88	5.000^{**}	$A<B^{**}$，$A<C^{***}$ $A<D^{***}$，$A<E^{*}$
	B. 26～30 岁	4.50	0.73		
	C. 31～40 岁	4.57	0.72		
	D. 41～50 岁	4.59	0.75		
	E. 51～60 岁	4.58	0.69		

续　表

维度	年龄段	均值	标准差	F	LSD事后检验
职业入场的领路人	A. 18～25岁	4.07	0.91	8.362^{***}	$A<B^{***}$，$A<C^{***}$ $A<D^{***}$，$A<E^{**}$
	B. 26～30岁	4.35	0.74		
	C. 31～40岁	4.44	0.77		
	D. 41～50岁	4.51	0.73		
	E. 51～60岁	4.56	0.70		
专业发展的获得者	A. 18～25岁	3.99	0.89	4.036^{***}	$A<B^{**}$，$A<C^{***}$ $A<D^{**}$
	B. 26～30岁	4.26	0.79		
	C. 31～40岁	4.29	0.80		
	D. 41～50岁	4.27	0.78		
	E. 51～60岁	4.26	0.76		

注：* 表示 $P<0.05$，** 表示 $P<0.01$，*** 表示 $P<0.001$，下同。

首先，领悟角色总体在不同年龄段存在显著差异，$F=6.009$，$P=0.000<0.001$。LSD事后检验的多重比较结果显示，18～25岁指导教师的角色领悟水平显著低于26～30岁（$P=0.001<0.01$）、31～40岁（$P=0.000<0.001$）、41～50岁（$P=0.000<0.001$）和51～60岁（$P=0.011<0.05$）的指导教师组别。

其次，"实践中的教师教育者"维度，领悟角色呈现出显著的年龄差异，$F=5.000$，$P=0.001<0.01$。LSD的检验结果显示，18～25岁指导教师的领悟角色得分不同程度显著低于其余组别（$P=0.003<0.01$；$P=0.000<0.001$；$P=0.000<0.001$；$P=0.029<0.05$）。"职业入场的领路人"维度，主体领悟角色水平存在显著的年龄差异，$F=8.362$，$P=0.000<0.001$。事后分析的结果显示，18～25岁组别的得分显著低于其他年龄段（$P=0.000<0.001$；$P=0.000<0.001$；$P=0.000<0.001$；$P=0.001<0.01$）。"专业发展的获得者"维度，领悟角色存在显著的年龄差异，$F=4.036$，$P=0.000<0.001$。事后检验的结果显示，18～25岁组别指导教师的领悟角色均分显著低于26～30岁（$P=0.001<0.01$）、31～40岁（$P=0.000<0.001$）和41～50岁（$P=0.002<0.01$）组别。

此外，尽管领悟角色总体和各维度得分随着指导教师年龄的增加而提升，但26～30岁、31～40岁、41～50岁和51～60岁指导教师之间并不存在显著差异。

2. 1～3年教龄教师的领悟角色得分最低，其余组别不存在显著差异

调查对象的教龄分为1～3年、4～6年、7～9年、10～15年、16年及以上，共五个组别。如表2-8所示，教龄在10～15年以及16年及以上的指导教师居多，占调查对象总人数的53.26%;教龄为1～3年的指导教师人数最少,占12.67%。

表2-8 调查对象的教龄分布统计表($N=1\,042$)

题项	选项	人数	百分比(%)
教龄	1～3年	132	12.67
	4～6年	179	17.18
	7～9年	176	16.89
	10～15年	220	21.11
	16年及以上	335	32.15

单因素方差分析的结果如表2-9所示,领悟角色总体存在显著的教龄差异,$F=6.747$,$P=0.000<0.001$。LSD检验发现:1～3年教龄指导教师的领悟角色得分显著低于教龄为4～6年($P=0.003<0.01$)、7～9年($P=0.000<0.001$)、10～15年($P=0.000<0.001$)和16年及以上($P=0.000<0.001$)组别,其余教龄组别指导教师的领悟角色得分不存在显著差异。

表2-9 指导教师领悟角色总体及三大维度均分的教龄差异

维度	教龄	均值	标准差	F	LSD事后检验
总体	A. 1～3年	4.08	0.91	6.747***	A<B**,A<C***,A<D***,A<E***
	B. 4～6年	4.34	0.67		
	C. 7～9年	4.45	0.61		
	D. 10～15年	4.40	0.82		
	E. 16年及以上	4.45	0.71		
实践中的教师教育者	A. 1～3年	4.22	0.95	6.931***	A<B**,A<C***,A<D***,A<E***
	B. 4～6年	4.49	0.65		
	C. 7～9年	4.61	0.58		
	D. 10～15年	4.53	0.83		
	E. 16年及以上	4.60	0.74		
职业入场的领路人	A. 1～3年	4.04	0.94	9.326***	A<B**,A<C***,A<D***,A<E***
	B. 4～6年	4.32	0.69		
	C. 7～9年	4.42	0.69		
	D. 10～15年	4.43	0.85		
	E. 16年及以上	4.51	0.73		

续　表

维度	教龄	均值	标准差	F	LSD事后检验
专业发展的获得者	A. 1～3年	4.01	0.92	3.757**	A<B*,A<C***,A<D**,A<E**
	B. 4～6年	4.23	0.77		
	C. 7～9年	4.34	0.70		
	D. 10～15年	4.25	0.85		
	E. 16年及以上	4.28	0.78		

"实践中的教师教育者"维度,领悟角色同样存在显著的教龄差异,$F=6.931$,$P=0.000<0.001$。LSD的检验结果显示,1～3年组别显著低于其他组别($P=0.002<0.01$;$P=0.000<0.001$;$P=0.000<0.001$;$P=0.000<0.001$)。

"职业入场的领路人"维度,领悟角色存在显著的教龄差异,$F=9.326$,$P=0.000<0.001$。其中,1～3年组别的领悟角色得分显著低于其他组别($P=0.003<0.01$;$P=0.000<0.001$;$P=0.000<0.001$;$P=0.000<0.001$)。

"专业发展的获得者"维度,领悟角色在指导教师的教龄上存在显著差异,$F=3.757$,$P=0.005<0.01$。事后检验的结果表明,1～3年组别指导教师的领悟角色得分显著低于其余组别($P=0.017<0.05$;$P=0.000<0.001$;$P=0.005<0.01$;$P=0.001<0.01$)。

尽管已有研究对于"新手教师"持续时间的判断存在一些差异,如学者休博曼(Huberman)将入职1～3年的教师定义为新手教师,并将此阶段的特点描述为"求生和摸索"期。[1] 我国学者王秋绒将工作2～3年视为教师的"新手期";[2]也有部分研究者将幼儿园新手教师的范围界定为入职5年或7年内。[3][4] 因此,年龄为18～25岁、教龄在1～3年的幼儿园指导教师,仍可列入幼儿园新手教师群体。

相关研究发现,新手教师相较于熟手型教师、专家型教师,在教学实践能力、教学关注点、职业认同等方面呈现出边缘性特征。[5] 幼儿园新手教师在集体教学设计、[6]区域

---

[1] Huberman M. The professional life cycle of teachers[J]. Teachers College Record,1989(1):31-57.
[2] 王秋绒.教师专业社会化理论在教育实习设计上的蕴义[M].台北:师大书苑有限公司,1991:34.
[3] 左志宏,席居哲.幼儿教师职业倦怠与职业承诺特点:新手与熟手的比较[J].学前教育研究,2008(11):21-24.
[4] 万丹.幼儿园新教师专业发展路径研究[D].南京:南京师范大学,2017:16.
[5] 朱宁波,严运锦.新手教师学习机制解析:从"边缘"走向"中心"[J].教育理论与实践,2021(19):33-38.
[6] 黎安林,曹立人.幼儿园专家教师和新手教师教学设计特征的研究[J].教师教育研究,2009,21(4):37-43.

环境创设、材料提供、儿童观察和指导等方面都存在明显不足;[①]其职业承诺的总体水平低于熟手型(教龄5年及以上)教师。[②] 由此可见,由于新手教师自身在角色转换、职业适应上面临挑战,在教育教学过程中仍存在诸多问题,其对于指导教师角色的认识水平也相对较低,如部分教师提道:

我工作第三年开始指导实习生,虽然状态比较积极,愿意多给实习生一些他们需要的东西,但是个人能力存在局限,很多问题解决不了。(T10)

我工作第一年的时候,要努力完成自己的角色转变,感觉实际工作跟专业书上讲的、见习实习所经历的情况非常不一样。这时候班上就来了一个实习生需要我指导,我自己都还不知道怎么上好课、带好班,还要指导别人,所以基本上就是实习生自己观察,我面对她的时候会觉得尴尬,也很迷茫。(T15)

故新手教师在承担实习指导教师角色时,会呈现出一种"心有余而力不足"的状态,对于实习生问题的回应、指导内容和策略的把握、自我效能感的建立等方面均有所欠缺。

3. 1～3年指导年限教师的领悟角色得分较低,其余组别未见显著差异

调查对象承担实习指导工作的年限可分为1～3年、4～6年、7～9年、10～15年和16年及以上,共五个组别。调查中,指导年限为1～3年的幼儿园实习指导教师共399名,占总人数的38.29%;272名幼儿园教师拥有4～6年的实习指导经历,占总体的26.10%;拥有7～9年、10～15年和16年及以上实习指导工作年限的幼儿园教师人数分布较为平均,约占调查对象总数的10%左右。

表2-10 调查对象的实习指导年限分布统计表(N=1 042)

题项	选项	人数	百分比(%)
实习指导年限	1～3年	399	38.29
	4～6年	272	26.10
	7～9年	117	11.23
	10～15年	151	14.49
	16年及以上	103	9.88

---

① 舒秀珍,陈海燕,张倩,等.幼儿园新手教师区域活动指导存在的问题与解决策略[J].学前教育研究,2020(11):85-88.

② 左志宏,席居哲.幼儿教师职业倦怠与职业承诺特点:新手与熟手的比较[J].学前教育研究,2008(11):21-24.

单因素方差分析的结果如表 2-11 所示,指导年限对于指导教师领悟角色的总体水平具有显著影响,$F=2.960$,$P=0.019<0.05$。LSD 事后检验的多重比较结果显示:1～3 年组别指导教师的领悟角色均分显著低于 7～9 年($P=0.005<0.01$)、10～15 年($P=0.025<0.05$)和 16 年及以上($P=0.041<0.05$),其他组别不存在显著差异。

表 2-11 指导教师领悟角色总体及三大维度均分的指导年限差异

维度	实习指导年限	均值	标准差	F	LSD 事后检验
总体	A. 1～3 年	4.29	0.77	2.960*	A<C**,A<D* A<E*
	B. 4～6 年	4.37	0.81		
	C. 7～9 年	4.51	0.48		
	D. 10～15 年	4.45	0.72		
	E. 16 年及以上	4.45	0.76		
实践中的 教师教育者	A. 1～3 年	4.44	0.78	2.413*	A<C**
	B. 4～6 年	4.51	0.81		
	C. 7～9 年	4.65	0.47		
	D. 10～15 年	4.57	0.76		
	E. 16 年及以上	4.60	0.78		
职业入场的 领路人	A. 1～3 年	4.26	0.82	4.860**	A<B*,A<C** A<D**,A<E**
	B. 4～6 年	4.39	0.84		
	C. 7～9 年	4.52	0.54		
	D. 10～15 年	4.49	0.72		
	E. 16 年及以上	4.52	0.79		
专业发展的 获得者	A. 1～3 年	4.18	0.82	1.596	
	B. 4～6 年	4.23	0.89		
	C. 7～9 年	4.38	0.55		
	D. 10～15 年	4.29	0.76		
	E. 16 年及以上	4.21	0.69		

"实践中的教师教育者"维度,指导年限对于领悟角色的影响显著,$F=2.413$,$P=0.047<0.05$。1～3 年组别得分显著低于 7～9 年($P=0.009<0.01$),其他组别不存在显著差异。"职业入场的领路人"维度,领悟角色在指导年限上存在显著差异,$F=4.860$,$P=0.001<0.01$。LSD 的检验数据表明,1～3 年组别的指导教师在"职业入场的领路人"维度的领悟角色得分显著低于其余组别($P=0.032<0.05$;$P=0.002<0.01$;

$P=0.002<0.01;P=0.003<0.01$)。"专业发展的获得者"维度,领悟角色在不同指导年限之间不具有显著差异,$F=1.596,P=0.173>0.05$。

访谈调查的结果同样表明,大部分教师将实习指导教师与幼儿园教师角色的专业性相等同,认为自身实践经验积累到一定程度之后,便能胜任指导教师角色,却鲜有思考两种角色之间的差异:

跟实习生相比,我还是有自信的,因为我的实践经验多一些,我身上肯定有值得他们学习的地方,所以我觉得自己能胜任指导教师这个角色。(T29)

对于幼儿园指导教师来说,自己的专业水平很重要,如果你专业不赢人,别人(实习生)也不服气,没办法指导;如果自己专业上可以,多教少教、怎么教,是个良心活,全凭自己把握。(T19)

此外,尽管问卷调查的结果显示,指导教师领悟角色的总体得分较高,然而在访谈过程中,近三分之二的受访者直言,自身尚未对指导教师角色进行过细致而深入的思考,对于实习指导教师角色的规范、责任、行为模式等无从知晓或尚未明晰,自身在承担实习指导工作时基本处于一种"摸着石头过河"的状态,经验零散而模糊,导致指导教师领悟角色水平难以随指导年限的累积而提升。

(四)学历优势尚未在实习指导教师的领悟角色中得以充分展现

幼儿园实习指导教师的学历可分为高中及以下、专科、本科和研究生四类(见表2-12)。由于高中及以下学历的调查对象只有6人,不具统计学意义,故不将其纳入平均数差异检验的范围。拥有本科学历的幼儿园实习指导教师人数最多,占总人数的76.20%,其次为专科,研究生学历的指导教师人数较少,仅有3.55%。

表2-12 调查对象的学历分布统计表($N=1\,042$)

题项	选项	人数	百分比(%)
最高学历	高中及以下	6	0.58
	专科	205	19.67
	本科	794	76.20
	研究生	37	3.55

单因素方差分析结果如表2-13所示,可以看出,不同学历指导教师的领悟角色得分在总体和各维度均不存在显著差异。

表 2-13 指导教师领悟角色总体及三大维度均分的学历差异

维度	学历	均值	标准差	F
总体	A. 专科	4.31	0.76	1.472
	B. 本科	4.40	0.74	
	C. 研究生	4.20	0.88	
实践中的教师教育者	A. 专科	4.44	0.78	1.565
	B. 本科	4.55	0.75	
	C. 研究生	4.38	0.92	
职业入场的领路人	A. 专科	4.30	0.79	2.078
	B. 本科	4.41	0.78	
	C. 研究生	4.18	0.86	
专业发展的获得者	A. 专科	4.21	0.78	0.874
	B. 本科	4.26	0.80	
	C. 研究生	4.05	0.97	

教育统计年鉴的数据显示,截至2019年底,我国幼儿园园长和专任教师中,拥有专科学历的人数占57.83%、本科学历的教师占25.47%,研究生学历的教师仅为0.28%。[1] 此次调查结果显示,19.67%的教师为专科学历,76.20%的指导教师拥有本科学历,3.55%的指导教师拥有研究生学历。由此,拥有本科、研究生学历的指导教师人数比例远高于幼儿园教师群体。

学历素来是衡量幼儿园教师专业素质、能力的重要参考指标之一。已有研究表明,研究生学历的幼儿园教师拥有高情感承诺、更为稳固的留职意向,并能够获得较强的专业胜任力和角色满足感。[2] 调查结果表明,不同学历指导教师的领悟角色水平并不存在显著差异,高学历(特别是研究生学历)的优势尚未在指导教师的领悟角色中得以展现。究其原因,高学历的幼儿园教师虽然拥有更为丰富的知识资本,易于获得更多学习机会和资源,但来自外界的高关注、高期待和自己的高目标、高要求,会使其背负更大的压力。[3] 其在职业适应期面临实践经验不足、人际关系处理上的诸多挑战,也会影响其对

---

[1] 秦旭芳,朱琳."砥砺奋进十年路,奠基未来再扬帆"——我国幼儿教师质量发展的变迁与展望[EB/OL].中国学前教育研究会公众号,2021-06-21[2022-03-05]. https://mp.weixin.qq.com/s/dVpKW2lTTw_AR3hVgy3J0A.

[2] 蒲瑶,王莉,赵振国,等.研究生学历幼儿园教师职业认同状况探析[J].学前教育研究,2019(12):61-68.

[3] 张亚妮,牛婉羽,陈浩.不同专业发展阶段幼儿园教师心目中的"好老师"形象分析[J].学前教育研究,2019(12):52-60.

于指导教师角色的领悟和实践。

在我们幼儿园,工作3年以上的老师才能带实习生,但我工作才1年的时候就开始带实习生了,都还没有资格当主班,因为园长觉得我是研究生,我可以,就给我派了一个实习生。其实我当时压力很大,因为自己实践经验不足,还需要时间去适应,所以面对实习生的时候信心也不足,只能把师傅教给我的东西再传递给她。(T15)

值得一提的是,访谈数据表明,研究生学历的指导教师,对于自身角色价值的理解较为深刻,且呈现出一定共性,如:

大家都觉得幼儿园教师的工作很琐碎,是的,它真的很琐碎。但是,这个工作也是最容易获得成就感的,尤其是带小班。希望实习生从我所表现出的职业素养以及来自外界的肯定,觉得自己选择这个行业是OK的、没错的,不要去怀疑。指导教师对实习生的影响,应该是专业观念和情感层面的,这是根儿上的东西。(T1)

我很喜欢指导实习生,在这个过程中,我能理解实习生种种不太成熟的表现,能够看到他们的职业初心,这也是能够给我力量的东西。你要积极地去看待这个事情,给他们充分的空间和机会,他们也会给我们惊喜,在教育过程中,不是说只有熟练工才能创造价值,恰恰是我们一起在边做边学的过程,已经在创造价值了。(T27)

上述拥有研究生学历的指导教师,更加希望将自身的专业理念、思维方式和学习品质,对于幼儿园教师职业的胜任感、认同感和满足感传递给实习生。如何使得学历优势在主体角色领悟、实践中充分发挥作用,值得深入探究。

(五) 领悟角色总体水平及各维度得分在教师职称上的差异显著

幼儿园教师的职称可分为暂未评定、幼教二级、幼教一级和幼教高级及以上,共四个组别,如表2-14所示。在我们的调查中,除具有幼教高级及以上职称的指导教师人数为79,占总人数的7.58%,其余组别人数约在30%。

表2-14 调查对象的职称分布统计表($N=1042$)

题项	选项	人数	百分比(%)
职称	暂未评定	273	26.20
	幼教二级	297	28.50
	幼教一级	393	37.72
	幼教高级及以上	79	7.58

如表2-15所示,单因素方差分析的结果显示:领悟角色总体水平具有职称上的差

异，$F=5.090$，$P=0.002<0.01$。LSD 的检验结果表明，"暂未评定"和"幼教二级"组别指导教师的领悟角色得分显著低于"幼教一级"（$P=0.000<0.001$；$P=0.002<0.01$），其余组别不具有显著差异。

表 2-15 指导教师领悟角色总体及三大维度均分的职称差异

维度	职称	均值	标准差	F	LSD 事后检验
总体	A. 暂未评定	4.27	0.84	5.090**	A<C***，B<C**
	B. 幼教二级	4.32	0.77		
	C. 幼教一级	4.48	0.67		
	D. 幼教高级及以上	4.43	0.66		
实践中的教师教育者	A. 暂未评定	4.43	0.78	5.024**	A<C**，B<C**
	B. 幼教二级	4.44	0.84		
	C. 幼教一级	4.62	0.67		
	D. 幼教高级及以上	4.61	0.70		
职业入场的领路人	A. 暂未评定	4.24	0.88	8.229***	A<C***，A<D** B<C**，B<D*
	B. 幼教二级	4.32	0.80		
	C. 幼教一级	4.51	0.70		
	D. 幼教高级及以上	4.53	0.64		
专业发展的获得者	A. 暂未评定	4.16	0.88	2.703*	A<C**
	B. 幼教二级	4.22	0.81		
	C. 幼教一级	4.33	0.73		
	D. 幼教高级及以上	4.18	0.78		

"实践中的教师教育者"维度的领悟角色得分在职称上具有显著差异，$F=5.024$，$P=0.002<0.01$。"暂未评定"和"幼教二级"指导教师的领悟角色得分显著低于"幼教一级"组别（$P=0.002<0.01$；$P=0.002<0.01$）。

"职业入场的领路人"维度的领悟角色得分在职称上存在显著差异，$F=8.229$，$P=0.000<0.001$。LSD 的比较结果显示，"暂未评定"和"幼教二级"的指导教师之间不存在显著差异，但二者得分均显著低于"幼教一级"（$P=0.000<0.001$；$P=0.002<0.01$）和"幼教高级及以上"组别（$P=0.003<0.01$；$P=0.028<0.05$）。

"专业发展的获得者"维度的领悟角色得分在职称上存在差异，$F=2.703$，$P=0.044<0.05$。其中，"暂未评定"组别的领悟角色得分显著低于"幼教一级"（$P=0.007<0.01$）。

职称是对专业技术等级的考量与评定，教师职称能在一定程度上反映教师的工作年限和专业能力,也是教师晋升的重要途径。① 调查发现,"幼教一级"教师在领悟角色总体和"实践中的教师教育者"维度的均分显著高于"暂未评定"和"幼教二级"组别。由此说明,职称评定不仅能够体现教师的专业能力,提升教师工作的积极性、职业认同感②,还同指导教师的领悟角色水平密切相关。

其次,在"职业入场的领路人"维度,"暂未评定"和"幼教二级"组别得分显著低于"幼教一级"和"幼教高级及以上"组别。职称评定除了受到教师工作年限、专业能力的影响,还受到评定制度的影响。有研究表明,我国幼儿园教师职称评定存在结构不合理、未评定职称的人数比例逐年增大等问题③,可能导致部分职称评定、晋升困难的幼儿园教师的工作积极性和职业认同感降低,从而阻碍了指导教师对于"职业入场的领路人"角色的认识。

再次,"暂未评定"与"幼教二级""幼教一级"与"幼教高级及以上"两两组别之间的领悟角色总分并不存在显著差异,说明不能简单将职称作为指导教师专业资质、选拔标准的衡量依据,需要进一步思考指导教师的选拔标准。

(六)教师职务对于实习指导教师的领悟角色水平具有显著影响

指导教师的职务分为普通教师、班组长(主班教师)、中层领导(包括年级组长、教研组长、保教主任等)和园长(副园长)四类。

表2-16 调查对象的职务分布统计表(N=1042)

题项	选项	人数	百分比(%)
最高职务	普通教师	352	33.78
	主班教师	331	31.77
	中层领导	280	26.87
	园长(副园长)	79	7.58

如表2-16所示,担任普通教师、主班教师的指导教师人数最多,各占30%左右;园长(副园长)占比仅为7.58%。尽管部分教师在访谈中提到,园长会优先安排年级组长、教研组长担任指导教师,或规定主班教师才能承担实习指导工作,但目前尚不存在统一而明确的指导教师选拔标准。由此,指导教师所担任最高职务为"普通教师""主班教

---

① 甘露.幼儿园教师职称评定的现状及改进策略——以深圳市龙华区为例[J].早期教育(教育科研),2021(2):27-30.
② 甘露.幼儿园教师职称评定的现状及改进策略——以深圳市龙华区为例[J].早期教育(教育科研),2021(2):27-30.
③ 高丙成.我国幼儿园教师职称评聘的现状与对策[J].幼儿教育,2015(9):26-30.

师"和"中层领导"的人数分布较为平均,各占总人数的30%左右。

单因素方差分析的结果如表2-17所示,总体来看,承担不同职务教师的领悟角色均分呈现差异显著($F=3.104$, $P=0.026<0.05$)。LSD的检验结果显示,"普通教师"得分显著低于"主班教师"($P=0.002<0.01$),其他组别不存在显著差异。

表2-17 指导教师领悟角色总体及三大维度均分的职务差异

维度	职务	均值	标准差	F	LSD事后检验
总体	A. 普通教师	4.29	0.82	3.104*	A<B**
	B. 主班教师	4.46	0.64		
	C. 中层领导	4.38	0.77		
	D. 园长(副园长)	4.38	0.75		
实践中的教师教育者	A. 普通教师	4.39	0.83	5.327**	A<B***,A<C*
	B. 主班教师	4.62	0.61		
	C. 中层领导	4.55	0.79		
	D. 园长(副园长)	4.54	0.81		
职业入场的领路人	A. 普通教师	4.27	0.85	4.294**	A<B**,A<C*
	B. 主班教师	4.47	0.68		
	C. 中层领导	4.41	0.81		
	D. 园长(副园长)	4.44	0.78		
专业发展的获得者	A. 普通教师	4.21	0.85	1.243	
	B. 主班教师	4.31	0.74		
	C. 中层领导	4.21	0.83		
	D. 园长(副园长)	4.19	0.76		

具体来看,领悟角色在"实践中的教师教育者"($F=5.327$, $P=0.001<0.01$)维度、"职业入场的领路人"($F=4.294$, $P=0.005<0.01$)维度均存在显著差异。LSD组间比较的结果显示,"普通教师"在"实践中的教师教育者"和"职业入场的领路人"两大维度得分均显著低于"主班教师"($P=0.000<0.001$; $P=0.001<0.01$)和"中层领导"($P=0.012<0.05$; $P=0.020<0.05$)。"专业发展的获得者"维度的领悟角色得分不存在显著的职务差异($F=1.243$, $P=0.293>0.05$)。

我国的幼儿园教育活动,主要以班级为背景展开,主班教师可谓是一个班级的掌舵者,需要对班级中的一切人、事、物负责。[1] 由此,当实习生进入班级后,即便安排了配

---

[1] 秦旭芳,张婷.基于自评与他评的幼儿园主班教师胜任力水平研究[J].早期教育(教育科研),2021(11):20-25.

班教师(普通教师)进行指导,主班教师也需要对其专业学习和实践行为过程负责。与此同时,相较于普通教师,主班教师需要在成就动机、团队合作、发展他人、专业知识和技能、问题解决能力和关系建立等方面具有较强的胜任力[1],使得"主班教师"在指导教师的角色领悟上展现出明显优势。

"中层领导"职务包括年级组长、教研组长、保教(副)主任、总务(副)主任、园长助理等职务。"中层领导"的称谓来源于指导教师的访谈数据。由于幼儿园没有独立的行政编制,行政工作一般会由各级"骨干教师"来承担,并称其为"中层领导"。我们发现,这里的"骨干教师"不仅是一个荣誉称号,还有具体评价标准。以H市为例,"园级骨干"由幼儿园制定评价标准,一般要求工作3年以上,在区里各类比赛获奖之后,才有资格申报,获评"园级骨干"的教师会担任教研组长、年级组长。"区级骨干"每三年申报一次,负责承担区教研活动的组织,兼任本园教研主任、园长助理等职务。已有研究表明,骨干教师通常展露出高于普通教师的专业水平和业务能力,且能够获得更多的培训机会、学习资源,被视为整个幼儿园教学、管理、科研工作的主力军。[2][3] 因此,具有"中层领导"职务的指导教师多是"区级骨干",能够从一个相对高位的视角引领实习生的专业发展,对于"实践中的教师教育者"和"职业入场的领路人"角色的领悟水平也更胜一筹。如曾获"区级骨干"头衔、现任幼儿园师训主任的S老师认为,自身在指导教师角色承担上具有一定优势,能够基于教师培训工作的经验,从幼儿园教师专业成长的角度为实习生提供指导,且能够分享更为丰富的教研资源。

(七)指导教师的领悟角色得分在"荣誉获得"上呈现显著差异

获得过荣誉(区级及以上的各类荣誉)的指导教师共568人,占总人数的54.51%;暂未获得荣誉的有474人,占45.49%。采用独立样本T检验,考察指导教师领悟角色是否在荣誉获得上具有显著差异,如表2-18所示。

表2-18 指导教师领悟角色总体及三大维度均分的荣誉获得状况差异

维度	均值差值	标准误差值	df	t值
总体	-0.10%	0.05%	1 040	-2.05*
实践中的教师教育者	-0.08%	0.05%	1 040	-1.74

---

[1] 肖智泓,黄珊,杜军,等.幼儿园主班教师胜任力模型的构建[J].学前教育研究,2010(3):28-33.
[2] 郑健成.幼儿园骨干教师省级培训的价值取向与模式优化[J].学前教育研究,2003(5):46-48.
[3] 母远珍.幼儿园骨干教师专业成长过程中的关键事件[J].学前教育研究,2011(4):3-8.

续　表

维度	均值差值	标准误差值	df	t值
职业入场的领路人	-0.14%	0.05%	1 040	-2.84**
专业发展的获得者	-0.06%	0.05%	1 040	-1.28

注：* 表示 $P<0.05$，** 表示 $P<0.01$，*** 表示 $P<0.001$。

可以看出，领悟角色总体（$t=-2.05$，$P=0.041<0.05$）和"职业入场的领路人"维度的均分（$t=-2.84$，$P=0.005<0.01$），在荣誉获得上存在显著差异：已获得荣誉组别的得分显著高于暂未获得荣誉组别。"实践中的教师教育者"（$t=-1.74$，$P=0.083>0.05$）和"专业发展的获得者"（$t=-1.28$，$P=0.203>0.05$）维度不具有显著差异。

从内涵和价值来看，"教师荣誉"是一种对教师所付出的劳动和工作成就予以肯定和赞扬的方式[①]，具有树立榜样的引领作用，从而激励广大教师更有热情地投入到教育事业当中。[②] 这一方面说明半数以上的调查对象在工作中所付出的劳动获得了外界认可，并已成为幼儿园教师群体中的榜样。同时，教师荣誉的激励作用，也能够辐射到主体对于指导教师角色功能的认识。获过多项市级荣誉称号的 L 老师提道：

很多实习生是第一次长时间、近距离接触幼儿园工作，我希望能够帮助他们在全面了解幼儿教师工作内容和状态之后，仍能保持对儿童的热爱，对这份职业的期待。（T20）

由此，获得过荣誉的幼儿园教师更为关注自身作为"职业入场的领路人"，之于实习生职业认知和认同建立的重要影响。

目前在高校和幼儿园，甚至整个社会层面，专门针对"实习指导教师"的荣誉制度极为缺失，使得指导教师产生一种"指导实习生就是一个良心活儿，我上心多少、指导得好坏，根本没人在意，所以很容易被手头上的其他事情冲掉"（T6），由此而不利于指导教师成就感和角色认同感的获得。

综上，教师"荣誉获得"同幼儿园指导教师领悟角色的水平，特别是其对于实习生职业认知、认同的关注程度密切相关，而"实习指导教师"荣誉制度的缺失，可能会在一定程度上阻碍指导教师领悟角色水平的提升。

---

① 罗明煜.美、英、新加坡国家教师荣誉制度的共性研究[J].教师教育研究,2014(9):107-112.
② 史琦.中小学教师荣誉制度研究现状及趋势[J].上海教育科研,2021(11):28-34.

本章小结

本章节以社会学中的"角色"概念为基础,将幼儿园实习指导教师作为研究对象,采用混合研究范式,探索出指导教师领悟角色的概念框架和内在结构,同时构建、修正并检验了领悟角色模型。该模型包含"实践中的教师教育者""职业入场的领路人"和"专业发展的获得者"三大维度,由 9 个二级指标,20 个题目构成。而后以此为工具,调查并揭示了幼儿园实习指导教师的领悟角色现状,同时结合质性研究数据,深入分析了领悟角色特征。

总体而言,幼儿园实习指导教师的领悟角色处于较高水平,其原因可归纳为推己及人的经验传承与对教师教育者的价值认同。三大维度中,"专业发展的获得者"维度的领悟角色水平相对较低,大部分教师尚未意识到实习指导工作同自身专业发展的内在关联,仅将其价值归结为日常工作量的减少,而非专业水平提升。

园所因素,指导教师所在的幼儿园以城市、公办园为主,园所特征对于领悟角色的得分不具有显著影响,这也启示我们打破将"幼儿园实习指导教师"群体等同于城市地区、优质公办园教师的固有观念,进一步探究不同地区、性质幼儿园的指导教师在角色承担上的特征。

时间因素,领悟角色得分在教师的年龄、教龄和指导年限上,呈现出显著差异。18~25 岁年龄、1~3 年教龄指导教师的领悟角色得分显著低于其余组别。新手幼儿园教师在承担实习指导教师角色时,呈现出一种"心有余而力不足"的状态。就指导年限来看,1~3 年组别的领悟角色总体水平显著低于其余组别,7~9 年组别的得分相对较高,组间差异不显著。尽管指导教师的领悟角色的总体得分较高,大部分教师对于角色规范尚未明晰,认为实践经验积累到一定程度,便能够胜任指导教师角色,领悟角色水平未随时间累积而获得显著提升。

学历因素,问卷调查结果显示,指导教师的领悟角色得分不存在学历上的显著差异。而访谈结果表明,研究生学历的指导教师,对于指导教师角色价值的理解更为深刻,且倾向于将自身专业理念、思维方式、学习品质及职业胜任感、认同感和满足感传递给实习生。可见,学历优势尚未在指导教师角色领悟、实践中充分发挥作用。

职称因素,"幼教一级"教师在总体和"实践中的教师教育者"维度的领悟角色得分显著高于"暂未评定"和"幼教二级"组别。在"职业入场的领路人"维度,"暂未评定"和"幼教二级"教师的得分均显著低于"幼教一级"和"幼教高级及以上"教师,且上述组别两两之间不具有显著差异,由此需要进一步思考指导教师选拔标准、资质评定及其与教师职称之间的关系。

职务因素,"普通教师"的领悟角色得分在总体、"实践中的教师教育者"和"职业入场的领路人"维度,均显著低于"主班教师"和"中层领导"。我们结合"主班教师""中层领导"的群体特征,分析了其在指导教师角色承担中的优势。

荣誉因素,"教师荣誉"同指导教师的领悟角色水平密切相关,已获荣誉组别教师的领悟角色总分和"职业入场的领路人"的维度得分,显著高于未获荣誉组别,"指导教师"荣誉制度的缺失可能会阻碍指导教师领悟角色水平的提升。

第三章
实习现场的见闻：幼儿园实习指导教师的实践角色描摹

现实中，专业的实习指导教师愿意且懂得通过观察、示范、倾听、提问，引导实习生聚焦、澄清教育行为背后的原因，积极发现并寻求属于个人的教学风格，从而"成为自己"。①

——费曼·南瑟

幼儿园实习指导教师的实践角色是个体在执行角色规范过程中所表现出的行为模式。日常生活中，角色往往和社会互动联系在一起。一方面，大多数社会互动是角色之间的互动，互动之所以能够有序进行，是因为互动双方都遵循一定的角色规范；另一方面，社会角色的形成和扮演也需要在互动中完成，没有另一方参与互动，角色便失去了依存的条件而无法完成实际的角色行为。② 因此，互动被视为角色研究的重要视角，本章节对于指导教师实践角色的研究将围绕"师徒互动"展开。

美国当代社会学家柯林斯（Collins）的"互动仪式链"理论对于教育实习中的师徒互动具有较强的理论解释力。实习生与指导教师以"身体共在"的形式，共同关注教学质量改进和专业能力提升，在人际互动过程中发生权力和情感的交换，最终产生持久性的情感能量，共享社会关系符号（如专业知识、行动策略及教育理念），进而获得对于"教师"身份的认同。③④ 本章将基于"互动仪式链"理论所提"互动仪式"的核心要素和结果，观察、分析幼儿园教育实习场域中的师徒互动事件，进而依照"角色"概念的核心要素，从人际关系建

---

① Feiman-Nemser S., Norman P. Teacher education: From initial preparation to continuing professional development[M]//Moon B., et al. International companion to education. New York: Routledge, 2000:732-755.
② 郑杭生.社会学概论新修[M].5版.北京：中国人民大学出版社,2019:160.
③ 魏戈,陈向明.社会互动与身份认同——基于全国7个省(市)实习教师的实证研究[J].教育学报,2015,11(4):55-66,76.
④ Bullough V., Draper J. Making sense of a failed triad: Mentors, university supervisors, and positioning theory[J]. Journal of Teacher Education, 2004, 55(5): 407-420.

构、行为模式呈现和社会功能发挥三个层面,提炼指导教师实践角色的内在结构。

此外,互动行为研究的代表人物米德认为,互动对象既包括他人,也包含自我,思维便是一种内化的对话。我将采用参与式观察和深度访谈相结合的质性研究方法,持续追踪四位幼儿园指导教师的外部会话(与实习生互动)同内在会话(与自我互动)的内在关联性[①],分析指导教师在师徒互动中呈现的角色行为,揭示幼儿园实习指导教师实践角色的现状及特点。依照"互动仪式链"理论中所提"互动仪式"的核心要素及结果,归纳出幼儿园教育场域中师徒互动的研究内容,同时结合"角色"概念中的核心要素,从"关系建构""行为模式"和"互动影响"三个层面,经由对指导教师角色行为的分析,提炼出实践角色的内在结构,如图 3-1 所示。

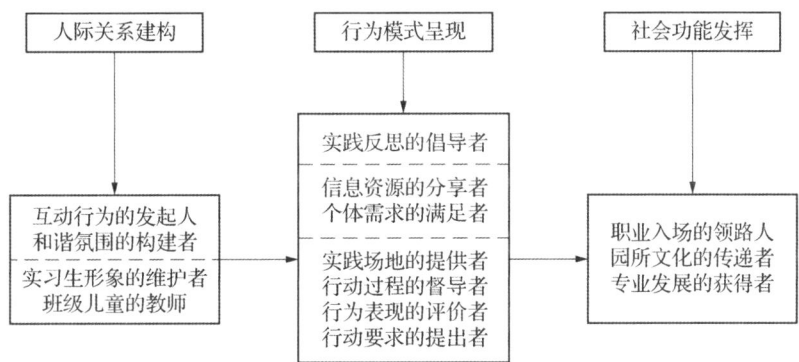

图 3-1 幼儿园实习指导教师实践角色的结构示意图

一、人际关系建构:主体间关系维护与角色间关系平衡

人际关系建构层面提炼出的实践角色包含以下两方面内容:一是主体间关系维护,具体表现为幼儿园教育实习场域中,指导教师在同实习生的师徒关系构建、维护过程中所呈现出的角色行为;二是角色间关系平衡,关注个体在兼顾幼儿园教师和教师教育者时呈现出的角色行为及特征。

(一)主体间关系维护:"互动行为的发起人"与"和谐氛围的构建者"

1. 指导教师多为"互动行为的发起人",实习生投入有限

如图 3-2 所示,从来自不同发起人的师徒日均互动频数分布来看,互动行为多由

---

① 柯林斯.互动仪式链[M].林聚任,王鹏,宋丽君,译.北京:商务印书馆,2012:100.

指导教师发起,实习生发起互动的次数极为有限。

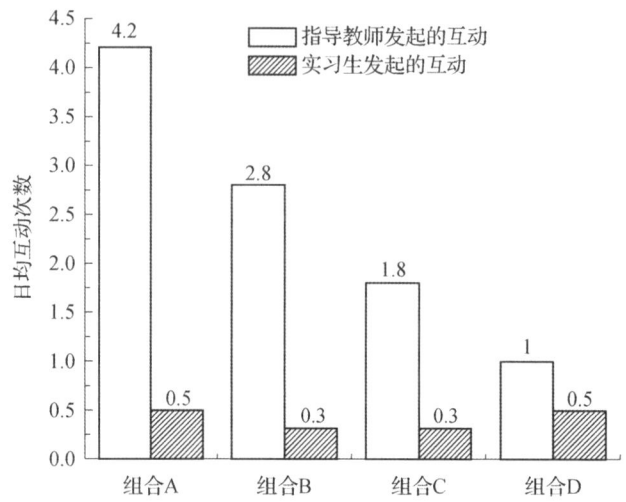

图 3-2　来自不同发起人的师徒日均互动频数分布(取自观察数据)

我就此问题访谈了四位实习生,其解释可归为以下三类:一是在实习初期,实习生普遍感觉"没有问题"。

我觉得实习主要是体验幼儿园教师的实际工作,认真完成老师布置的任务,没有太多问题要问。(实习生 B)

以前也实习过,大概知道是怎么回事,还是以自己观察为主吧。(实习生 C)

二是在实习中期,实习生对于问题"不求甚解"。

班上三位老师的要求有时候不一致,我们也不知道该听谁的,自己确实也想偷个懒,就照着最简单的做了。(实习生 B)

实习过程中会有一些疑惑,但当时没来得及问,后来就忘记了。(实习生 A)

三是实习生未将指导教师视作首选求助对象,如实习生 A 和 B 同在一个班级,遇到问题会相互商量,而不会求助指导教师。

老师给我们园本课程的简案,有时候一些具体环节我们并不清楚,就会跟同学商量或者上网找答案,不会直接去问指导教师。(实习生 A)

实习生 D 则认为自己同指导教师之间存在距离感,遇到问题时会将配班教师和保育老师作为首选求助对象。

实习生对于师徒互动的时间、情感投入均十分有限。如图 3-2 所示,实习生主动发起的师徒互动行为数量较少。师徒双方在互动过程中呈现出的"相互关注"(高度的互为主体性)和"情感连带"(经由共同关注、分享体验而获得的情感共鸣)水平较低。柯林斯倡导通过分析谈话的微观细节来推断会话者的情感连带水平,因为情感连带通常蕴含在共同的会话节奏之中,体现为对话的发起频率和交替水平。成功的对话中,从一个人结束到另一个人开始的转换间隔不超过 0.1 秒,或者说话人之间会有很少的重叠,说话人的音调高低起伏。[①]观察数据表明,在师徒会话进程中,尽管双方具有一定程度的相互关注,但实习生在指导教师表达观点之后,通常会出现 1.5 秒甚至更长的"尴尬的停顿",随后才做出回应。双方的会话节奏,如语速、语调和所传递的信息量明显不在同一水平。指导教师的语速较快、语调起伏明显且所传递的信息量较大;实习生则倾向于简单、平缓、慢节奏地应答指导教师所提问题,或是较为平淡地对其观点表示赞同,使得指导教师在心理上产生一种"难以引起共同话题"的感受。如 A 老师所言:"感觉总是我一个人在嘚吧嘚吧地讲,得不到回应,也不知她们在想什么。"

又如 C 老师提道:"我很努力地想让实习生多说一点,想要了解她的想法,但效果一般。"

2. 和谐互动氛围之下存在师徒"互动资本"失衡的现象

虽然师徒互动的内容和进程多由指导教师决定,但实习生似乎并未感觉不妥,互动氛围整体较为融洽。在实习生心目中,指导教师是师长、前辈,其在教育理念、实践经验和专业能力方面值得自己学习,理应予以尊重。

老师的儿童观、课程观很棒,班级氛围我也很喜欢。(实习生 D)

指导教师对待工作很认真,能关注到班上每一个孩子和所有细节。(实习生 A)

与此同时,四位指导教师对于实习生也较为宽容,愿意发现并及时肯定实习生身上的闪光点,并在评价实习生的行为表现时注意讲话方式,表现出"对事不对人"的态度,扮演着"和谐氛围的构建者"角色。

然而,在和谐的师徒关系、融洽的互动氛围表层之下,存在师徒互动资本失衡的现象,由此限制了个体的情感能量投入与获得。"互动仪式链"理论认为,现实生活中存在着"互动仪式市场",每个人将会与谁,以何种强度进行互动,取决于他们能够为彼此提供什么以及主体所固有的资源、地位和权利等因素。情感能量作为一种符号资本,也是重要成本。当人们意识到自身情感能量的投入能够带来更多回报,便愿意积极投入互动,相反就会转向其他互动仪式。互动仪式市场的存在,使得互动本身便具有一种不平等性,资本持有量较多的一方更容易受到尊敬,通过要求他人服从且真正获得服从,而体

---

① 柯林斯.互动仪式链[M].林聚任,王鹏,宋丽君,译.北京:商务印书馆,2012:138.

验到积极情感。①

在幼儿园指导教师同实习生的互动中,前者明显拥有相对丰厚的互动资本,实习生则处于较为弱势的地位,其一旦感受到自己"被安排"程度较高,而"受重视"程度较低时,便会压抑真实想法,同时会降低情感能量的投入。

> 老师指导得很细致也很到位,但总感觉我们被安排的成分比较高。尤其是上课,每次上什么课、教案如何撰写都由老师来决定。老师先提供详案,让我们自己修改,然后给出详细的反馈,是用红笔直接把每个字都改好,而不是提出问题让我们自己修改,其实我们也有自己的想法。(实习生 A)

指导教师同样会感受到自身"互动资本"的投入与获得处于不平衡状态,认为自身所投入的时间、精力和情感难以获得实习生积极而有效的回应,从而有意识地降低互动投入。

(二) 角色间关系平衡:"实习生形象的维护者"与"班级儿童的教师"

四位指导教师均表示对于实习生行动过程中的指导,在互动时机和方式的选择上面临两难困境,难以兼顾"实习生形象的维护者"和"班级儿童的教师"两大角色。一方面,指导教师希望在儿童面前维护实习生的教师形象,避免直接介入。

> 如果我现在打断,他们会更紧张,本来就不知道该怎么办,我一喊他们,小朋友都盯着他们看,这样很不好。(指导教师 B)

另一方面,幼儿园指导教师作为"班级儿童的教师",需要承担保障教学质量、维持班级秩序的责任。在一些情境之下,如当指导教师发现实习生的教育行为存在不当之处,便会当场纠正或直接替代实习生完成后续工作,使得实习生陷入一个较为尴尬的境地。

> 实习生忘记让幼儿喝水小便就去玩游戏了,我没立刻介入,想等她自己发现,因为一个老师说了要求,另一个老师立刻打断,这样感觉很不好。但是后来不断有幼儿跑去小便,她还是没意识到,这时我不得不介入。(指导教师 C)

指导教师 B 在实习结束后的反思中提道:

> 当我发现实习生的行为存在问题时,依照我的性格和想法,不太想打断别人,但有些问题不得不说,因为影响到幼儿了。我告诉他们以后,整个流程会走得更加顺畅,又担心会对实习生造成不好的影响,我挺困惑的。

---

① 柯林斯.互动仪式链[M].林聚任,王鹏,宋丽君,译.北京:商务印书馆,2012:107.

因此，教师对于实习生行动过程的指导，是当场介入还是过后总结，是言语告知还是行为示范，其在行为时机和方式选择上面临困境，从而难以兼顾"实习生形象的维护者"和"班级儿童的教师"。角色理论认为，每个人都有自己特定的角色丛（role cluster），当不同的角色要求之间出现矛盾，或是主体难以应付过多的期望角色时，便会产生角色冲突，使得主体力不从心。古德（Gold）的研究发现，个体一般采用以下标准来进行角色取舍：一是每个角色之于个体的价值，二是放弃某些角色可能产生的后果，三是周围人对于主体拒绝某些角色的反应。① 就角色价值来看，个体将"班级儿童的教师"视为本职的、第一位的角色。从放弃角色要求可能产生的后果来看，大部分指导教师能够意识到直接介入、频繁打断的指导行为会给实习生带来消极影响，但又必须警惕实习生的行为可能对幼儿产生的不良影响，因而会面临选择困境，心理上产生一种不适感和压力。此外，周围人对于放弃"指导教师"角色而坚守"班级儿童的教师"角色，似乎并未提出不妥和质疑。所以当"班级儿童的教师"和"实习生形象的维护者"的角色要求发生冲突时，个体倾向于坚守"班级儿童的教师"角色，而暂时舍弃"实习生形象的维护者"的角色要求。

二、行为模式呈现：权威型行为有余而民主型行为不足

我们将对幼儿园教育实习场域中师徒互动的情境、内容和方式进行细致描述，基于指导教师在其中所展现出的行为模式，提炼实践角色内容。

通常情况下，在人际互动过程中，只有35%的互动意义是通过语言表达的，其余65%通常经由非语言方式来建构。非语言沟通方式中最典型的当属身体语言，包括表情、眼神接触、身体姿势和动作等象征符号。② 由此，在观察师徒互动时，不仅应聚焦语言，还需关注个体所展现的非语言符号，从而细致描摹师徒互动行为特征。

首先，依照"发起人"的不同，将师徒互动分为"实习生发起的互动"和"指导教师发起的互动"两大核心类属。然后根据互动行为的特征（情境、内容、方式等），将其进一步划分为11个子维度，分析教师在互动中的行为表现并提炼出以下7种角色："个体需求的满足者""实践场地的提供者""信息资源的分享者""实践反思的倡导者""行动要求的提出者""行动过程的督导者"和"行为表现的评价者"。如表3-1所示。

---

① 周晓虹.现代西方社会心理学流派[M].南京：南京大学出版社，1990：240-241.
② 郑杭生.社会学概论新修[M].5版.北京：中国人民大学出版社，2019：157.

表 3-1 师徒互动行为的质性资料编码结果

基本类属 （发起人）	子维度 （互动行为）	节点 数量	节点内容举例	指导教师 实践角色
实习生	请求帮助	4	请教师帮忙处理突发事件；请教师协助收集论文数据；询问是否有儿童行为观察模板	个体需求的 满足者
实习生	请教问题	7	询问户外游戏规则；询问积木区如何为小班儿童提供材料	个体需求的 满足者
实习生	请示安排	6	询问周计划；请示指导教师是否收玩具	个体需求的 满足者
指导教师	询问已有经验	9	实习生之前参与见习、实习经历；实习生擅长的教学领域和感兴趣的活动区	实践场地的 提供者
指导教师	安排工作内容	21	让实习生尝试组织下午自由活动环节；要求实习生周三之前完成下周教案和备课本撰写	实践场地的 提供者
指导教师	介绍班级情况	9	女孩多，听指令的意识强；洋洋月龄大，喜欢社交，但有时做事会拖拉；毛豆各方面发展得不错，但没有朋友，很渴望被老师关注	信息资源的 分享者
指导教师	邀请参与教研	3	参加年级组教研；参与班组会、课程故事会	信息资源的 分享者
指导教师	倡导实践反思	6	为什么要设计这个集体活动，目标定位是什么；你觉得这节课有什么问题	实践反思的 倡导者
指导教师	提出行动要求	104	本周要有针对性地看，学一些过渡环节的手指游戏；上课时，尽量不要来回走动；你的声音一定要大一些，腰杆挺直	行动要求的 提出者
指导教师	介入行动过程	24	纠正实习生站位；上课前为幼儿重新排座位；直接替代实习生带班	行动过程的 督导者
指导教师	评价行为表现	44	昨天说的今天能注意到，说明你在思考；当孩子的答案不是你想要的时候，你会直接给出答案，不一定要这样做	行为表现的 评价者

与此同时，我借鉴学者吴康宁等人在"课堂教学的社会学"研究中，基于师生互动模式及教师在互动中"领导力度"的角色划分方式，①将上述七种角色归纳为"权威型""顾问型"和"同伴型"三大类别，如图 3-3 所示。

权威型角色是指导教师作为互动的发起人，同时也是行为规范的主要制定者和监督者，其提出的要求不具任何可变空间，强调行为、规则的统一性，在师徒互动过程中，实习生只是以"绝对服从者"的姿态出现。

顾问型角色是指导教师以"建议"的态度提出个人观点或行动要求，而最终的行动规范可经双方协商而共同制定。允许、鼓励多样化行为方式和创造性思维的存在。在

---

① 吴康宁,程晓樵,吴永军,等.课堂教学的社会学研究[J].教育研究,1997(2):64-71.

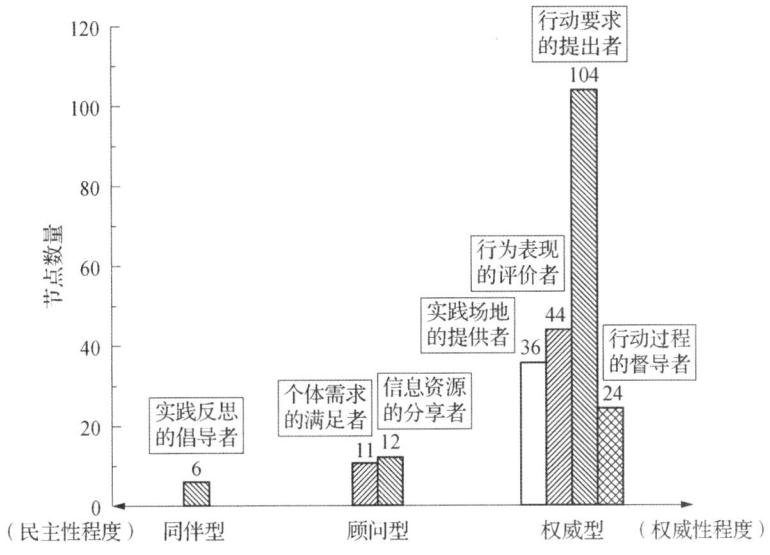

图 3-3 基于互动过程的指导教师角色类型划分

双方交往过程中,实习生可以采纳指导教师的观点,完全依照其要求、模仿其风格行事;也可根据自身需要对教师的建议进行筛选,选择性地参考自认为有价值的部分。该类型角色对实习生的专业素养和自律能力有一定要求。

同伴型角色所体现的特征是民主、合作和平等。指导教师作为合作者、支持者和参与者出现,需要让渡一部分权利和责任给实习生,且活动规则具有较大的可变空间,以期实习生能够最大限度地发挥主体性和创造性。

我们依照上述标准所划分的幼儿园实习指导教师角色类型,需要说明以下问题:其一,不存在极端权威型或是同伴型角色,现实中每一种指导教师角色的呈现,可能同时包含两种不同角色类型的行为特征;其二,基于环境、互动对象等诸多因素的共同作用,同一主体可能会在不同互动情境中,呈现出不同类型的角色;其三,依照上述分类标准所包含的行为特征,同伴型、顾问型和权威型的指导教师角色中,民主性程度逐渐减弱,而权威性程度依次递增。

(一)同伴型角色:"实践反思的倡导者"

图 3-3 中所示的 7 种角色可大致分为三类。第一类是"实践反思的倡导者",其所对应角色行为的民主性程度最高,节点数量相对较少。

"实践反思的倡导者"角色通常呈现于实习生行动结束后,具体包含以下两种情境。一是指导教师请实习生评价自身表现或分享感受。如:

每次总结时,我都会先请实习生谈自己的感受,因为只有实习生将自己的困惑、问题提出来,我给的反馈才能让她有所收获,如果只是我在讲自己的看法和建议,对她来说是在灌输。(指导教师 C)

二是指导教师在对行动中的问题进行反馈时,试图以提问的形式引发实习生的思考。

孩子等待的时间是闲着的,而且太长,就会吵,可以试着把一些带班的策略用起来,想想之前我们用过哪些策略?……你下次可以试试,看哪个最好用。(指导教师 A)

可以看出,指导教师在此过程中试图让渡部分权责给实习生,然而实习生却很少积极表达想法,只是简单地回应或是偶尔提出一个问题,对话通常仅维持一个回合,有时甚至直接变成指导教师的自问自答。双方鲜有就某一问题进行深入交流的情境出现,难以达到经由高强度"共同关注"而产生一种互为主体的对话状态,导致指导教师"倡导实践反思"的角色行为数量受到限制。

指导教师 A 在实习结束时的访谈中反思道:

跟实习生反馈的时候,应该先听听他们的想法,不然我讲完以后再让他们讲,他们都不愿意说了。因为我是每次讲完之后都问他们有什么想说的,应该把这个环节倒过来。

这既说明指导教师能够意识到自身在角色实践过程中的问题,具有反思能力;也说明指导教师作为"实践反思的倡导者",其发起互动的时机、提问方式与策略会影响师徒双方的会话节奏,进而影响实习生主体性的发挥。

(二) 顾问型角色:"个体需求的满足者"和"信息资源的分享者"

"信息资源的分享者"角色主要体现为,指导老师会邀请实习生参与各类教研活动,并主动同实习生分享班级儿童信息,旨在帮助实习生了解本班幼儿的年龄特征和个体差异,有意识地采取适宜的教育策略,支持幼儿的学习与发展。

我们班的孩子比较慢热,多给他们一点时间,耐心等待。S 老师(配班)有一次上公开课,孩子当场反应不太强烈,但他们回家以后有跟家长唱课上学的歌,可见孩子们是感兴趣的,只是当时没表现出来。(指导教师 D)

玥玥经常不举手就回答问题,还总能回答到点子上。所以你不要刻意去阻止她。如果打击到她,她以后可能就不愿意说了。你的要求是"举手才能讲话",请举手的人讲话,也能够让她明白规则。(指导教师 A)

指导教师作为"个体需求的满足者"角色,呈现出以下行为特征。首先,实习生"个

体需求"的范围有限,内容集中在请教问题(如询问户外游戏规则)和请求帮助(如收集论文数据、备考资料)两个方面。如:

实习生D询问指导教师是否有儿童行为观察记录的模板,以便在教师招聘考试中使用。指导教师表示手头并没有模板,幼儿园也没有格式要求,但分享了一些个人经验,并表示可以为实习生提供幼儿园目前正在使用的《儿童发展评价量表》,还建议实习生观察本班儿童区角游戏的状态,尝试撰写观察记录。(观察记录M210405)

其次,四位指导教师均会积极回应实习生所提问题,并竭尽所能地为其专业学习提供支持。如当A、B组的实习生提出要访谈指导教师、收集论文数据时,指导教师欣然答应,并立刻安排时间接受访谈。C、D组的指导教师在得知实习生正在准备教师招聘考试后,前两周未布置任何工作,默许实习生在见习时可以看书复习,并对实习生设计的教案提供了改进建议和试教机会,从而成为"个体需求的满足者"。

综上,指导教师在承担顾问型角色时,大多以"建议"的形式提出个人观点,以回应实习生的问题和要求,实习生可以采纳指导教师的建议,也可根据自身需要,选择性地参考自认为有价值的部分。值得注意的是,该类型角色对实习生的学习态度和能力有一定要求。现实中,实习生所提实践学习中的问题数量极为有限,且所提"请求帮助"的内容多为完成学校布置的任务,如论文数据的收集,或是较为功利地应付教师招聘考试,如询问儿童行为观察模板。这在一定程度上限制了指导教师作为"个体需求满足者"角色的价值发挥。

(三) 权威型角色:从"实践场地的提供者"到"行动要求的提出者"

第三类权威型的指导教师角色包括"实践场地的提供者""行为表现的评价者""行动要求的提出者"和"行动过程的督导者"四种。其中,"行动要求的提出者"的节点数量最多,"行动过程的督导者"的权威性程度最高。尽管部分指导教师在承担上述角色时,其行为兼具一定程度的顾问型角色特征,但指导教师仍旧是行为规范的主要制定者和维护者,强调实习生行为应合乎既定要求。加之实习生的学习热情和动机不足,在多数师徒互动中,实习生多以"要求服从者""信息接收者"和"规则执行者"的角色出现,因而将上述四种角色归为权威型的指导教师角色。

根据表3-1中呈现的资料编码结果,结合师徒互动情境,归纳出上述四种指导教师角色所对应的典型行为模式,如图3-4所示。通常情况下,指导教师会在实习生行动之前"安排工作内容";在行动过程中观察、协助实习生的工作,并通过言语告知或行动替代的方式"介入行动过程",以纠正不当行为;在行动结束后"评价行为表现",进而

"提出行动要求"。

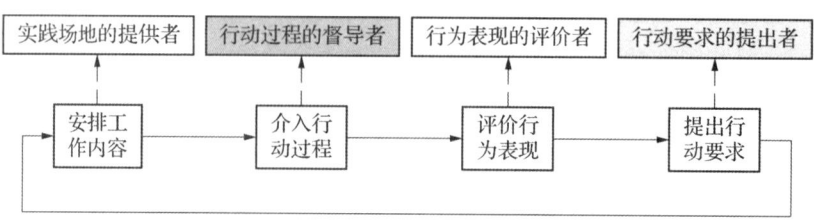

图3-4 幼儿园实习指导教师的行为模式示意图

1. 实践场地的提供者

作为"实践场地的提供者",幼儿园指导教师负责安排实习生的工作内容,这既体现了其作为"教师教育者"角色所具有的权利和责任,也决定了实习生参与实践工作的广度和深度。情境学习(Situated Learning)理论的核心概念"合法的边缘性参与"一词中,"合法"意味着持有入场资格,也是学习得以发生的前提,高校为实习生争取到了进入幼儿园、班级的合法资格。"边缘性"则体现了当学习者开始进入一个包含权力关系的社会结构时,通常会处在被剥夺权利的位置。① 实习生作为新手教师,在参与班级工作的过程中必然处于"边缘性"位置,需要在指导教师的安排、允许之下承担工作。现实中,四位指导教师安排实习内容的依据各不相同。指导教师A和B主要依照园所的工作要求和自身经验,并结合实习生已有实践经验及其所擅长的教学领域来安排实习内容,如A老师所言:

我愿意放手给他们带班,尽力让他们能实践的时候就实践,不足的地方重点练习,而且我们会把实习生当成老师,不会因为你能力的高低,帮你增减工作量,要能学到东西。

M园的两位指导教师则依照实习生个人的学习需求来安排实习内容,如C老师在制定周计划时,会请实习生认领教学活动,并自行决定带班的天数。由于实习生D没有主动提出带班,也就没有获得承担相关工作的机会。

与此同时,"边缘性"也被定义为一个正向概念,部分参与并不等同于"不相关"或者"脱离"兴趣的实践,当边缘性被赋予权力时,它便暗示着一种开放的学习通道。如W园的两位指导教师要求实习生参与撰写"儿童观察记录"的工作,以了解实习生的儿童行为观察和分析的能力,教师对于实习生观察记录的反馈也是一种实习指导行为。两位实习生自始至终却只是将该事件视为指导教师布置的一项任务,未将其视作一种权

---

① 莱夫,温格.情境学习:合法的边缘性参与[M].王文静,译.上海:华东师范大学出版社,2004:6,17.

利的开放,一个可以了解儿童、展现自己、同指导教师进行交流的学习机会。

指导教师给我们布置了任务,每人写 2 个儿童个案观察记录,要写她们之前没写过的孩子,估计这是幼儿园要求老师做的事。(实习生 A)

因此,指导教师作为"实践场地的提供者"角色,不仅要为实习生安排工作内容,还需促使实习生意识到参与实践工作的过程对于自身专业学习的意义和价值,从而获得角色认知和身份认同。

2. 行动过程的督导者

"行动过程的督导者"角色多见于指导教师针对实习生站位、一日活动安排、教师角色职责、时间节点等问题进行提醒的互动情境中。如"集体谈话开始,实习生 A 忘记音乐课需要小朋友挨着钢琴坐,指导教师要求迅速调整、重新安排座位"(观察记录 W210324)。通常情况下,指导教师会在实习生组织活动时进行配班,全程观察、辅助实习生,以纠正不当行为。"行动过程的督导者"角色中的"督导"一词,兼有"监督"和"指导"之义。[1] 用"督导者"来描述指导教师角色,并将其视为权威性程度最高的角色,旨在说明指导教师对实习生行动过程中不当行为的言语告知和行动介入,蕴含着不容置疑的权威性。

进一步分析发现,这与教育实践本身的特征密不可分。教育实践的"情境"具有时间性,即实践在时间中展开,且教育行为在时间上具有不可逆性,由此而使得置身在其中的主体在行动过程中产生一种"紧迫感"(sense of urgency)。指导教师在这种感觉的支配下,必须对实习生行动过程中的各种突发情况尽快做出反应,并没有太多时间驻足静观或是反躬自省。[2] 与此同时,实践经验的累积使得指导教师拥有自身的"惯习"(habitus),即日常教育情境中实践问题的解决方法和行为程序,其作为一种潜在的行为倾向系统,也是教师所拥有的"实践技巧",能够保证教育效率。由此,指导教师一旦发现实习生的行为偏离了自身"惯习"的合理性范围时,便会本能地想要去纠正。

自己做得好的老师一定能带好实习生,因为她能发现问题,并且看不下去时会想要去纠正实习生。(指导教师 A)

此外,教育实践过程具有复杂性,其内部由各种各样的、错综复杂的关系构成,外部也牵涉到方方面面的、彼此羁绊的联系,不能用简单的眼光去把握。[3] 在幼儿园

---

[1] 商务国际辞书编辑部.现代汉语大辞典[M].7 版.北京:商务印书馆,2017:319.
[2] 石中英.论教育实践的逻辑[J].教育研究,2006(1):3-9.
[3] 郑金洲.教育理论研究的世纪走向[M]//熊武川,郑金洲,周浩波.教育研究的新视域.沈阳:辽海出版社,2003:44.

教育实习场域中,指导教师既要承担"实习生形象的维护者"角色,又要承担"班级儿童的教师"角色。不同角色的权利和责任纵横交错,导致指导教师倾向于采取直接介入的方式,来纠正实习生的不当言行,从而成为"行动过程的督导者"。

3. 行为表现的评价者

首先,指导教师会依照自身所遵循的角色标准来评价实习生的表现,其所提行为规范、教育策略的背后无不蕴含着个人的教育理念。如C老师提出,教育过程中出现的问题恰好是教育契机,教师应当对问题和幼儿的想法予以重视,而不能得过且过。A老师则不断跟实习生强调,把班上每一个孩子当成自己的孩子来关注,就能做好班级管理和家长工作。

其次,指导教师对于实习生行为的评价,既包含纵向评价,会关注到实习生的改变和进步;也有横向评价,会对不同学校的实习生进行比较。

> 她们进步还蛮大的,心态放松了,跟小朋友相处也好多了,以前是站着跟孩子讲话,现在都会蹲下来,感觉非常融洽。她们带班水平也有提升,之前是我提醒她们过渡环节要干吗,其实我特别着急,班级这么吵,她们也不行动,就在那边等着,现在开始带孩子玩游戏了,小朋友很喜欢。(指导教师B)

> 这周刚来的S校大三学生,我让她帮我做课堂实录,她罗列了好多内容,但都不是我想要的,因为孩子的发言没记下来。下课以后,我想根据记录回忆孩子讲的话,但她压根没关注到这个点。但实习生A和B的观察记录就非常到位,能抓得住有用的信息,可以用到后续的课程设计中,也能发给家长看。(指导教师A)

此外,指导教师"评价实习生表现"的角色行为具有承前启后的作用,既指出了实习生过去行动过程中的不当行为,也为提出后续行动要求奠定了基础。

> 你说的"抑扬顿挫、感情充沛",小班孩子听不懂什么意思,太深奥了。而且15分钟一直要求全班一起念儿歌,其实可以变换形式,用孩子喜欢的方式来念,用一些策略,比如男生女生或者分小组念,孩子会觉得更有兴趣,下次可以试一下。(指导教师B)

4. 行动要求的提出者

"行动要求的提出者"角色的节点数量最多,也是贯穿整个师徒互动进程的重要角色。具体而言,指导教师"提出行动要求"的角色行为呈现出如下特征。

其一,"行动要求"涉及的内容主要包括:教学活动设计和实施过程中的基本要求和注意事项,如互动策略、提问方式、环节设计、教具准备、突发事件应对;主班、配班教师在一日生活各环节中应承担的角色职责和行动要点,如时间管理、教师站位、分工合作意识、过渡环节组织策略和早操技能。尽管"行动要求"的内容广度几乎涵盖了教师日常工作的方方面面,但由于"行动要求"大多针对实习生行动中的问题,旨在纠正其不当行为,所以内容较为零散,缺乏一定的系统性和条理性,导致实习生难以深入理解和有效迁移。此外,师徒双方共同关注的事件多为具体情境中的班级管理策略和教学技能,如"是什么""怎么做"等问题,而较少解释行为背后的原因,未能有意识地联系相关教育理论。如此一来,"行动要求"虽然能够解决当下问题,但过于强调管理策略和教学技能容易导致实习生热衷于模仿指导教师现成的行为方式,而忽略了行为背后关于教育学、心理学原则的理解和运用,难以反思自身行为"为何如此""何以改变",在未来面对复杂多变的教育情境时仍旧会束手无策。①

其二,指导教师倾向于从自身角度出发提出行动要求,对于实习生的专业学习特点把握不足。如教师 B 所言:

有些事,实习生已经知道了,只是还没有放开去做,再反复强调也没有意义,不是知识和能力的问题,他们需要时间去摸索。而有些确实是知识层面的欠缺,以上两种情况下均指导是不同的。但我们无从了解,只能按照自己的想法来。

其三,指导教师在提出行动要求时,时常带有"要""应该""不能""最好",甚至是"千万不要""一定不能"等词语,伴有一种不容置疑的情感色彩,呈现出权威性有余而民主性不足的角色特征,实习生的主体性未受到应有重视。指导教师提出明确的行动要求,有助于促使实习生知晓并遵守幼儿园教师角色的权责和行为规范。然而,基于真实情境中学习教学的过程,亦是实习生的个体经验不断生长、建构的过程。杜威认为,经验本身包含着主动和被动两大因素,主动意味着尝试,被动就是要承受结果,而反思是将行动与其结果之间建立联结的过程,能够扩充人的洞察力,以规避各种不良因素,更加高效、明智地引导自身行为。② 一旦指导教师提出的行动要求事无巨细,且时常替代实习生选择应对问题的行动方式和策略,实习生便会忽视主动探究行为及结果之间关系的过程,从而难以获取支撑其持续发展和终身学习的工具,如学会观察、解释、分析教育现象并提出问题。C 老师在访谈中提道:

教育经验的积累不只是照搬别人的东西,要靠自己去思考,不然也只学到样子,学不到精髓。

综上,将指导教师在师徒互动中呈现出的实践角色归纳为"实践反思的倡导者"

---

① 卢俊勇,陶青.教育实习:学徒制抑或实验制?——杜威的观点[J].外国教育研究,2016,43(9):13-24.
② 杜威.民主主义与教育[M].王承绪,译.北京:人民教育出版社,2010:153,158.

"个体需求的满足者""信息资源的分享者""实践场地的提供者""行动要求的提出者""行动过程的督导者"和"行为表现的评价者"七种。总体而言,同伴型角色"实践反思的倡导者"、顾问型角色"个体需求的满足者"和"信息资源的分享者"的节点数量明显少于权威型角色"实践场地的提供者""行为表现的评价者""行动要求的提出者"和"行动过程的督导者"。其中,"行动过程的督导者"的权威性程度最高,"行动要求的提出者"的节点数量最多。进一步分析上述七种角色所对应的互动行为特征(包括行为方式、内容、个体所传递的言语或非言语信息等),发现指导教师在师徒互动中呈现出权威性有余而民主性不足的行为风格,实习生的主体性未受到应有重视。

三、社会功能发挥:指向实习生同指导教师的共同发展

幼儿园指导教师和实习生以"身体共在"的形式,在真实教育情境中展开互动,双方共同关注儿童的发展以及实习生"学习如何做教师"。在此过程中,师徒双方伴有包括知识、情感能量在内的社会资本交换,以促使实习生认识并体验"教师身份",从而展现出指导教师角色的社会功能。其中,实习生的"身份获得"具体包括以下内容:一是认知层面,如对教师和教学的理解;二是认同层面,包括专业热情(从教意愿和对教师职业的热爱程度)、自我效能感(对自身专业能力的判断)和群体归属感(来自群体的认可、接纳感)。①② 与此同时,师徒互动之于指导教师的影响同样值得关注,实习指导教师实践角色的社会功能可划分为指向外部和指向自我两大维度。

(一)指向外部:"职业入场的领路人"与"园所文化的传递者"

互动是将某人自身与他人联系起来的相互作用的过程,互动把"主我"与"客我"的会话引入个体的行动,在此过程中构成了"自我"。③ 在幼儿园教育实习场域中,指导教师为实习生提供了一个完整而真实的教师角色参照系。实习生作为"主我",受到自身教育经历、专业知识和信念、学习动机和态度等因素的影响,能够对指导教师言行的意义做出不同解释,并基于此而建构自身经验。实习生经由师徒互动,以及"主我"与"客我"的对话,全面认识、体验了幼儿园教师角色,并切身感受到园所文化的塑造力量。与

---

① 魏戈,陈向明.社会互动与身份认同——基于全国7个省(市)实习教师的实证研究[J].教育学报,2015,11(4):55-66.
② 陈向明,曲霞.师徒互动对实习生学做教师的影响[J].教育科学,2021,37(5):36-48.
③ 米德.心灵、自我与社会[M].赵月瑟,译.上海:上海译文出版社,2008:159.

此同时,受到"主我"与外界环境中各种因素的影响,实习生的教师身份认同程度有限。

1. 促使实习生全面感知教师角色

指导教师作为实习生"职业入场的领路人",能够通过言传、身教的方式,使得实习生获知幼儿园教师角色的职责和行为规范。同时,指导教师的言行促使实习生感受到园所文化对于教师角色的塑造力量,从而有意或无意地扮演了"园所文化的传递者"的重要角色。

(1) 感知幼儿园教师角色职责

指导教师在师徒互动中,通过提出行动要求、强调注意事项、纠正不当行为和评价行为表现,促使实习生获得了班级管理和教育教学的诸多实践经验,如关于"做什么""如何做"的意识和技能,从而加深了实习生对于幼儿园教师角色职责的认识。

在指导教师的提醒之下,我有了一些教师的角色意识,比如责任意识、时间意识,特别是安全意识。每一个孩子每天从进来幼儿园到离开,你都要注意到,为他们的行为负责。还有就是他们吃早点,之前我也在看,但是没看出什么,指导教师提醒我关注进餐习惯,观察孩子的状态。(实习生 C)

(2) 感受园所文化的塑造力量

实习生在访谈中多次提到"园所文化"一词。园所文化是由全体成员认同的价值观念、情感态度、伦理道德、行为准则、习惯传统等凝聚而成的精神力量,其形成过程受到社会的影响,并在幼儿园教育和管理的实践中被创造并逐渐完善。[1] 由于文化本身所具有的开放性和共享性[2],实习生能够通过观察、聆听和交流,感受到园所文化对于教师角色的塑造力量,并据此建构自身的儿童观、课程观和教师观,促使指导教师成为"园所文化的传递者"。

首先,从关注个人表现转向关注儿童与课程的关联。

以前我很看重老师在课程实施过程中的表现力,认为教学技能,特别是艺术技能是上好课的关键。通过实习,我觉得理解儿童才是根本,这里的老师很关注儿童的想法,能接住幼儿的话,并且抓住教育契机。(实习生 D)

当下,在我国幼儿园课程改革进程中,以儿童为本的价值取向不断被夯实,儿童生命发展的重要性和规律不断被强调。[3] 这就要求教师首先要把握 3～6 岁幼儿学习和

---

[1] 赵寄石.对幼托园所文化建设的思考[J].早期教育(教师版),2006(3):6-7.
[2] 郑杭生.社会学概论新修[M].5 版.北京:中国人民大学出版社,2019:74.
[3] 侯莉敏,罗兰.从"立场彰显"向"科学发展"迈进:我国幼儿园课程实践的十年变迁[J].学前教育研究,2022(1):1-9.

发展的规律,了解幼儿的想法,才能通过实践经验的积累而掌握沟通技巧。W园和M园均践行幼儿为本的课程理念,要求教师在设计和实施课程时关注儿童的经验。因此,在为期六周的实习中,实习生的课程理念均受到一定触动,开始思考儿童、课程与教学的关系,关注教师对幼儿需求的回应与支持。这既得益于指导教师个人的专业性和示范性,也彰显出园所课程文化的塑造力量。

其次,感受园所氛围对于教师课程观念的塑造力量。

幼儿园整体的氛围很轻松、自由,这是一种园所文化,课程的生成性很强,功利性却没那么强,老师会真的想要带孩子去感受春天,写诗、记录、挖荠菜、煮鸡蛋,不是为了完成既定任务或者上好一节课,就是为了做这件事,这个给我的印象很深。(实习生D)

上述案例所体现的是一种典型的事件观取向的幼儿园课程,即将课程视作教师与学生共同参与的一系列事件,强调课程事件来源于儿童生活,课程实施过程与结果相统一,儿童的主体性和创造性能够在参与事件中得以充分发挥。[①] 值得一提的是,实习生反复提到幼儿园自由、自主的文化氛围,并将其同指导教师所展现出的课程观相联系,充分说明园所文化对于教师课程观念和行为的影响。

再次,体悟园所教育理念与教师文化。

有的幼儿园老师是体力上的累,课程是现成的,老师忙的是一些机械的体力劳动。但是M园老师需要脑力上的付出,重视教师对儿童的观察、班本课程的设计,老师很自由也很自主,不是别人一定要你干什么,但是大家都很积极上进,都很努力。(实习生C)

M园秉承"共同生活、共同成长"的园所文化建设核心理念,将"葆有童心、富有活力和善于反思"视为幼儿园教师的重要品质,鼓励教师在关注生活、看见儿童的同时发现自己,与儿童共同成长。在如此氛围之下,教师能够自由、自主地进行创造性劳动,积累实践智慧的同时也在创造教师文化,并为身处幼儿园场域的实习生所体悟。

此外,指导教师对于自身角色的理解和呈现,特别是在实践场地提供和互动内容选择上,同样会受到幼儿园文化的影响。如指导教师C希望实习生能够全程参与主题课程的设计与实施,并在此过程中获得大量的第一手素材,构建自己的课程观。教师A则要求实习生关注幼儿生活的每一个细节,深入理解并身体力行地贯彻"保教结合"理念,由此而扮演着"园所文化的传递者"角色。

2. 难以促使实习生获得身份认同

个体的身份认同与互动仪式中的情感能量获得密切相关。情感能量是一种较为稳

---

① 严仲连.事件:幼儿园课程的资源与本质——对一种新课程观的阐释与理解[J].学前教育研究,2004(Z1):49-51.

定的情感,能够赋予个体积极行动、解决问题的能力,并促使个体体验到一种群体归属感和身份感。情感能量的累积依托于师徒在互动仪式中持续的相互关注和情感共享,能够经由自我报告和对互动过程微观细节的近距离观察而获得。① 从实习生的反馈和师徒对话的微观过程来看,师徒互动未能向实习生供给充足的情感能量,从而对其专业热情、自我效能感和群体归属感产生深刻影响,实习生对于幼儿园教师身份的认同程度难以提升,进而阻碍了指导教师在师徒互动中情感能量和自我效能感的获得。

(1) 专业热情不足:"心不在此、志不在此,将实习当作一种体验"

在实习开始时,我曾以"个人学习目标""实习期待"为题对四位实习生进行过访谈,结果发现他们都存在专业热情不足的现象。实习生 A 和 B 未来不打算去幼儿园工作,将"体验"作为本次实习的主要目标,对于教育实习、指导教师、师徒互动没有具体而明确的期待,表现出一种"志不在此"的状态。实习生 C 和 D 未来想要成为幼儿园教师的意向十分明确,且已通过本市教师招考笔试,在实习期间还要参加面试,因此将"通过考试、顺利就业"作为此阶段的唯一目标,指导教师 C 曾将实习生的状态表述为"心不在此"。因此,实习生不论未来是否从事幼教职业,均表现出"志不在此"或"心不在此"的状态。

这种仅"身体在场",很少提出问题并发起互动,且难以全身心地投入到互动过程的状态,不仅导致其自身难以在师徒互动中获得专业热情,也影响到指导教师情感能量的获得。在实习进程的中后期(4~5 周时),三位指导教师出现较为明显的情感波动,同实习生互动的积极性有所降低。进一步分析发现,由于指导教师觉察到实习生在互动中较少表达个人观点或提出问题,且在互动过后行为变化不大,便认为自己反复强调的问题未能引起实习生的足够重视,自身的付出未能得到应有的尊重和回报,导致其角色热情受到影响。美国社会学家布劳(Blau)在《社会生活中的交换与权力》一书中提到,社会生活中的交换活动虽然仅限于那些指向具体目标或酬赏的行动,但事实上,这类行为比人们能够意识到的要多得多。布劳借用了霍曼斯提出的"酬赏"概念,并将其划分为金钱、社会赞同、尊重和服从。② 就幼儿园教育实习场域中的师徒互动而言,指导教师十分看重来自互动对象(实习生)的尊重与服从,并认为最有价值的酬赏便是服从。实习生能够按照指导教师的要求行事,就是一种最为普遍的社会报酬,也是指导教师社会权利的体现。反之,实习生专业热情不足,提不出问题,且行为无变化(未按要求行

---

① 柯林斯.互动仪式链[M].林聚任,王鹏,宋丽君,译.北京:商务印书馆,2012:222-224.
② 周晓虹.现代西方社会心理学流派[M].南京:南京大学出版社,1990:169.

动),容易使得指导教师感受到某种程度的不受尊重、不被重视和不被服从,认为自己投入的情感能量未能获得同等程度的"酬赏",难以获得教师教育者的身份认同感。

(2)专业效能感有限:"自己能力不足,难以胜任幼儿园教师职业"

尽管四位实习生表现出对于幼儿的关注和热爱,其专业效能感却难以经由师徒互动而获得明显提升。准备跨专业考研的实习生 A 和 B 认为自身不适合且不能胜任幼儿园教师工作。

我喜欢跟孩子对话,但不擅长在全班面前绘声绘色地讲话。(实习生 A)比起语言交流,我更擅长用文字表达想法。(实习生 B)

实习生 C 和 D 则表示自己在实习前已做好成为幼儿园教师的准备。M 园对于教师观察儿童、师幼互动和课程建设等专业能力的要求,使得实习生大为震撼、认同之余,也深感自身的不足和差距,专业效能感未获提升。然而遗憾的是,实习生未能将上述想法同指导教师交流并寻求帮助。正如有效的师生互动以教师对学生需求的了解为基础,有效的师徒互动同样应针对实习生当下的困惑和需求展开。现实中,如果指导教师并不了解实习生的想法,尽管其在点评实习生的表现时会首先提出优点,认真记录并表扬实习生在教学中用到的好词好句,及时肯定实习生的进步,对于实习生专业效能感提升的却影响甚微。同样,指导教师的效能感也会受到实习生的影响,如 B 老师提道:

实习生的进步和变化,我们能够看在眼里,觉得有成就感;如果总是没有改变、没有进步,也会让我们感觉有些沮丧,觉得自己指导不到位。

(3)群体归属感难以获得:"我们只是半个老师,并不是班级一员"

在指导教师眼中,实习生是还未走出校门的学生,甚至连"新教师"都谈不上。在儿童面前,实习生需要以教师的角色出现,依照幼儿园教师的角色规范、行为要求参与班级日常工作,却又不需要承担幼儿园教师角色的权利和义务,时常事事向指导教师请示。因此,儿童未必会认可其教师身份。

大班小朋友好多已经认识字了,看到我们胸前挂的牌子上写着"实习生"三个字,就说你们才不是老师,跟我们一样,只是学生,简直一语道破天机(无奈地微笑)。(实习生 B)

"互动仪式链"理论认为,情感连带只有转化为认知层面的符号,才能够得以保留,这种符号通常来源于互动仪式参与者所共同关注的焦点,其可以是一个徽标、一首歌,甚至是一个称谓。个体在群体中所获得的称谓,是具有社会意义的,也是人与人之间关系的体现,对其情感能量和成员身份感获得的意义重大。在幼儿园教育场域中,实习生的教师身份认同实则为"教师符号资本"的获得。幼儿、班级教师对实习生"老师"的称谓便是一种重要的符号资本,其不仅象征着教师的成员身份,还暗含着与教师身份相关联的一系列权利义务和人际关系。我在观察中发现,尽管在实习第一天,指导教师十分正式地向全班幼儿介绍实习生,并称其为"老师",实习生教师符号资本的积累仍旧需要一个过程。如在实习生 A 和 B 进入 W 园小班实习的前两周,幼儿在晨间入园时并不会像对待班级教师一样向实习生鞠躬问好(W 园晨间问候礼仪)。直到第三周,实习生开始承担一些保教工作,指导教师会在幼儿在场的情况下称实习生为"A 老师""B 老师",多数幼儿才开始问候实习生"老师好"。而从实习生反馈来看,当为期六周的教育实习结束时,其尚未融入整个班级。三位实习生在访谈中都提到了自身的身份问题,认为自己只是"半个老师",还不足以真正融入班级,成为教师中的一员。

(二) 指向自我:"专业发展的获得者"

两位指导教师表示自身在同实习生的互动中受到了启发,从而成为"专业发展的获得者"。虽然此类互动事件的数量极为有限,却仍旧值得探讨。

区角游戏时,大家都很喜欢玩建构区,但约定人数的上限是 4,每次举手快的人就那几个,有的孩子会跟实习老师抱怨自己总是玩不到,她就跟我反映了这个问题,我也觉得这确实是个问题。第二天跟孩子讨论,一起想办法解决问题,这样挺好的,对我很有启发。(指导教师 D)

实习生在建构区指导游戏时,发现孩子收玩具很慢,而且摆放得很乱。如果她直接问我该怎么办,我可能会让她站在那边安排幼儿收积木。但她自己想出了办法:把不同颜色的雪花片放入盛身份牌的盒子里,请小朋友根据自己身份牌所对应的雪花片颜色,分组收玩具。我觉得这个办法很好,马上支持她去做,实习生贡献了很好的策略,也启发我反思如何更加专业地解决问题。(指导教师 B)

上述事例均是关于"建构区"的规则制定,实习生发现问题并尝试提出解决办法,促使指导教师受到启发。以上两个师徒互动事件呈现出以下共同特征:一是师徒双方共同聚焦实习生在观察儿童游戏时发现的问题;二是双方在互动过程中,对话节奏较为协调,能够倾听对方想法并积极表达个人观点,从而呈现出高度的相互关注和互为主体性,且获得了一定的情感共鸣;三是双方互动最终形成了一种可视化的认知符号,并以教育策略的形式呈现,有效地解决了实践中的现实问题,促使指导教师体验到一种"专业发展的获得者"的身份感。

此外,上述事件均为实习即将结束时,指导教师在访谈中提到的"关键事件"。"关键事件"是指能够强化教师原有认知或引发其认知冲突,从而促使教师行为发生改变,并对其教育教学效果和专业发展产生影响的事件。①"关键事件"的出现,既取决于实习生能否在参与实习的过程中,充分发挥主体性,善于发现问题,敢于提出问题,并尝试解决问题;还取决于指导教师是否愿意在互动过程中构建一种"对话"氛围,将自身融入与实习生的关联之中,启发实习生发现问题,关注实习生所提问题,鼓励实习生尝试解决问题。进而以此为契机,反思、调整甚至改变自身原有认知、行为方式,从而成为"专业发展的获得者"。

本章小结

本章节依照"互动仪式链"理论,采用参与式观察和深度访谈相结合的质性研究方法,持续追踪四位幼儿园指导教师的外部会话(与实习生互动)同内在会话(与自我互动)的内在关联性,分析指导教师在师徒互动中呈现的角色行为,揭示幼儿园实习指导教师实践角色的现状及特点。经由师徒互动行为提炼出的实践角色包含三大维度共14种角色。

首先,在**人际关系建构层面**,提炼出的实践角色包含以下两方面内容:一是主体间关系维护,指导教师在同实习生的师徒关系构建、维护过程中扮演着"互动行为的发起者"和"和谐氛围的构建者",实习生的互动投入较为有限,在和谐的师徒关系、融洽的互动氛围表层下,存在师徒互动资本失衡的现象,由此限制了个体的情感能量投入与获得。二是角色间关系平衡,部分幼儿园指导教师难以兼顾**"实习生形象的维护者"**和**"班级儿童的教师"**角色,在实习生行动过程中的互动时机、方式选择方面面临两难困境。

其次,根据教师在互动过程中的行为特征(包括行为方式、内容、指向、个体所传递的言语或非言语信息等)提炼出七种指导教师角色,并进一步将其划分为三大类别。同伴型的**"实践反思的倡导者"**角色、顾问型的**"信息资源的分享者"**和**"个体需求的满足者"**角色的节点数量明显少于权威型的**"实践场地的提供者""行为表现的评价者""行动要求的提出者"**和**"行动过程的督导者"**。其中,"行动过程的督导者"的权威性程度最高,"行动要求的提出者"节点数量最多。进一步分析上述七种角色对应的互动行为特征,发现指导教师在师徒互动中呈现出权威性有余而民主性不足的行为风格,实习生主体性未受到应有重视。

再次,根据指导教师在师徒互动中的社会功能发挥,提炼出的实践角色包含指向外

---

① 苏红.关键事件:抵及教师专业发展的核心[J].教育科学研究,2011(11):67-70.

部和指向自我两大维度。一方面,指导教师作为**"职业入场的领路人"**和**"园所文化的传递者"**,能够促使实习生全面感知幼儿园教师角色,并切身感受到园所文化的塑造力量。从实习生的反馈和师徒对话的微观过程来看,师徒互动未能向实习生供给充足的情感能量,从而对其专业热情、自我效能感和群体归属感产生深刻影响,实习生对于幼儿园教师身份的认同程度难以提升,进而阻碍了指导教师在师徒互动中情感能量和自我效能感的获得。与此同时,仅有少数指导教师能够在师徒互动的"关键事件"中同实习生一起发现、反思并解决问题,成为**"专业发展的获得者"**。

第四章
何以如此：幼儿园实习指导教师角色实现的状况及成因

> 洞见、透识隐藏于深处的棘手问题是艰难的，因为如果只是把握这一棘手问题的表层，它就会维持原状，仍然不会得到解决。因此，必须把它"连根拔起"，使其彻底暴露出来，这就要求我们要用一种全新的方式进行思考。①
>
> ——维特根斯坦（Wittgenstein）

"角色"既体现在文本规范中，又体现在他人的观念中，还体现于角色主体的观念和行为之中，其不仅是一个静态的名词、一系列规范或一连串行为，还是一种包含着主体与客体互动、微观与宏观互动的过程。因此，本书前三个章节在揭示幼儿园实习指导教师的期望、领悟和实践角色现状与特征时，一方面围绕"角色概念"中的核心要素（如行为规范、社会关系和社会功能等）展开，以呈现不同层面角色的基本结构和具体内容；另一方面聚焦个体（群体）在期望、领悟和实践角色过程中所展现的特点，如剧本期望的清晰度存在校际差异，领悟角色水平并非随着指导教师年龄、教龄和指导年限的累积而显著提升，实践角色的社会功能发挥喜忧参半等，力图实现结构性与过程性的统一。

如前所述，角色本身包含着一种互动过程，过程角色论者更是将角色视为社会互动的产物，认为只有关注角色运行、角色扮演的全过程，才能全面而深刻地理解角色。②因此，需要进一步探究期望、领悟和实践角色的内容构成之间呈现何种关联与差异，如何相互作用，何以影响主体的角色扮演过程，从而深入理解并阐释幼儿园实习指导教师角色。美国学者奥博特（Allport）认为，社会和他人对某一角色持有一定期望，角色主体通过与外界期望的互动而形成构想角色，主体可以选择接受或拒绝构想角色，并对自身所接受的构想角色进行调适，最终通过角色扮演而表现出角色行为，上述过程可称为

---

① 布迪厄，华康德.实践与反思[M].李猛，李康，译.北京：中央编译出版社，1998：1.
② 秦启文，周永康.角色学导论[M].北京：中国社会科学出版社，2011：14.

"角色实现"。① 其中,外界期望对应"期望角色";个体通过与外界期望的互动而形成并接受的构想角色,同"领悟角色"有异曲同工之妙;经由角色扮演而表现出的角色行为对应"实践角色"。因此,从"角色实现"角度分析上述三种角色之间的相互作用,具有适切性,且有助于探究幼儿园实习指导教师期望、领悟与实践角色之间的关联与差异,进一步揭示其结构性与过程性特征。

与此同时,由于人们在承担某一角色任务时,会试图了解角色的基本规范和外在期望,并追求个体行为符合社会规范和他人愿望,以获得社会和他人认同,因而在理想状态下,期望、领悟和实践角色在内容构成、功效发挥水平上应当具有较高程度的一致性。而现实生活中,受到个体内在因素和外在环境的影响,三种角色往往会呈现出一定差别。由此,理想状态下的"角色实现"概念中,恰如其分地体现出角色本身所兼具的共性与个性。其中,共性由角色的基本规范和社会期望所决定,其确立了角色目标、要求和行为边界,也确定了其质的规定性②,应同时寓于期望、领悟和实践角色之中,因而使得三种角色的内容构成中能够提炼出归属于期望角色的一致性要求。进一步分析发现,角色内容一致性的达成既有赖于期望角色"规定"和"预测"功效、领悟角色"指导"功效的充分发挥,也同角色扮演者的主体性表达、能动性发挥密切相关,由此彰显出角色所具有的"个性"。主体在同期望角色互动的过程中,需要充分理解剧本期望,全面了解他人的角色期望,进行甄别、筛选和调适后内化为自身的领悟角色,进而基于外界环境、互动对象特点、自身经验和能力,将领悟角色转化为实际行为,以实现角色功能。在三种角色的相互作用过程中,主体的能动性发挥直接体现为领悟角色的"调节""指导"功效和实践角色"经验来源"效用的发挥水平。

理想状态下,幼儿园实习指导教师角色实现意味着期望、领悟和实践角色在内容构成上具有较高程度的一致性,在功效发挥上均处于较高水平。具体表现为,剧本期望明确,符合我国当下的幼儿园教师培养要求,外界期望(剧本期望、演员伙伴和观众期望)的内容清晰度较高,且具有内在一致性;幼儿园指导教师能够及时获知该角色的基本规范和外在期望,并充分发挥自身的能动性,将其调适并内化为领悟角色,进而在参与社会互动过程中,力图表现出符合社会要求、他人期望的角色行为,以实现社会功能。由此,本章节将从角色实现的角度出发,分析指导教师期望、领悟和实践角色在内容构成和功效发挥水平上的关联与差异,以探究指导教师角色实现的现实状况及成因。

---

① 漆涛.学生角色研究[D].上海:华东师范大学,2017:66-69.
② 秦启文,周永康.角色学导论[M].北京:中国社会科学出版社,2011:77-78.

一、幼儿园实习指导教师角色实现之"利与困"

幼儿园实习指导教师期望、领悟和实践角色的内在结构和外在功能的内涵较为一致,这将有利于角色实现;与此同时,三种角色在相互作用过程中的功效发挥水平具有明显差异,使得不同角色的内容构成存在一定差异,且阻碍了主体领悟角色和实践角色的水平提升,故而不利于角色实现。

(一)角色实现之利:期望、领悟和实践角色内涵较一致

就内在结构而言,幼儿园实习指导教师期望、领悟和实践角色的研究结论中均能提炼出"专业的幼儿园教师"和"实践中的教师教育者"的角色内涵;就外在功能而言,研究结果表明,幼儿园实习指导教师作为"职业入场的领路人"和"专业发展的获得者",能够对实习生和自身的专业发展产生重要影响。

1. 幼儿园教师角色的专业性和示范性成共识

"幼儿园教师角色的专业性和示范性"成为幼儿园实习指导教师期望、领悟和实践角色的共同要求。首先,高校剧本期望中将"行为示范"作为核心类属"指导者"角色的二级编码,并将"发挥榜样作用""以身作则"视为最基本的实习指导方式。学术研究者和相关主体均明确提出,实习指导教师首先应是专业的幼儿园教师,将"幼儿园教师角色的专业性和示范性"作为"实践中的教师教育者"角色概念的核心次类属,学术研究者所提观点勾勒出整体框架,包含教育经验丰富、专业能力突出和师德理念过硬三个子维度;实习生关注指导教师的教育策略运用;高校教师呼唤指导教师在教育情怀和反思品质上加以示范;园所负责人则以提升幼儿园内在质量和外在形象为出发点,重视主体作为幼儿园教师的专业性和示范性。尽管内容各有侧重,但主体作为幼儿园教师角色的专业性和示范性成为外界期望角色的重要组成。

其次,"榜样""示范者"是幼儿园实习指导教师建构自身"教师教育者"角色观念的基石,其希望把最好的一面展现给实习生,认为只有自身作为幼儿园教师角色的专业素质过硬,才能胜任实习指导教师角色。与此同时,问卷调查的结果显示:年龄处于18~25岁,教龄在1~3年指导教师的领悟角色水平显著低于其他组别。进一步研究发现,新手教师正处于职业适应期,在教育教学过程中仍然存在诸多问题,在"幼儿园教师角色的专业性和示范性"方面水平有限,因而对于承担指导教师角色感到"心有余而力不

足"。由此印证了实习指导教师首先应是"专业的幼儿园教师"的观点。

此外,来自实习现场的观察和访谈数据表明,幼儿园指导教师在师徒互动过程中展现的实践角色,诸如"实践反思的倡导者""行动要求的提出者""行动过程的督导者"等,均会有意或无意地采用"亲身示范"的方式向实习生传递信息、传授经验,从而成为实习生观察、模仿和学习的榜样。因此,主体作为幼儿园教师角色的专业性和示范性的要求便得以彰显。

2. 实践中教师教育者角色的概念特质显共性

"实践中的教师教育者"是我们所提炼出的核心本土概念,源于指导教师领悟角色的访谈资料编码结果,由"实践"和"教师教育者"两部分构成。其中,"实践"意在突出对具体情境、主体行为、问题解决及反思能力养成的关注;"教师教育者"则关注该角色的内在规定性职责和主体的身份意识获得。

(1)"实践"特质在不同角色内容构成中得以显现

正如法国社会学家布迪厄(Bourdieu)所言:"谈论实践并不是一件容易的事。"[①]时间和空间共同构成了影响实践行为的"情境"或"场域":实践在时间中展开,具有不可逆性,使得身处其中的实践者产生紧迫感(sense of tension),从而更加关注自身行动的效果,并尝试使用一种能让自身感到适得其所的方式解决问题,类似于亚里士多德所说的"实践智慧"[②]。空间则包含身体空间(实践过程中身体被安置的空间)、心理空间(主体间情感、态度和价值观上的信任与理解程度)和社会空间(各方的社会身份和关系结构),三大维度彼此关联,共同构成实践条件,从而影响实践者的行动方向。[③] 本书所提案例中,三种幼儿园实习指导教师角色的内容共同彰显了上述"实践"的特质,并呈现出内在一致性。

其一,相较于"实践中的教师教育者"角色是什么的本质取向,外界更加关注主体应该"如何做",即教育情境中的具体问题、行动方向和解决问题的策略,如实习生较为关注指导教师在日常工作中的教育策略运用情况,角色主体也倾向于将实习指导过程描述为"基于真实教育情境的个人经验传递",抑或"帮助实习生发现并解决行动过程中的问题"。现实中,幼儿园指导教师扮演着"实践场地的提供者"角色,从而为实习生开放行动空间,师徒双方所共同关注的事件多指向班级管理策略和教育教学技能,旨在提

---

① 布迪厄.实践感[M].蒋梓骅,译.南京:译林出版社,2003:114.
② 陈向明.实践性知识:教师专业发展的知识基础[J].北京大学教育评论,2003(1):104-112.
③ 石中英.论教育实践的逻辑[J].教育研究,2006(1):3-9.

升实习生教育行为的有效性。

其二,"实践中的教师教育者"角色所包含的一系列可观察的、外显的社会行为,主体情感、态度、价值观以及多种社会关系,共同构成了"实践"的上述空间要素。例如,师徒关系在"实践中的教师教育者"的角色中占有重要地位,期望、领悟和实践角色的内容均涉及对师徒关系的描述。期望角色中,相关主体将师徒关系归纳为"非管理者与工具人""职场前辈与新手"和"平等的对话者"三类,其民主性程度依次递增。相关文献中,学术研究者将"和谐关系""平等对话氛围"的构建能力视为"实践中的教师教育者"专业胜任力的重要组成。领悟和实践角色中,指导教师同样以营造和谐氛围为己任,从而扮演着"互动行为的发起者""实习生形象的维护者"和"和谐氛围的构建者"等角色。

其三,"实践"一词在拉丁文中带有主动建构与反思的意味①,有学者将其定义为改变世界的行动,并强调行为和思维之间的互动。因此,对于"实践中的教师教育者"角色而言,在共同行动中促成实习生的反思习惯建立,成为期望、领悟和实践角色内容的共同特质。从高校剧本期望中"引发反思"的"指导者"角色要求,到相关主体将"共同反思教育行为"作为师徒"平等的对话者"关系的具体表现,将"培养实习生反思能力"和"提升自身实践性反思能力"作为指导教师角色社会功能得以发挥的有效途径,从个别指导教师所描述的,有助于培养实习生反思能力的互动事件,到我们观察到指导教师请实习生评价自身行为、分享实践感受,其中无不蕴含着"反思性实践者"的养成理念和行动方式。

(2)"教师教育者"角色职责在不同维度得以贯通

"教师教育者"角色的内在规定性职责包括幼儿园实习指导教师对于指导对象、目标和内容、方式和策略以及指导效果的把握程度。上述"教师教育者"的角色职责在期望、领悟和实践角色不同维度的内容中得以贯通。首先,高校将教育实习的属性定位为教师教育实践课程,幼儿园实习指导教师便成为"教师教育者"群体的重要组成。其次,"指导者"和"评价者"作为剧本期望的核心类属,其子维度的节点内容直接反映出高校对指导教师行为方式的要求,包括示范行为、传递经验、提供资源和引发反思。再次,学术研究者提出对于教师教育者角色胜任力的期望,如更新指导理念、细化指导内容、构建师徒关系等建议与对策,同领悟角色中"从过来人的角度理解实习生行为""事先说明工作要求和注意事项"等内容,以及实践角色中"实践反思的倡导者""信息资源的分享者"和"行为表现的评价者"的内涵一致。

---

① 邓友超.教师实践智慧及其养成[M].北京:教育科学出版社,2007:9.

3. 实习指导教师角色的社会功能之间存关联

来自学术研究者和相关主体的期望角色,同指导教师对自身角色的领悟,以及基于师徒互动行为而提炼出的实践角色,在外在功能层面具有一致性,即成为实习生"职业入场的领路人"和自身"专业发展的获得者"。

首先,幼儿园实习教师期望、领悟和实践层面角色的研究结论中,均能提炼出"职业入场的领路人"的角色功能,由角色认知、实习生自我效能感和角色认同感三方面内容构成。其中,外界期望角色强调指导教师在自我效能感和角色认同感层面对于实习生的重要影响;领悟角色则同时涵盖上述三方面内容;实践角色的研究结果表明,实习指导教师能够在真实教育情境中,通过言传身教的方式促使实习生获知关于"做什么""如何做"的教育经验,全面了解幼儿园教师的真实工作状态,并据此而建构个人的角色观念和行为,同样体现出指导教师作为实习生"职业入场的领路人",能够促使其获得较为全面的教师角色认知。

其次,学术研究者、高校指导教师和园所实习负责人期望指导教师能够充分挖掘"幼儿园教师"和"实习指导教师"两大角色之间的内在联系,转变角色观念、养成反思习惯,从而获得专业发展。与此同时,领悟角色中,部分指导教师认为承担实习指导教师角色能够促使自身回顾专业知识、反思习惯性行为、努力成为榜样,从而为其专业发展提供动力。尽管实践角色的研究数据表明,仅有个别指导教师能够经由反思师徒互动中的"关键事件"而获得专业发展,我们仍旧能够从指导教师的行为中提炼出"专业发展的获得者"的角色内涵。

此外,"园所文化的传递者"作为期望角色的四大核心类属之一,体现为园所实习负责人希望指导教师在与实习生共同生活的过程中,将幼儿园教育理念、课程文化、角色规范等加以传递。实践角色中,从师徒互动事件中同样能够提炼出指导教师作为"园所文化的传递者"的角色行为。这一方面说明,实习生能够感受到园所文化对于幼儿园教师角色的影响,并据此而建构自身的儿童观、课程观和教师观。另一方面,体现为指导教师在实践场地的提供和互动内容、方式的选择上会受到幼儿园文化的影响。同时,由于文化本身所具有的开放性和共享性,且多以一种无意识的状态存在于个体信念、价值观和行为模式之中,主体很少关注文化之于自身幼儿园教师角色和实习指导教师角色的塑造力量,因此,"园所文化的传递者"未能在指导教师的领悟角色模型中占有一席之地。

总体来看,幼儿园实习指导教师的期望、领悟和实践角色,在其内在结构与外在功能的内涵上呈现出较高程度的一致性,这能够体现出角色本身所具有的"共性",即不论何人扮演该角色,也不论多少人来扮演,幼儿园实习指导教师角色的基本特征和共性是一致的。因为角色的共性由角色基本规范和社会期望所决定,这些角色规范和期望确立了该角色的基本边界和范围,也就确定了角色的质的规定性。[①] 与此同时,也说明主体能够在一定程度上将外界期望内化为自身领悟角色,进而外化为角色行为,从而有利于角色实现。然而,值得注意的是,上述三大角色在具体内容构成上仍然存在一定差异,或是对于不同维度角色内容的重视程度有所差别。如"职业入场的领路人"的子维度中,期望角色主要包含培养实习生反思能力、提升其职业认同感和自我效能感三方面内容;而领悟角色中,指导教师认为自身对于实习生的影响,体现在获得教师角色认知和提升自我效能感;在实践角色中,教师在角色认知层面对于实习生的影响得以充分体现,但未能对实习生的身份认同(专业热情、自我效能感和群体归属感)产生深刻影响。上述角色内容所呈现出的差异,一方面受到主体所身处的环境、演员伙伴(实习生)的特点以及研究视角的影响;另一方面,从角色理论的角度来看,同期望、领悟和实践角色相互作用过程及其功效发挥水平密切相关,需要进一步分析三种角色的相互作用方式及其功效发挥状况。

(二) 角色实现之困:不同角色的功效发挥水平存差异

期望角色由剧本期望、演员伙伴期望和观众期望构成,被视为角色扮演者的行动指南,能够对角色行为产生"规定"和"预测"作用。领悟角色是实践角色的前提和基础,并经由主体对外界期望的接收、调适和内化而成。因此,领悟角色对于期望角色具有"调适"作用,对于实践角色具有"指导"作用。主体在社会互动中呈现的角色行为,既构成了主体领悟角色的重要"经验来源",也为他人建构期望角色提供了现实素材。

1. 期望角色的"规定"和"预测"作用受限

期望角色中,剧本期望决定了角色权责、效能和行为方式,是演员扮演角色的"脚本"和标准,对主体的领悟角色和他人的期望角色均具有"统摄力量"。同时,个体在角色扮演过程中会十分关注演员伙伴的要求,并据此来塑造自身行为,因此,演员伙伴期望对其角色行为具有"塑造力量"。观众期望对于角色行为具有指导作用,因而被视为互动角色的"参考框架"[②]。上述期望角色的功效发挥水平会受到不同因素影响,就期

---

① 秦启文,周永康.角色学导论[M].北京:中国社会科学出版社,2011:77-78.
② 秦启文,周永康.角色学导论[M].北京:中国社会科学出版社,2011:94.

望角色本身而言,既取决于其内容的清晰度,也受到传播途径通达度的影响。

(1)剧本期望的"统摄力量"未充分发挥

剧本期望的研究结果表明,尽管多数高校对于幼儿园实习指导教师的角色要求在《教育实习手册》中占有一席之地,且能够提炼出"指导者"和"评价者"角色内涵,但剧本期望的内容清晰度存在明显校际差异。仅有部分高校明确提出幼儿园实习指导教师的角色职责、行为要求以及选拔标准,多数剧本期望的表述较为笼统,对于指导教师角色要求的内容、实现路径以及角色准入和评价标准等细节缺乏明确说明。与此同时,在领悟角色的访谈中,多数指导教师表示未收到过来自高校的实习指导要求,或是实习即将结束时才会获知评价标准。由此可见,高校剧本期望的内容清晰度、传播途径通达度均有待提升,其之于主体角色领悟与实践的"统摄力量"未充分发挥。

其一,高校剧本期望关于"指导者"角色的要求中,对于指导内容、指导时机和方式、指导对象的描述尚待完善。领悟角色的调查结果表明,尽管主体领悟角色的得分较高,但其对于实习指导过程中应当做什么、如何去做、效果如何评价等问题的认识较为模糊。实践角色的研究结果中同样呈现出师徒互动的内容系统性不足、策略较为单一等问题。此外,尽管剧本期望将"注意引发反思""分享专业资源"等内容作为"指导者"的行为方式,但未能进一步指出上述角色行为之于指导教师专业发展的价值,使得幼儿园实习指导教师对于"专业发展的获得者"角色的领悟水平相对较低,且难以从师徒互动中受到启发,通过反思并调整自身认知、行为方式而获得专业发展。由此,剧本期望的效用发挥受限,容易导致主体难以形成清晰的角色认知和积极的身份认同,从而不利于主体角色领悟。

其二,高校剧本期望对于"评价者"的角色要求中,过程性评价的内容相对不足。过程性评价通常呈现为指导教师基于实习生行为表现而进行的口头的、随机的评价,同其"指导者"角色行为密切相关。实践角色的研究结果表明,"评价行为表现"是指导教师在师徒互动中的典型行为方式之一,能够为指导教师提出行动要求、安排工作内容和介入行动过程提供依据。剧本期望对于过程性评价的要求不够明确不仅会限制指导教师"评价者"角色的价值发挥,也会对"指导者"角色的实现产生阻碍。与此同时,高校剧本期望中未提供评价标准、评价标准模糊不清的现象较为常见,加之期望角色传播途径的通达度有限,幼儿园指导教师难以及时获知评价标准,只能依照主观印象来评价实习生的表现。如此一来,既会导致评价结果的准确性和客观性难以确保,也使得一些指导教师在评定实习成绩时倾向于将实习生的学习态度是否认真、能否完成工作任务作为评价依据,难以充分关注实习生的师德践行、保教实践、自主发展等专业能力能否经由观摩、体验和研究教育实践而获得持续发展,"评价者"的角色价值难以实现。

其三,多数高校尚未设置幼儿园实习指导教师的选拔标准,导致部分教师在自身实践经验缺乏、专业水平有限的情况下便被安排承担实习指导工作。领悟角色的调查中,12.67%的幼儿园指导教师教龄在1~3年之间,部分入职第一年便开始承担实习指导工作的受访者表示,自身尚面临角色适应的挑战,难以担负实习生"职业入场的领路人"的重任。与此同时,期望、领悟和实践角色的研究结论一致表明,幼儿园实习指导教师首先应当是专业的幼儿园教师。因此,一旦剧本期望中对于指导教师的准入门槛缺乏明确要求,主体作为"幼儿园教师角色的专业性和示范性"便难以保障。尽管多数指导教师持有较为积极的角色意愿,且认可以身作则的角色职责,然而限于其专业水平有限,"指导"很可能会成为"误导",从而对实习生的角色认知和认同产生消极影响。

此外,尽管部分高校的指导教师选拔标准兼顾幼儿教师的资历、专业素养和角色意愿,能够体现出"幼儿园教师"同"幼儿园实习指导教师"角色之间的内在关联,但未能对主体作为"教师教育者"角色的专业资质加以要求。因此,在领悟角色的访谈中,当提及幼儿园指导教师的角色职责时,受访者能够对"以身作则""为人师表""自身专业水平过硬"等内容形成共识,却未能深入思考"教师教育者"所特有的专业素养和角色要求,更有甚者将"幼儿园教师"同"实习指导教师"的专业性相混同,认为实践经验积累到一定程度后便能胜任指导教师角色,导致其角色领悟和实践水平难以持续提升。

(2) 演员伙伴和观众期望的效用发挥各有不同

实习生是幼儿园实习指导教师角色扮演过程中的主要演员伙伴,领悟和实践角色的研究结果表明,指导教师会通过观察、对话等方式了解实习生的态度、行为和需求,并据此塑造角色行为,从而扮演着"学习需求的满足者""和谐氛围的构建者"等角色。但另一方面,期望角色的访谈结果表明,部分实习生认为自身角色期望的影响极为有限,导致其深入思考和表达观点的意愿较低,从而难以提出立场明确、内容清晰的期望,在实习现场也呈现出态度不积极、目标和需求不明确的状态,演员伙伴期望的效用发挥水平有限,这很容易为指导教师的角色领悟和实践带来困扰。

高校指导教师对于幼儿园实习指导工作的了解主要来源于实习生的反馈,信息的真实性和客观性难以考证,且部分高校教师认为自身尚不具备干涉幼儿园实习指导工作的权利和立场。由此,尽管一些高校教师所提期望能够体现出"反思性实践者"的幼儿园教师培养理念,如呼唤幼儿园指导教师成为教育情怀和反思品质的示范者,希望实习指导内容的系统性有所增强等;但从调查结果来看,大部分高校指导教师未能深入实习现场,同幼儿园教师就"实习指导"工作中的相关问题展开深入交流,其期望角色的传播途径通达度不足,效用发挥受限。

园所负责人基于对幼儿园内在教育质量和外在形象口碑的追求,要求本园教师在实习指导过程中展现出"幼儿园教师角色的专业性和示范性",并经由承担实习指导工作成为"专业发展的获得者"和"园所文化的传递者"。上述期望角色传播途径的通达度较高,能够为幼儿园指导教师所获知,并在角色实践过程中加以落实。其中的问题在于,园所负责人对于"教师教育者"角色要求表述较为笼统,缺少要求的自主权赋予,因此难以成为主体领悟并实践角色的有效"参考框架"。

从内容清晰度来看,相关文献中涉及"实践中的教师教育者"的角色认同感和胜任力的要求及实现路径,并对"幼儿园教师"同"教师教育者"角色之间的内在关联予以阐释。然而,由于文献数量有限,且大多基于教师教育者、实习生的视角来探讨实习指导的现状及问题,未能充分了解幼儿园指导教师面临的现实困境和需求,所提建议对策的合理性有待考证。从传播途径的通达度来看,领悟和实践角色的研究数据表明,大部分幼儿园指导教师未参与过针对"实习指导工作"的专业培训、教研,且很少研读相关期刊、论文和书籍,难以获知学术研究者在相关文献中所提建议对策,相关文献"参考框架"的效用难以发挥。

综上,高校剧本期望的内容清晰度、传播途径通达度均有待提升,其之于主体领悟与实践角色的"统摄力量"未充分发挥;演员伙伴(实习生)认为自身期望对于指导教师角色行为的"塑造力量"有限,且难以提出立场明确、内容清晰的期望;观众期望中同样存在内容表述笼统或传播途径通达度不足的问题,难以成为主体领悟和实践角色过程中的有效"参考框架",进而导致期望角色的"规定"和"预测"作用有所局限。

2. 领悟角色的"调适"和"指导"水平减弱

角色实现理论认为,个体同外界期望的相互作用过程中,会根据外界环境和自身条件,选择接受或拒绝外界角色要求,从而形成领悟角色。由此,领悟角色是主体进行角色认知和自我认知的结果。角色认知是个体在角色占有之后、角色实践之前,对于自己所处地位有关的社会角色规范和他人角色评价的信息进行不断加工和处理,在心理上确定相应的社会反应模式的过程。[①] 自我认知是个体对自己的想法、期望、行为及人格特征的觉察、判断与评估,是自我调节的重要条件,自我认识水平不足会表现为自我定位过高、过低或错位,都会影响主体领悟角色的形成及功效发挥。角色认知所包含的社会角色规范对应"剧本期望",他人角色评价信息同观众和演员伙伴期望的内容相一致。

---

① 陈卫平.角色认知的概念与功能初探[J].社会科学研究,1994(1):106-111.

如前所述,对于幼儿园实习指导教师的角色实现而言,期望角色的"规定"和"预测"作用有限,使得个体无法获得充分而明确的社会角色规范和他人角色评价信息,导致其角色认知的水平受到限制。与此同时,个体自我认知的水平同样受到期望角色效用发挥的影响,如部分指导教师的自我认知水平过高或过低,认为自身在承担实习指导工作中游刃有余,却从未深入思考过自身对于指导教师角色的期望和行为,或是对自身"教师教育者"角色功能的认识不充分,从而削弱了其对于期望角色的调节效用,以及对于实践角色的指导水平。

与此同时,领悟角色的本质是一种认识层面的角色,实践角色属于客观现实形态,二者关系的实质是认识与实践的关系。马克思主义哲学认为,认识之所以能够指导实践,在于其能够相对地超越实践活动的具体性和历史性的局限,而揭示出实践活动的普遍本质及其规律,能够总结概括已有实践的经验,对新的实践提出科学的预见。[①] 领悟角色的"认识"本质,要求其不仅要反映幼儿园实习指导工作当下的状态,而且要塑造实习指导教师角色的应然状态,同时还要追求把理想存在、观念形态变为现实存在、实在形态[②],经由对主体行为的持续指导和不断调适而实现从期望角色到实践角色的转化。由此,个体对于指导教师角色领悟的过程,包括摹写和选择在内的再创造活动。尽管幼儿园实习指导教师的领悟角色总体得分较高,但多数指导教师在访谈中表示,自己尚未对自身角色进行过较为深入而系统地思考,其对于指导教师角色的权利义务、行为模式和人际关系的认识,大多停留在对于已有经验的继承和对于自身行为现状的描述,难以经由反思、选择和创造而对未来行为提出富有创见性的想法,导致主体领悟角色的水平未能随其时间(年龄、教龄和指导年限)的累积,以及教师职称、职务的提升而获得显著提升,领悟角色的指导水平受到一定影响。

3. 实践角色的"经验来源"效用占主导地位

幼儿园实习指导教师在师徒互动过程中所呈现的角色行为,既作为主体领悟角色的主要经验来源,也为相关主体(园所负责人、高校指导教师和实习生)建构指导教师的角色形象提供了现实素材。如幼儿园实习指导教师大多基于自身实践经验或是实习期、新入职时所接受的指导、带徒弟(新教师)等类似工作经验来建构自身领悟角色,并将实习指导的状态描述为"摸着石头过河"。这导致年龄在18～25岁、教龄在1～3年、指导年限在1～3年的幼儿园教师,由于缺乏上述带徒弟、实习指导的相关经验,其领悟

---

① 高清海.马克思主义哲学基础:下册[M].北京:北京师范大学出版社,2012:236.
② 高清海.马克思主义哲学基础:下册[M].北京:北京师范大学出版社,2012:244.

角色总体和三大维度得分均显著低于其他组别,并在实践过程中感到"心有余而力不足"。

与此同时,幼儿园教育实习场域中的师徒互动时间、频率、内容、方式和效果均呈现出较为显著的个体差异。因此,实践经验所固有的情境性、零散性和个性化特征,使其作为主体建构领悟角色主要依据的合理性难以判断,如部分幼儿园指导教师在访谈中表示,"我们主要依照自身经验对实习生进行指导,也不知道是否合适"(T19)。个体所积累的实践经验,如若未能及时澄清、提炼、积累和拓展,[①]将不利于其角色胜任以及角色本身的持续建构和发展。尽管幼儿园实习指导教师的领悟角色总体得分较高,但其难以随着指导年限、实践经验的累积而获得显著提升,指导年限为7～9年教师的领悟角色会达到一个相对较高的水平,随后便不再发生显著变化。

综上,高校剧本期望的"统摄力量"未能充分发挥,演员伙伴和观众期望的效用发挥受到影响,进而导致期望角色的"规定"和"预测"作用受限,这既会降低领悟角色的"调适"和"指导"水平,也导致实践角色作为期望角色和领悟角色"经验来源"的合理性难以判断,故而不利于幼儿园实习指导教师角色实现。

二、幼儿园实习指导教师角色实现的影响因素

幼儿园实习指导教师角色实现主要包含以下两个过程:其一是主体将外界期望角色内化为自身领悟角色的过程;其二是主体经由角色扮演而将领悟角色外化为实践角色的过程。我们将分别对上述两个过程中三种角色的互动状况及其影响因素展开探讨。

(一)从期望角色到领悟角色

个体对于外界期望角色的内化程度是各种因素共同作用的结果,既受到组织者职能发挥、幼儿园组织文化等外部因素的影响,也同角色扮演者的主体意愿、角色认同、反思能力等个人因素密切相关。

1. 教育行政部门的职能发挥影响期望角色清晰度

我国《学前教育专业认证标准(第二级)》在"协同育人"一栏中要求高校"与地方教育行政部门和幼儿园建立权责明晰、稳定协调、合作共赢的'三位一体'协同培养机制,

---

① 吴刚平.教育经验的意义及其表达与分享[J].全球教育展望,2004,33(8):45-49,56.

基本形成教师培养、培训、研究和服务一体化的合作共同体"。这意味着高校、地方教育行政部门和幼儿园应当就幼儿园教师培养理念、目标、内容、形式、管理和评价等工作协商一致并通力合作。与此同时,我国高校与幼儿园在行政上不具有隶属关系,在法律上也未明确规定幼儿园有接纳或培养高校实习生的责任与义务[①],由此需要地方教育行政部门发挥组织、管理职能,对于教育实习工作的整体进程予以支持、保障和监管。调查结果表明,目前高校同幼儿园所建立的合作,大多由院系或专业负责人同幼儿园负责人进行点对点联络,地方教育行政部门似乎未能充分参与其中,形成"三位一体"的协同培养机制,而各地优质幼儿园的数量和规范均十分有限,由此容易导致高校实习基地的稳定性和资质难以确保。此外,国家层面尚未出台实习指导教师角色的专业标准,尽管高校剧本期望的内涵明确,但内容清晰度存在明显校际差异,多数剧本期望的内容清晰度有待提升,且未能提出指导教师选拔、评价标准。加之现实中,同一所高校的实习生会被分配到不同幼儿园,同一所幼儿园也会接纳不同学校的实习生,一旦教育行政部门职能缺失,仅凭借个别高校和幼儿园的力量,不仅难以形成相对一致、明确的剧本期望,还会影响相关主体对于指导教师角色形象的建构,从而影响期望角色效用发挥,阻碍主体对于角色要求的接收和内化。

2. 高校与幼儿园之间的联通度影响期望角色传播

美国学者泽西勒和达琳·哈蒙德曾将高校与学校之间的联系匮乏称为当下教师教育的"致命弱点":在知识经验层面,学校指导教师难以了解高校课程,大学指导教师同样对学校的课堂教学实践所知甚少;在人际互动层面,学校指导教师和大学指导教师从属于不同群体,对彼此缺乏了解,从而难以进行对话。[②][③] 由此,我们将从教师教育实践课程的信息联通和指导教师间的人际互动两大维度,分析高校与幼儿园之间的联通度对幼儿园实习指导教师角色领悟的影响。

(1) 实践课程的信息联通

教育实习是教师教育实践类课程的重要组成,一些高校指导教师坦言,自己并未充分了解幼儿园教师群体的日常工作状态、职业行为规范及文化特征,从而难以循序渐进地引领学生从知识经验、专业能力和情感态度层面做好充分的实习准备。与此同时,作

[①] 邱艳萍.教师教育实习基地建设:政府的视角[J].教育评论,2013(4):45-47.

[②] Zeichner K. Rethinking the connections between campus courses and field experiences in college and university-based teacher education[J]. Journal of Teacher Education,2010,61(1-2):89-99.

[③] Darling-Hammond L., Bransford J. Preparing teachers for a changing world: what teachers should learn and be able to do[M].San Francisco: Jossey-Bass, 2005:122-145.

为实践课程执教者的幼儿园指导教师,既无从了解整个教师培养体系,也无从知晓不同年级、不同学历层次学习主体的特点与需求,因而无法将高校教育实习与幼儿园实习指导的目标、内容和要求进行有效对接与转换。部分指导教师在访谈中表示:

只有指导手册是不够的,高校是不是可以开个会,一起聊聊我们需要什么,实习生需要什么,共同确立实习计划,帮助大家明确责任。(T26)

有学者甚至提出质疑:"如果实习指导教师根本不了解自己的教育对象,不清楚教育目标、内容、方法和教育效果,何以将教育实习视作一种合法的教师教育形式?"[①]由此,在教育实习开展过程中,上述实践课程的信息联通度不足,不仅会影响指导教师的领悟角色水平,还会使主体的自我效能感、角色认同感及教师教育者的专业地位受到威胁。

与此同时,幼儿园不只是高校的教育实践基地,其本质是对3周岁以上学龄前幼儿实施保育和教育的机构,需要同家庭和社会密切合作,以保障并促进儿童的身心健康发展为己任。因此,教育实习目标、内容及实施方式的确定,不仅需要同教师教育课程相衔接,还要充分考虑幼儿园工作的特征、功能及教师在向实习生开放实践场地时面临的现实困境。如幼儿园指导教师担心实习生由于经验不足,会对儿童及其家庭产生不良影响,认为实习生普遍缺乏关于"儿童"的经验。

他们只是学过关于儿童发展的知识,但是不了解现实中的儿童,接触的孩子太少,有的实习生说自己之前都没跟孩子讲过话。(T22)

在幼儿园指导教师看来,实习生同样缺乏关于"幼儿园教师职业"的经验。

保教结合不只是写在书本上,实习生普遍缺乏这个意识,更别说关注孩子的安全、承担家长工作了。(T8)

然而,由于上述组织间的信息联通度不足,作为实践课程设计者、研究者的高校教师难以充分了解、有效解决幼儿园指导教师在领悟和实践角色过程中面临的现实困境,仅从自身角度出发所提角色期望难免会出现缺乏鲜明立场或要求过高的问题,使得高校剧本期望和学术研究者所提观点难以成为幼儿园指导教师领悟角色的有效参照。

(2)指导教师间的人际互动

从期望角色的研究结果来看,多数高校指导教师,特别是作为实习指导工作主力军的但资历尚浅的高校中青年教师和艺术技能课教师,限于自身所固有的资源、地位和权

---

① Feiman-Nemser S., Parker M., Zeichner K. Are mentor teachers teacher educators? [J]. Alternative Teacher Certification, 1993(1): 1-19.

利,未能同幼儿园之间建立密切联系,难以深入幼儿园教育实习场域,同幼儿园指导教师展开富有成效的对话。由此,高校指导教师的期望角色无法为幼儿园指导教师所获知,未能成为主体领悟角色的有效参考框架。

现实中,幼儿园指导教师对于高校指导教师的期望主要有以下两个方面。其一,希望高校教师在实习前向实习生澄明实习目标、纪律规范和学习态度等要求。如:

有的实习生指甲留得很长,还涂得五颜六色,穿超短裙,甚至在上班时间不停刷手机,这些不符合我们的职业要求,希望学校老师讲清楚,而不是进入班级再来纠正。(T28)

其二,在师徒互动过程中,幼儿园指导教师和实习生之间难免会有一些摩擦和冲突,这就需要高校教师介入并调节矛盾,及时疏导实习生的消极情绪。

我们有时表扬得少一些,批评得多一些,或者说话语气不注意,实习生立刻就不高兴、不能接受,还有当场大哭的,需要高校老师去疏导他们的情绪。(T29)

然而,由于指导教师之间缺乏沟通,幼儿园指导教师的上述诉求同样难以为高校指导教师所了解。

3. 幼儿园教师的专业地位影响主体角色观念形成

改革开放以来,我国幼儿园教师的地位经历了从"恢复巩固"到"赋予法律地位"再到"专业性认定与发展"三大发展阶段,尽管幼儿园教师的专业地位已获得了法律形式的确认,在学理层面也毋庸置疑,然而大众意识的转变仍需要经历一个漫长的过程。[1] 时至今日,仍然有人认为幼儿园教师不是真正的专业人员,是"半专业""准专业"或是"不成熟专业"的从业人员[2],倾向于用"幼儿园阿姨""保姆""艺术特长""其他教师都可替代的教师"等词汇来描述幼儿园教师形象[3];网络媒介中的大众话语对于幼儿园教师形象的描述则更为负面,认为其职业道德低、工作内容技术含量低、个人品质差[4],致使幼儿园教师丧失了本应具有的专业独立性和不可替代性、专业自洽性(逻辑性)和崇高性。[5] 来自外界的影响使得部分幼儿园教师的专业意识尚未觉醒,专业发展的内

---

[1] 姜勇,郑楚楚.汇聚与变革:改革开放40年幼儿园教师专业发展历程解析[J].学前教育研究,2019(3):31-40.
[2] 虞永平.《幼儿园教师专业标准》的专业化理论基础[J].学前教育研究,2012(7):7-11.
[3] 秦金亮.《幼儿园教师专业标准》的功能定位——兼谈幼儿园教师专业觉醒[J].学前教育研究,2012(8):7-10.
[4] 张丽敏,叶平枝,李观丽.公共话语中的幼儿园教师形象——基于网络媒体新闻的内容分析与话语分析[J].学前教育研究,2020(3):16-30.
[5] 秦金亮.《幼儿园教师专业标准》的功能定位——兼谈幼儿园教师专业觉醒[J].学前教育研究,2012(8):7-10.

在动力和自觉性较低,仍然持有"理论无用"的观点,并将专业的幼儿园教师形象等同于依靠时间和技能累积而成的熟练工匠,由此而导致其指导教师的角色观念呈现出典型的"学徒制"印记。

领悟角色的研究结果表明,幼儿园指导教师对于同实习生谈论教育理论、引导实习生运用所学理论反思教育行为的意识较为缺失,对于理论同实践关系的认识存在一定局限。如部分指导教师认为:

我们一般跟实习生不谈理论,那是大学老师的事,如果我们也能教理论,不就能去当大学老师了嘛。(T4)

实习生在学校里学的理论,都是飘在天上的,到幼儿园后才发现好多东西根本没办法落地,一下子就被现实浇灭了,你告诉他怎么带好班、管住孩子比谈理论来得实在。(T27)

还有一些指导教师提出,学生在学校主要是学习理论,实习过程应当积累教学技能和技巧,等其作为正式教师,且已熟练掌握带班和教学技能技巧之后,就会自觉将所学的理论知识运用起来。

实习生要先把班级带好,把孩子带稳当,课堂管理策略掌握之后才会去思考课程、关注儿童,不然工作以后不能很快上手。(T19)

然而,已有研究发现,过早强调教学和管理的熟练性,过度强调教师的课堂管理能力,反而会将实习生的关注点引向错误方向,忽略了培养其更为重要的对于儿童智力激发和思维引导的责任。[①] 由此,专业地位低下使得部分幼儿园教师的角色观念和定位存在偏差,继而导致主体在建构幼儿园实习指导教师角色观念的过程中呈现出较为明显的"学徒制"印记,同我国当下"反思性实践者"的教师教育培养理念具有一定差距。

4. 园长的角色观念、管理行为引领领悟角色建构

园长是一所幼儿园的灵魂人物和教师队伍的核心力量[②],通常也会作为幼儿园层面教育实习工作的主要决策者,其对于幼儿园和高校关系的理解和构建,对于实习工作的重视程度,对于幼儿园指导教师的选拔、管理和评价策略,都会对幼儿园指导教师的领悟角色产生重要影响。

部分园长会通过实习过程中的反馈和实习结束后请实习生座谈的方式,将自身对于指导教师的角色期望落实到管理行为。有指导教师在访谈中提道:

---

① 卢俊勇,陶青.教育实习:学徒制抑或实验制?——杜威的观点[J].外国教育研究,2016,43(9):13-24.
② 曲正伟.我国幼儿园园长队伍建设现状、问题及其发展对策——基于城区、镇区、乡村比较的视角[J].学前教育研究,2022(2):27-44.

园长会采用一些管理策略,督促我们好好指导实习生。比如早操时间,领导会到各个班级转一下,看下实习生带早操的情况,如果他们表现不好,领导会找我们,有这种约束在,大家都会更加尽心。(T23)

实习结束后,园长会请实习生座谈,主要是了解幼儿园目前管理、教学方面的现状和问题,有时候也会请实习生评价指导教师,这对于我们来说,既是压力也是动力吧。(T14)

上述管理行为同部分园长所表达的观点基本一致,即希望承担实习指导工作能够提升本园教师的专业性、示范性,从而提升幼儿园教育质量,树立良好口碑。可见,园长关注实习指导过程和实习生的反馈,表明其对于指导教师成为"幼儿园教师角色的示范者"和"园所文化的传递者"的期待与要求,能够对主体角色领悟产生激励作用。

相反,一些园长的不当角色观念和管理行为会降低主体对于实习指导教师角色专业性的理解和重视程度,难以意识到自身作为"实践中的教师教育者"和"职业入场的领路人"的角色重任,甚至持有将实习生视作"免费劳动力"而非"专业学习者"的不当观念。例如在谈到选派机制时,有指导教师提道:

园长会优先安排实习生进到年龄大、怀孕和身体不好的教师班级,以分担一些体力工作,而并非将指导教师的专业能力作为首要考虑因素。(T4)

一些园长对于向实习生完全开放教研活动、园内公开课、班组会议持有较为保守的态度,由此导致指导教师倾向于将实习生视为实践经验缺乏、专业能力不足且需要时刻监督、提醒的年轻人,未能在师徒互动中持有开放的视域,倾听并重视实习生的问题或建议,从而难以意识到承担实习指导工作之于自身专业发展的价值。

5. 主体态度、经验与反思能力影响领悟角色水平

(1) 主体意愿与角色认同

意愿是个人对事物所产生的看法或想法及由此而产生的主观性思维。本书所说的主体意愿指幼儿园教师个体层面对于承担实习指导工作是否持有较为积极的态度,即是否愿意承担实习指导教师角色。角色认同是指主体愿意接受并履行角色规范的程度,并强调主体深刻理解自我,以反思角色的形成。[①] 由于上述概念均涉及主体的态度、看法,且能够直接作用于领悟角色,因而将其归入个体层面的影响因素,并分别展开论述。

① 主体意愿。指导教师的主体意愿同其角色领悟水平密切相关,如 K 老师所言:

[①] 张宇.论角色认同的重新定位[J].求索,2008(3):68-69,134.

指导教师是否愿意承担这项工作很重要，有些人虽然能力很强，但是不愿带实习生，而有些人可能能力一般，但是愿意把自己知道的都告诉别人，那实习生获取的经验就不一样。（T29）

访谈结果表明，多数幼儿园教师对自身实习指导教师角色持有较为积极的态度，表示愿意承担实习指导工作。约三分之一的受访者持中立态度：

如果领导安排我指导实习生，我愿意，但没有也无所谓。（T13）

教育实习中，主体意愿对于实习指导教师角色领悟的影响主要体现为以下两个方面。其一，持有积极意愿的主体对于自身角色的领悟也更为深刻。我们能够在其所描述的事例中，提炼出与反思能力培养关联密切的指导行为：

我在给实习生提建议的时候，除了告诉他们应该做什么、怎么做，也会顺带说明一下我为什么这样做，想想你（实习生）的做法为什么不好，可以再去观察、琢磨下孩子的表现，看我说的是不是在理。（T2）

主体意愿较低的幼儿园指导教师则倾向于认为：

实习指导就是解答问题，如果实习生不提问题，我的指导也无从谈起。（T14）

由此展现出一种"无所事事的场地提供者"的角色形象，[1]甚至不会关注自身行为是否具有示范性作用：

开始时我会注意自己的行为是否规范，后面实习生来得多了就不在意了。（T12）

其二，持有积极意愿的主体对于自身角色价值具有期待，并关注自身对于实习生的影响。如：

幼儿园工作不只是会琴棋书画，还要照顾孩子的吃喝拉撒。我希望实习生能够体验到幼儿园教师的真实工作状态，学习去面对孩子们好的或是不好的状态，去处理跟家长的关系，为今后走上工作岗位做好心理和专业上的准备。（T7）

与此同时，积极的主体意愿能够促使幼儿园实习指导教师挖掘自身专业发展同承担实习指导工作之间的内在联系，从而成为"专业发展的获得者"[2]。如：

我会特别注意自己行为的规范化程度，因为有双眼睛在看着你，你的每一句话、每一个行为，都是别人的榜样，实习生会跟你学，所以从某种程度来说，我的专业性也会获

---

[1] Clarke A. Turning the professional development of cooperating teachers on its head: Relocating that responsibility within the profession[J]. Educational Insights, 2007, 11(3): 1-10.

[2] Clara K., Hagenauer G., Gröschner A. "Because you always learn something new yourself!" An expectancy-value-theory perspective on mentor teachers' initial motivations[J]. Teaching and Teacher Education, 2022, 113(3): 1-12.

得提升。(T1)

反之,角色意愿较低的指导教师则很少关注自身对实习生的影响,且尚未将承担实习指导教师角色同自身专业发展建立联系,更有甚者会将实习生的加入看成是一项负担:

所谓指导,就是把自己知道的事情告诉实习生,至于能够带来什么影响,我就不太清楚了。(T4)

专业上我们主要是输出,输入很少,所以也谈不上专业发展。(T6)

如果实习生能干,那还好,能帮我们分担工作;但如果实习生干活总出差错,就会觉得各种烦,还得牵绊着我的注意力,还不如没有他们。(T13)

② 角色认同。个体对于自身所承担角色的认同程度可用角色认同显著性(identity salience)来描述,其一方面指与个体所承担的其他角色相比较,该角色的排名和地位[1];另一方面从归因角度出发,主体越是把角色承担得好或不好的原因归为自己,就表明其认同的程度越高。相较于实习指导教师角色,研究对象倾向于将"班级儿童的教师"视为其本职、第一位角色,而将"实践中的教师教育者"角色的承担视作屈居于儿童保教和班级、幼儿园事务性工作之后的附加工作。就角色归因来看,大部分研究对象将实习生的学习态度、指导时间和角色要求等外部因素视为实习指导教师角色承担成功与否的关键影响因素,鲜有提到自身原因。如大多数幼儿园指导教师(近60%)认为,实习生的学习态度决定了自身指导教师角色的态度和行为:

有的学生好学、谦虚、爱孩子,我就会把我知道的多教给他们一些;如果实习生来这里只是为了完成学校布置的任务,那我也就只是完成任务,没必要跟他们认真。(T10)。

另有部分(约25%)受访对象将实习指导教师角色的价值受限归因为幼儿园工作内容琐碎、繁忙而导致的师徒互动时间和精力投入不足:

幼儿园工作十分琐碎,你有这个心带好实习生,但是没有空间和时间给你去发挥。如果我不频繁地外出开会、学习、参加比赛,幼儿园不用搞创建或者接待活动,我会看实习生上课、开放半日活动给他们,然后进行指导,但目前这种情况基本不存在,我很少在班上。(T15)

由此,尽管幼儿园实习指导教师的领悟角色得分较高,但由于部分教师的角色认同

---

[1] Stryker S., Burke J. The past, present, and future of an identity theory[J]. Social Psychology Quarterly, 2000, 63(4): 284-297.

水平有限,并未对自身所扮演的"教师教育者"角色进行系统而深入的思考,从而不利于其领悟角色水平的持续提升。

(2) 经验积累与反思能力

幼儿园实习指导教师角色领悟水平在年龄、教龄和指导年限上呈现出显著差异。年龄在18～25岁、教龄在1～3年、实习指导年限在1～3年的幼儿园教师,由于缺乏上述带徒弟、实习指导相关经验的累积,其角色领悟总体和三大维度得分均显著低于其他组别的调查对象。与此同时,幼儿园实习指导教师角色领悟水平在职务、职称上存在显著差异,承担主班教师、中层领导职务以及持有"幼教一级"职称的幼儿园教师,普遍拥有相对丰富的带徒弟(新教师)、指导实习生的经验,从而对其领悟角色产生了积极影响。

进一步分析,从"量"的角度来看,年龄、教龄和实习指导年限所构成的时间要素成为主体相关经验积累的必要条件,能够对主体的领悟角色水平产生直接作用。而从"质"的维度分析,上述相关经验的作用过程亦包含着主体所做出的价值判断和反思。"反思"是以事物之间的实在关系为依据,只有在逻辑上是有序的并且包含对决策后果的考虑,才能称得上是反思。[1] 我们发现,主体认为上述三类相关经验同实习指导的情境具有相似性,从而将其纳入角色认识和行动决策的参考范畴,一旦在行动过程中未能取得预期结果,其便能够意识到上述相关经验对于指导教师角色的行动与结果之间关系的假设不成立,便会展开新一轮问题情境分析和行动决策。如:

现在的实习生有自己的特点,跟我们当年很不一样。(T20)带实习生跟自己的徒弟(新教师)有很大差别。(T6)

因此,在外界期望角色的内容清晰度和传播途径通达度有限的情况下,指导教师的相关经验积累与反思能力能够对其领悟角色水平产生重要影响。

(二) 从领悟角色到实践角色

从领悟角色到实践角色的过程,亦是主体对自身所接受的构想角色进行调适与外化的过程。由于个体的自身条件和外在环境不尽相同,即使对角色有相同的理解,落实到行为时也会呈现出一定差异。[2] 因此,有必要对幼儿园实习指导教师角色实现过程中由"知"到"行"环节的影响因素进行深入分析。

---

[1] 饶从满,王春光.反思型教师与教师教育运动初探[J].东北师大学报,2000(5):86-92.
[2] 秦启文,周永康.角色学导论[M].北京:中国社会科学出版社,2011:48.

1. 国家政策、师资制度和组织职能影响角色职责履行

(1) 国家政策推动下的角色需求激增

自《国家中长期教育改革和发展规划纲要(2010—2020年)》颁布和学前教育三年行动计划实施以来,政府及有关部门加大工作力度,着力扩资源、保普惠、建机制、提质量,我国学前教育事业实现了跨越式发展。截至2021年底,我国幼儿园总数从2010年的15.04万所增加至29.48万所;幼儿园专任教师队伍也在不断扩大,从2010年的114.42万人增加至319.10万。[1][2] 幼儿园数量的增加、专任教师队伍的壮大,既为我国学前教育事业的资源扩充和质量提升提供了有力保障[3][4],也为幼儿园教师的培养工作提出了新的要求。2018年,中共中央、国务院印发《关于学前教育深化改革规范发展的若干意见》,提出要完善教师培养体系,扩大有质量教师供给。国家支持、政策推动之下的幼儿园教师培养工作也取得了重大进展:从数量来看,截至2021年,全国约有1 095所本、专科高校开设学前教育专业,当年向社会供给的毕业生约26.5万人。[5] 为了提升幼儿园教师专业素质,顺应当下"实践取向"的教师教育改革理念,我国教育部2011年颁布的《教师教育课程标准(试行)》中明确要求幼儿园教师教育实践课程(包括教育见习和实习)时间不少于18周。由此,不少高校将实习时间扩充并分散至各个年级,致力于同当地优质幼儿园建立长期合作关系,共同培养职前幼儿园教师。

高校学前教育专业的增设与扩招、实践课程的数量增加与时间调整,意味着作为教育实践基地的幼儿园每年将共计接待100万以上来自不同高校、年级和培养层次的师范生,承担实习指导教师角色的幼儿园教师人数也随之激增,一些优质幼儿园中的指导教师不堪重负,如一位老师在访谈中提道:

有一次,同时来了9位实习生,齐刷刷地站一排看我上课,当时我的班上已经有42个孩子了,就觉得眼前乌泱泱的全是人,我赶紧去跟园长讲,不能有那么多实习生。(T23)

上述情况之下,即便幼儿园指导教师持有积极的角色意愿和较高的领悟角色水平,

---

[1] 梁慧娟.改革开放40年我国学前教育事业发展的回望与前瞻[J].学前教育研究,2019(1):9-21.
[2] 2021年全国教育事业统计主要结果公布[N].中国教育报,2022-03-02.
[3] 高丙成,孙蔷蔷,刘占兰.学前教育公益普惠跨越发展[N].中国教育报,2021-07-01.
[4] 刘焱.改革开放四十年中国学前教育的发展变迁[N].人民政协报,2018-06-27.
[5] 张东.让每一个幼儿绽放光彩——党的十八大以来学前教育改革发展纪实[N].中国教育报,2022-04-29.

也会由于时间和精力分配不足,而影响其"教师教育者"的角色职责发挥。

(2) 管理制度缺失引发角色行为失范

我国学前教育事业迅猛发展的同时,现存幼儿园师资管理制度中仍存在诸多问题,如幼儿园教师职称结构不合理、评聘通道不畅、职称评聘存在城乡和省际差异等[①],影响了幼儿园教师社会地位、待遇保障和角色认同感的获得[②③],进而影响其对于自身指导教师角色的领悟水平。问卷调查结果显示,幼儿园实习指导教师的领悟角色得分在职称层面存在显著性差异,未定职称和持有"幼教二级"职称的指导教师在角色总体和"实践中的教师教育者""专业发展的获得者"维度的得分均显著低于拥有"幼教一级"职称的教师。现实中,幼儿园教师全身心投入"考编",确实影响了其对于实习指导教师角色的承担,如实习生在访谈中提道:

我们实习的幼儿园,一半以上的老师都没有编制,每年这个时候,好多老师都要参加 N 市的在职教师入编考试,竞争特别激烈,一个区只有几个名额。我的指导老师今年也在备考,所以让我直接去上课,配班老师带班,没人指导我,后面她因为没考上,也没心情指导我。(S8)

此外,尽管部分指导教师能够领悟到自身角色之于实习生的价值,但由于其忙于职称评聘,或是由于客观原因导致个人职称晋升受阻,却未能在实践中充分履行角色职责:

虽然我的指导对实习生很重要,但实习指导毕竟不是我的本职工作。作为幼儿园老师,别人看你带班怎么样,小朋友有没有出事,一学期下来的工作量如何。我自己关注加不加班,各种评奖评优,什么时候才能评上职称,这才是关键,而不是指导实习生。(T8)

由此,持有上述观点和行为的指导教师不足以担负"实践中的教师教育者"和"职业入场的领路人"的重任。

(3) 组织者的职责不明阻碍要求落实

幼儿园教育实习是教师教育实践课程的重要组成,涉及高校和幼儿园之间的交往与互动。高校和幼儿园作为教育实习的共同组织者,其职责发挥能够对实习指导教师

---

① 高丙成.我国幼儿园教师职称评聘的现状与对策[J].幼儿教育,2015(9):26-30.
② 夏小书.幼儿教师社会地位相对偏低的表征、归因及解决路径[J].教师教育论坛,2016(12):37-40.
③ 胥兴春,徐雪.民办幼儿园教师专业身份认同问卷编制及现状分析[J].学前教育研究,2018(7):38-46.

角色要求的有效落实产生重要影响。

大多数高校的学前教育专业设有专门的教育实习工作小组,呈现"院系领导、高校指导教师(带队教师)、实习生"的组织结构。尽管高校作为教育实习工作组织者,具有较为清晰的组织结构,然而在负责人(发起者)和指导教师(执行者)之间缺乏计划、协调、落实和监督实习工作细节的职能部门,高校指导教师既是守门员,也是裁判员,其专业资质和角色职能尚未明确,角色职责较为模糊,或是将自身角色描述为"后勤保障人员"。

所谓的实习指导也就是走个过场,跟实习生打个照面,大多只是形式上的指导,而缺乏实质内容。(T34)

高校教育实习工作相关的职能部门缺失,高校指导教师职责不明,使得组织者层面的目标要求难以真正落地,且对于指导教师角色外部要求(选拔标准、角色规范)和支持(物质支持、专业培训、激励政策)相对匮乏。即便一些学校对指导教师的角色选拔标准和资质提出了具体要求,也未能跟进并落实要求。这也导致幼儿园指导教师在角色实践过程中遇到问题时只能依照自身相关经验或求助于同事,导致其行为极易陷入"技术化"误区。此外,高校支付给幼儿园的实习指导费用是否真正用于开展实习指导工作并落实到指导教师,同样难以考证。因此,即便幼儿园实习指导教师的角色价值已获得高校教师、实习生以及指导教师本人的认可,实践中仍存在诸多现实困境。

幼儿园内部的组织结构呈现为园长、分管副园长、中层领导(教研组长、年级组长)、班级教师和幼儿。通常情况下,园长是教育实习的总负责人,由分管教学的副园长或中层领导负责具体事宜,同班级指导教师相对接。由于幼儿园没有设置专门的行政岗位,一般会提拔业务能力强的一线教师兼任中层领导职务(如教研组长、年级组长等),幼儿园教师身兼数职的现象十分普遍,也使得部分幼儿园教师既是指导教师角色的扮演者,又是管理者。加之幼儿园本身不具有承担职前教师培养工作的责任和义务,对于教育实习的重视程度有限,多数幼儿园未设置相关的规章制度,也难以对幼儿园教师的实习指导工作予以评价。幼儿园内部的学习共同体(如教研组、年级组)所聚焦的共同事业中,鲜有涉及实习指导工作的。此外,园所实习负责人对于指导教师的了解多来自实习生的反馈,难以准确判断指导教师的专业性及功能发挥水平。

综上,由于高校和幼儿园均未设有专门负责教育实习工作的职能部门,高校指导教师的角色资质、权责尚不明确,加之地方教育行政部门对于整个教育实习工作的运行过程缺乏制度保障,未将实习指导教师角色的承担同教师薪酬制度、职称评聘和荣誉制度相挂钩①,容易导致幼儿园指导教师形成一种"实习指导就是个良心活儿,过程根本没人在意,效果也无人问津"(T6)的消极感受,实践角色的社会功能难以充分发挥。

2. 班级结构、人际氛围影响主体角色行为和指导风格

幼儿园班级成员通常由主班教师、配班教师、保育老师和儿童构成。其中,主班教师由具有一定教龄、经验的教师担任,其社会地位最高,责任也最大,班级的重大决策、重要任务通常由主班教师来决定。② 问卷调查结果显示,近65%的指导教师承担主班教师及以上职务。访谈结果也表明,幼儿园一般会优先安排主班教师承担指导教师角色,只有当实习生人数明显多于幼儿园班级数量,且主班教师兼任行政职务忙不过来时,才会考虑安排配班教师来承担实习指导工作。

班级结构分层和人际氛围既影响指导教师的角色行为,也会影响班级其他成员(配班教师、保育老师和幼儿)对待实习生的态度。在班级结构分层较为明显的班级,每个人都会恪守自身本职工作,决不会轻易越界。因此,当主班教师(指导教师)不在班级或较为繁忙时,其他教师不会涉足实习指导工作,实习生参与实践的频率、范围和程度受到影响。

因为我的指导老师是主班教师,她不在班级时,配班和保育老师基本不怎么管我们,也不会让我们带班、上课或者参与游戏活动,基本处于无所事事的状态,即便配班跟我们有交流,也都是聊八卦。(S6)

与此同时,结构分层较为明显的班级中,班级一切事务均依照主班教师的意愿,主班教师展现出"有经验长者"的权威姿态,其在师徒互动中也习惯于呈现出权威型的角色行为和指导风格,如频繁向实习生指派工作,互动内容多为评价行为表现、提出行动要求、督导行动过程,所表达观点大多从自身角度出发,未能关注实习生的感受、困惑和需求,难以形成对话氛围。

3. 实习生的态度、职业规划与目标影响主体角色认同

作为演员伙伴、师徒互动的重要参与者,实习生之于指导教师实践角色的影响不容忽视,我们将依次从个人态度、职业规划和实习目标进行分析。

(1) 个人态度

表4-1呈现了就业型、升学型实习生的职业规划、实习目标、个人态度及其对指导

---

① 卢俊勇,陶青.从中小学教师到教师教育者的关键转变——实习指导教师培训:美国做法与有效策略[J].现代教育管理,2019(1):47-51.
② 王海英.学前教育社会学[M].北京:北京师范大学出版社,2015:218.

教师实践角色的影响。

表 4-1　不同类型实习生的特点及对指导教师角色实现的影响

实习生类型	职业规划	实习目标	个人态度	对幼儿园指导教师实践角色的影响
就业型	打算从事幼教职业,备考教师编制	获取应试经验;收集论文数据	积极	成为"学习需求的满足者""实践场地的提供者";有助于提升主体角色意愿与内部动机;师徒关系融洽
	不打算从事幼儿园教师职业			
升学型	跨专业考研	体验教师角色;收集论文数据	消极	角色意愿、认同感较低;开放实践场地时谨慎而担忧;师徒互动中的情感能量获得十分有限
	本专业考研			

从类别来看,尽管就业型和升学型的实习生在职业规划、实习目标上各不相同,但当其进入班级后,在与指导教师、班级幼儿互动过程中展现出的个人态度可分为积极和消极两大类别。这里的"个人态度"具体包括两方面的态度,一是对待幼儿和幼儿园教师职业的态度。如:

爱孩子,你就会爱他们的一切,爱孩子的实习生一眼就能看出来,他们眼里有光,也不觉得孩子吵闹有多烦。(T22)

二是对待实践学习的态度,即是否表现出一种想要学到东西、有所收获的积极状态,能够多观察、不懂就问;而非一种局外人、事不关己、消极怠工的状态。

有的实习生总是以各种理由请假、迟到,也不太主动跟孩子交流,不管我们在干吗,好像一切都跟他没有关系。(T26)

角色理论认为,任何角色的形成都需要在社会互动中完成,主体在角色扮演的过程中,通过对于互动情境中其他演员(角色伙伴)眼神、体态和语言等线索的观察,了解他人期望和要求,并以此作为塑造个人行为的重要力量。[①] 在幼儿园教育场域中,指导教师正是通过对实习生态度和行为的观察,不断建构角色认识、调整角色行为。如多数指导教师在访谈中提到,相较于专业能力,自己更加欣赏和认可个人态度较为积极的实习生。由此,实习生积极的个人态度,能够促使指导教师的内部动机获得提升,并形成积极的角色认识,如:

要好的孩子对指导老师也是有要求的,专业上你要真的有东西能够给到人家,不然人家喊你一声老师,你自己都会不好意思。(T25)

---

① 秦启文,周永康.角色学导论[M].北京:中国社会科学出版社,2011:94.

同时,指导教师也会依照自身所持守的幼儿园教师角色标准和行为规范来监督、评价实习生的行为表现,一旦实习生的个人态度较为消极,指导教师便会陷入一种"管也管不了,不管又不行"的尴尬境地,由此而难以形成角色认同,如:

既然来实习,全面参与实践肯定是最好的,但我最担心实习生因为态度不认真、准备不充分,课上得乱七八糟,不但打击到自己,也会对班级常规、孩子习惯养成产生不好的影响。(T23)

上述实习生消极的个人态度和不当的行为表现,使得幼儿园指导教师在扮演"实践场地的提供者"角色时不由变得更加谨慎而担忧,甚至会为了保障教育教学质量而选择将指导教师角色暂时弃之不顾,导致期望和领悟角色难以落地。

(2) 职业规划和实习目标

对于未来想要进入幼儿园工作的实习生而言,能够考取教师编制是最为理想的结果,其希望幼儿园指导教师能够多分享一些"应试经验"。由于实习生表现出较为积极的个人态度,加之幼儿园指导教师作为"过来人",能够理解实习生的备考心情,从而倾向于在互动过程中扮演"实践场地的提供者"和"学习需求的满足者"角色。

实习生马上要参加入编的面试,内容就是说课,所以我的指导就是帮他们反复磨说课,其他环节的内容基本不会涉及。(T18)

由于指导教师能够尽力满足实习生的学习需求,且本着一切以就业为重的行动原则,使得师徒关系维持在一种松散而融洽的状态。

对于未来不打算去幼儿园工作、准备升学的实习生群体,教育实习似乎变成了一项"不得不完成的作业",其将"体验教师角色"或"收集研究数据"作为主要目标,对于指导教师、师徒互动缺乏较为具体而明确的期待。实践过程中的态度也较为消极,同班级幼儿、指导教师的互动"能省则省",如指导教师对个别实习生的描述:

小朋友在教室里游戏或者上课的时候,他坐在旁边看书;我们出去做操活动的时候,他站着看书。(T22)

更有甚者刚进班级,就告诉幼儿园指导教师:

"我要准备考研,研究生以后不会去幼儿园工作,所以我不需要实践。"然后就一直抱着手站在那里看,像在视察工作。(T11)

由此,上述内部动机缺失、个人态度消极的实习生,不仅自身对于师徒互动的时间和情感能量的投入有限,还会影响到指导教师的实践角色水平,甚至会对教师的日常工作带来不良影响。

4. 指导教师性格、师徒性格匹配和社会文化影响师徒关系

师徒互动、师徒关系被视为实习指导教师角色研究的重要视角。[①] 本书对于指导教师实践角色的描摹,围绕幼儿园教育实习场域中的师徒互动行为展开,其中不乏对于师徒关系的探讨。数据分析结果表明,个人性格、师徒性格匹配以及社会文化影响师徒关系构建,由此而影响幼儿园实习指导教师的角色实现。

(1) 指导教师性格

在论及师徒互动的影响因素时,作为角色主体的幼儿园指导教师和作为演员伙伴的实习生均提到个人性格,认为其直接关系到师徒关系及互动氛围,从而影响指导教师角色价值的发挥。性格(character)是一种与社会最为密切相关的人格特征,主要体现在个体对自己、对别人、对事物的态度和所采取的言行上,性格在社会生活中逐渐形成,同时也受到个体生物学因素的影响。[②] 现实中,性格内向或外向首先是一个来源于访谈数据的本土概念,受访对象用以描述教育实习中,指导教师或实习生在人际互动时所呈现的态度和言行特征,如开朗或内敛,乐于沟通或不善言辞,活泼或安静。心理学界对于性格类型的划分,以由瑞士心理学家荣格的人格理论发展而来的 MBTI(Myers-Briggs Type Indicator)性格类型测量模型的研制较为成熟、应用较为广泛。[③] 其中的第一个维度便涉及个体在同外界互动、人际关系建构过程中,所表现出的外向型(extrovert)或内向型(introvert)能量来源指向。[④] 其中,外向型性格的人时常将关注焦点放在外部世界,积极主动、乐于表达、适应能力强并喜欢沟通交流;内向型性格的人则习惯向内集中精力,沉稳安静、善于接收信息、深思熟虑并喜欢用文字表达观点。由此,用内向或外向作为指导教师个人性格类型的划分和命名方式,具有适切性。

内向型指导教师在同实习生相处时,需要一个相对漫长的,从不熟悉到熟悉,再到相互了解的过程,并呈现出一种从较为传统的"职场前辈与新手",逐渐过渡到"平等的对话者"的师徒关系状态。

实习生很尊重我,比较愿意跟着我学习,但是因为我的性格不是很活泼,我们之间像是比较传统的师徒关系。也许年轻人更喜欢与自己兴趣相投的指导老师,大家可以像

[①] Hawkey K. Roles, responsibilities, and relationships in mentoring: A literature review and agenda for research[J]. Journal of Teacher Education, 1997, 48(5): 325-335.
[②] 彭聃龄.普通心理学[M].北京:北京师范大学出版社,2006:440-441.
[③] 卿青.浅析MBTI性格类型理论用于教师群体研究的注意事项[J].劳动保障世界,2019(18):77.
[④] 赵海兰.教育游戏的动作水准与学习者的性格类型对内在动机的影响[J].中国电化教育,2015(5):58-61,83.

朋友一样相处,这是他们的方式,我可以理解,但我不是那种类型(笑)。我在不熟的人面前话会比较少,也不幽默,好多实习生开始会觉得我不好相处,但是经过一段时间之后,大家也就放松了,就开始主动问问题,愿意跟我交流。(T10)

外向型性格的指导教师通常较为关注实习生的动向及自身影响,愿意主动同实习生进行交流,从而积极扮演着"互动行为的发起人"角色。如C老师曾这样评价自己:

我个人性格比较外向,愿意与人交流,除非实习生明显表现出不想接受我的指导,或者学习特别不用心,我可能就不会说太多,一般情况下,我都会主动跟他们分享一些自己觉得有用的经验。(T9)

又如Q老师提出:

我是一个喜欢跟别人交流的人,在班上,我主要承担数学和科学领域的教学,会观察孩子的学习特点,也会经常跟实习生分享自己的发现,哪怕是利用休息时间,也不觉得是负担,反而很高兴。(T1)

可见,外向型性格的指导教师通常愿意成为"信息资源的分享者",并能够从中获得情感满足,从而持有较高水平的角色意愿和内部动机。在幼儿园教育实习场域中,师徒关系和人际氛围的形成,既同指导教师的个人性格密切相关,也受到实习生性格以及师徒性格匹配的影响,使得主体对于师徒关系的理解及其角色意愿、行为、体验与价值发挥均呈现出一定差异。

(2) 师徒性格匹配

① 外向型指导教师和外向型实习生。教育实习中,若师徒双方性格均为外向型,则容易迅速形成亲近而融洽的关系。如外向型指导教师通常较为欣赏外向型性格的实习生,并认为:

幼儿园教师职业是挑人性格的,性格开朗的人能够较快适应这个工作。基本上实习生一进到班上跟我们讲话,就能够大概判断他们带班的情况,大方、自信、主动跟人交流的孩子(实习生)带班一般不成问题。(T23)

上述良好的第一印象会对后续师徒互动产生积极的"首因效应",从而易于建立和谐的人际关系。

② 外向型指导教师和内向型实习生。性格外向的指导教师乐于表达,而内向型实习生习惯倾听,如在实践角色的研究中,组合A中的指导教师在实习结束后反思道:

我们在交流的时候,实习生讲得少,每次都是我在唧吧唧吧地讲,应该增加一个环节,先请实习生来说,听听他们的想法,不然当我讲完以后,再问有什么问题,他们也就不愿意说了。

由此，指导教师在师徒互动过程中倾向于基于自身角度表达观念、提出行动要求，且十分看重实习生对其所提要求的遵从程度，从而扮演着权威性程度较高的"角色规范的传递者""行为表现的评价者"和"行动过程的督导者"角色，实习生的想法容易被忽视，主体性发挥受到影响。

其次，当外向型指导教师遇到性格内向、较少主动提问且行为变化幅度较小的实习生时，其角色动机和认同感也会随之降低。如实践角色研究中，师徒组合C中的指导教师所言：

> 我们的对话是我发起比较多，但我有很努力地想让她(实习生)讲，因为一定是她将困惑提出来，我讲看法和建议，这样的指导才有效果。但由于性格原因，她不问，我也没办法知道。6周过去了，她行为上基本没多大变化，这样也会影响到我的热情。就像我投一颗石子在水里，却没有任何波纹。

③ 内向型指导教师和内向型实习生。同样是面对内向型的实习生，内向型指导教师则表现出完全不同的态度，其愿意尝试理解实习生的行为表现，从而易于构建一种较为融洽、和谐的师徒关系。

> 实习生S是一个性格比较内向的孩子，跟人交流，特别是刚开始上课的时候，表现得很紧张、局促。由于我自己的性格也有内向的一面，我能体会到她的紧张，所以在双方交流(其实是指出问题)的时候，希望营造一个比较宽松的氛围，让她心理上不要有太大负担，着急否定自己，这是我的初衷，也不知道她是否感受到了(笑)。(指导教师B)

正如B老师所言，实习生能否感受到教师所营造"宽松氛围"背后的良苦用心，在实践学习过程中有所收获，仍待考证。

④ 内向型指导教师和外向型实习生。由于性格原因，内向型指导教师相对缺乏主动沟通的意识和习惯，较少发起师徒互动，具体体现在以下两个较为典型的情境中。一是在实习生初到班级时，双方缺少沟通。

> 指导教师D在实习生进入班级的第一个上午并没有单独同其交流。休息时间，班上两位老师就儿童在活动区、集体教学活动中的反应、课程进程等问题进行了热烈讨论，也聊了一些各自周末发生的趣事。这时，实习生站在一旁，显得有些尴尬和局促，想要参与其中，又不知道该说些什么。在后来的访谈中，她说自己是局外人。(观察记录M210301)

由此，指导教师D没能及时向班级儿童和其他教师进行介绍实习生，并向实习生简要介绍班级情况；而外向型实习生D渴望与人交流，尽快融入班级，且对于互动过程中他人的情感供给和反馈需求较高,因而难以在师徒互动中获得归属感和角色认同。

二是在实习生行动过程中,双方鲜有交流。

指导老师不会要求我去做事情,当然也不太会主动交流,有些日常工作的规则和注意事项需要自己慢慢摸索,甚至是尝试错误。比如上次排队,我看到有的孩子贴在边上,就让他们往前站,他们说老师要求站在线上,我才发现是我不知道要求,指导教师看到了也不太会纠正我,让我觉得有点尴尬。(实习生D)

由于指导教师未能及时告知实习生保教工作中的行为规范和注意事项,较少对实习生的教育行为予以当面反馈,实习生只能通过观察、猜测和他人的反馈获取信息,从而使其实践学习效率较低,所获经验零散,且改进空间受限,难以形成全面而深入的角色认知,指导教师"职业入场的领路人"的角色功能未能充分发挥。

综上,指导教师的个人性格、师徒性格匹配模式均会影响主体角色观念、行为、师徒关系及其互动效果。需要说明的是,上述不同性格类型师徒组合的互动特点及对于指导教师实践角色的影响,并不能囊括现实中的所有情况。如外向型指导教师同内向型实习生的组合也能够促使主体角色价值的实现,如一位指导教师回忆道:

前几年,有个实习生比较内向,也不善表达。我一直鼓励她,也没放松要求,她当时好像也没多热情地回应我。但实习结束后,我在抽屉里发现了她留给我的一封信,记录了我们交流过程中的点滴以及她的感受,写了很多感谢的话,当时真的震撼到我了,我至今都保存着那封信(热泪盈眶)。(T6)

(3) 社会文化浸润

我国学者黄曬莉的研究发现,中国人的人际关系以"和"为最高的指导原则与理想境界①,其将华人群体社会交往中所呈现的人际关系类型进一步划分为"实性和谐"和"虚性和谐",如表4-2所示。前者不仅停留在表面融洽,还存在一种深层次交往和思维上的相互激发;后者则停留在表面、形式上的合拍,并没有深度交流,由此而难以产生思维和行动上的深层次影响。②③

---

① 黄曬莉.华人人际和谐与冲突:本土化的理论与研究[M].重庆:重庆大学出版社,2007:9.
② 江淑玲,陈向明.师徒互动对师范实习生专业观念的影响——交换理论的视角[J].华东师范大学学报(教育科学版),2017,35(6):126-136,157.
③ 陈向明,曲霞.师徒互动对实习生学做教师的影响[J].教育科学,2021,37(5):36-48.

表 4-2 幼儿园教育实习中的师徒关系类型及特征①

关系类型	具体维度	特征
实性和谐	"投契式"和谐	自然开放、民主平等、心灵契合
	"合模式"和谐	彼此尊重且谨守分寸,直率表达与虚心受教
虚性和谐	"疏离式"和谐	保持距离、冷漠疏远、缺乏真诚、减少付出
	"隐抑式"和谐	外表客套、失望不满、负面评价、隐忍压抑

在幼儿园教育实习场域之中,师徒互动的过程中亦能呈现出一种规避冲突的心态和思维方式,旨在构建并维持一种和谐的人际氛围。指导教师在同实习生交流过程中,会注意自身的讲话方式和语气,积极观察、及时发现并肯定实习生在行动过程中所展现出的优点和进步,试图营造较为和谐的人际氛围。与此同时,实习生对于指导教师作为师徒互动行为的主要发起者,单方面决定互动内容和进程,似乎也不觉得有任何不妥,即便被误解,也会选择表面接受,从而努力维护上述融洽氛围。如师徒组合A中的实习生提道:

刚才指导老师说的那个事,其实开始我确实没听明白要求,后来就问配班老师,然后照做了,没想到他们要求不一样,如果我说是配班老师告诉我的,好像是在背后讲别人,这样不太好,就这样吧,反正实习也快结束了。

对数据的进一步分析发现,幼儿园指导教师同实习生之间难以形成"投契式"和谐关系,上述"实性和谐"的师徒关系状态,多存在于主体的领悟角色和实习生的期望之中,属于应然状态的师徒关系。现实中,虚实和谐关系的内部和彼此之间会呈现出一种相互渗透、转化的状态②,纯正的"实性和谐"确实极为少见,而更多的实性和谐是"实中带虚"。部分师徒在互动中倾向于呈现出一种"合模式"和谐关系,双方持有相互尊重的态度,指导教师对于实习生行动过程中存在的问题会理性优先、直率表达,实习生也会虚心受教,从而有助于角色价值实现。然而,在师徒交往过程中,也不乏因主体间的价值观、性格、行为方式存在差异而造成其交流受阻,双方只能尽力将关系维持在一种表面、形式上的和谐,呈现出"虚性和谐"的人际关系特征,难以获得观念或行为上的相互促进。如一些实习生表面虚心受教,是为了迎合指导教师,从而得到认可或是好成绩,其内心并不认可指导教师的理念、能力和指导方式,也不认为指导教师能够促使其自身获得成长,从而显现出一种夹杂着"疏离式"和谐关系特征的"合模式"关系状态。指导教师"职业入场的领路人"和"专业发展的获得者"的社会功能同样难以实现。

---

① 黄曬莉.华人人际和谐与冲突:本土化的理论与研究[M].重庆:重庆大学出版社,2007:190-213.
② 黄曬莉.华人人际和谐与冲突:本土化的理论与研究[M].重庆:重庆大学出版社,2007:215.

此外，在传统的"学徒制"概念中，师傅（mentor）的角色具有监督者、指导者的内涵，其中也就暗含着师徒关系中双方地位、权利的不对称性。[1] 而依据情境学习理论的观点，"合法的边缘性参与"是新手进入实践共同体的必经之路。[2] 又如在一些行业文化中，师傅正是通过考察徒弟做"杂事"的态度和能力，才会决定是否值得将自己的"行家绝技"加以传授。[3] 在上述传统"师徒制"观念和行业文化的影响下，一些幼儿园指导教师仍然信奉传统的师徒关系，期望实习生能够帮忙分担工作中甚至是工作之余的"杂事"，如 Y 老师曾提道：

我们的确会安排实习生去帮忙分担一些琐碎的工作，可能在他们看来是一些机械劳动，技术含量不高，比如打印材料、制作教具等，但是这些确实也是我们老师本身要承担的工作。但有些老师就比较过分了，会让实习生帮她洗饭盒、拿快递，在我看来，这些个人的私事不应当让实习生去做。（T22）

又如部分指导教师在访谈中表示，会根据实习生在承担边缘性工作时的态度和表现决定实习指导的内容、方式和程度，并相信"严师出高徒"，由此而引发了实习生的误解。

开始就是指导老师安排我们做事，她来挑毛病，可能是因为我们态度比较好，后来老师的态度也会变得好一些，看我们做事也比较顺眼了，眼神都没那么嫌弃了。有时还会在我组织集体活动结束后，耐心地指点我们一下，我们才敢稍微松口气。（S8）

在上述实习生的描述中，可以明显看出，指导教师在实践场地提供和工作内容安排上，具有个人的考虑且呈现出一定的循序渐进性，通过"安排工作内容""提出行动要求""纠正不当行为""传授实践经验"等方式扮演着"实践中的教师教育者"角色。然而，由于其在师徒互动中的态度较为严厉，呈现出典型的权威型指导风格，同实习生所期待的民主、平等型师徒关系相差甚远，从而形成了一种"隐抑式"和谐的人际关系状态。这导致实习生"当局者迷"，过度关注指导教师的讲话态度和方式，难以跳出双方关系来反思自身行为，专业学习的获得感和体验感受阻，由此不利于指导教师的角色功能实现。

5. 指导教师的自主性、能动性影响实践角色功能发挥

角色主体的自主性一方面表现为主体在角色实践过程中具有独立的角色意识、明确的角色目标，并充分发挥积极性和创造性，以达到预期目标；另一方面则体现在主体在受到客观条件限制时，具有对自身活动进行自我控制、调节的能力。角色主体的能动

---

[1] Little W. The Mentor Phenomenon and the Social Organization of Teaching[J]. Review of Research in Education，1990(16)：297-351.
[2] 莱夫，温格.情境学习：合法的边缘性参与[M].王文静，译.上海：华东师范大学出版社，2004：5-10.
[3] 陈向明.从"合法的边缘性参与"看初学者的学习困境[J].全球教育展望，2013，42(12)：3-10.

性是指个体在角色实践过程中,能够依照自身的知识经验、认知结构和情意结构主动计划、选择并支配自身行为,以达成目标。现实中,幼儿园指导教师的自主性与能动性发挥,体现为主体在角色实践过程中,特别是客观条件受限时,能够主动计划、调适行为,顺利实现从"知"到"行"的转变。

具体而言,一是主体敢于突破来自自身的客观条件限制。年龄、教龄和实习指导年限相对较低的教师,所积累的关于"幼儿园教师"和"实习指导教师"角色的实践经验也较为有限,如部分教师能够意识到指导教师的角色价值,但限于上述客观条件,时常无法解答实习生所提问题,难以进行及时而有效的指导,且并未积极尝试在行动中做出改变,角色功能难以发挥。同样受限于上述客观条件,一些自主性、能动性较强的新手教师则善于变劣势为优势,实践经验有限且资历尚浅,反而能促使自身在同实习生互动时卸掉"指导者""前辈"的角色包袱,善于从实习生的角度看待问题,接纳并理解实习生的一些不成熟表现,师徒共同反思并解决问题。加之师徒之间的年龄差距较小,由此而更容易建构"亦师亦友"的人际关系,在互动中营造对话氛围、展开深入交流,从而获得共同发展。

二是主体能够积极应对来自外部的客观条件限制。保教结合的工作性质、身兼数职的角色要求、组织层面的要求和支持不足、来自实习生消极态度的影响等客观因素都会导致指导教师对于师徒互动的投入受限。由此导致一些指导教师的领悟角色水平虽然较高,但在实践过程中却未能促使领悟角色真正落地,知行不一的现象时有发生,并将上述客观条件视作阻碍自身角色功能发挥的根本因素。与之相反,我们发现也有部分教师能够充分发挥自主性和能动性,在自身工作十分繁忙的情况下仍能统筹安排时间,计划并实施实习指导工作,每周抽出相对固定的时间同实习生当面交流,或是主动分享自己设计的优质教案、教研资源和外出学习心得,从提升师徒互动质量入手,弥补指导时间、数量的不足。

由此,在相同或相近的客观条件之下,个体的自主性、能动性发挥水平导致其实践角色的水平呈现出较大差异,从而影响指导教师的角色功能发挥。

本章小结

理想状态下,幼儿园实习指导教师角色实现意味着期望、领悟和实践角色在内容构成上具有较高程度的一致性,在功效发挥上均处于较高水平。具体表现为:剧本期望明确,符合我国当下的幼儿园教师培养要求,外界期望(剧本期望、演员伙伴和观众期望)的内容清晰度较高,且具有内在一致性;幼儿园指导教师能够及时获知该角色的基本规范和外在期望,并充分发挥主体性,将其调适并内化为领悟角色,进而在参与社会互动的过程中,力图表现出符合社会要求、他人期望的角色行为,以实现其社会功能。由此,理想状态下的"角色实现"概念中,恰如其分地体现出角色本身所兼具的共性与个性。其中,"共性"使得三种角色的内容构成中能够提炼出归属于期望角色的一致性要求,有赖于期望角色"规定"和"预测"功效、领悟角色"指导"功效的充分发挥。"个性"则强调个体在角色领悟、实践过程中的主体性表达和能动性发挥,体现为领悟角色的"调节""指导"功效和实践角色"经验来源"效用的发挥水平。本章从"角色实现"的角度出发,分析指导教师期望、领悟和实践角色在内容构成和功效发挥水平上的关联与差异,以探究指导教师角色实现的现实状况及成因。

  首先,就内在结构而言,期望、领悟和实践角色的研究结论中,均能提炼出"专业的幼儿园教师"和"实践中的教师教育者"的角色内涵。就外在功能而言,幼儿园实习指导教师作为"职业入场的领路人"和"专业发展的获得者",能够对实习生和自身的专业发展产生积极影响。三种幼儿园实习指导教师角色的内涵较为一致,既体现出角色本身所具有的"共性",也说明主体能够在一定程度上将外界期望内化为自身领悟角色,进而外化为角色行为,从而有利于其角色实现。其次,就功效发挥而言,高校剧本期望的"统摄力量"未能充分发挥,演员伙伴和观众期望"参考框架"的效用发挥水平各有不同,这不但会降低领悟角色的"调适"和"指导"水平,而且导致实践角色作为期望角色和领悟角色"经验来源"的合理性难以判断,故而不利于指导教师的角色实现。

  与此同时,依照角色实现理论,将幼儿园实习指导教师的角色实现分为从期望角色到领悟角色、从领悟角色到实践角色两大环节,分别探讨上述两大环节的影响因素。其一,构想角色的形成与接受过程是主体将外界期望角色内化为自身领悟角色的过程,是内外因共同作用的结果。教育行政部门的职能发挥影响期望角色清晰度,高校与幼儿园之间的联通度(实践课程信息联通与指导教师间人际互动)影响期望角色传播。幼儿园教师的专业地位低下阻碍其指导教师角色观念更新。园长的角色期望和管理行为引领领悟角色建构;指导教师的态度和角色认知能力影响领悟角色水平。其二,从领悟角色到实践角色的过程,亦是主体对自身所接受的构想角色进行调适与外化的过程。幼儿园实习指导教师角色由"知"到"行"的影响因素包含如下内容:国家政策、师资制度和组织职能影响角色职责的履行;班级结构分层、人际氛围影响指导教师的角色行为和指导风格;实习生的职业规划、实习目标通过作用于其在师徒互动中的态度和行为,从而影响指导教师的角色意愿和角色认同感获得;指导教师的个人性格、师徒性格匹配模式以及社会文化影响师徒关系建构;指导教师的自主性、能动性发挥关乎实践角色功能的发挥。

第五章
何以可能:幼儿园实习指导教师角色实现的建议与对策

> 对于每一位教师而言,承担教师教育者角色是一项极具挑战性的工作,其需要必要的外部支持和充分的自身准备,从而经历一个"学习成为指导教师"的过程。[①]
>
> ——费曼·南瑟

本书的前三个章节揭示了幼儿园实习指导教师的三种角色特征,分析角色实现的状况及成因,最终指向如何促进其角色实现。理想状态下,幼儿园实习指导教师的角色实现意味着期望、领悟和实践角色在内容构成上趋向一致,在功效发挥上处于较高水平。具体体现为,剧本期望的内容明确,且符合我国当下幼儿园教师培养的基本理念与要求,外界期望角色的内容较为清晰、一致;主体能够及时获知角色的基本规范和外界期望,并将其内化为自身领悟角色,力图在参与社会互动的过程中表现出符合外界要求、他人期望的角色行为,从而充分发挥该角色的社会功能,在"成为"和"培养"反思性实践者的道路上不断前行。因此,本章节将基于幼儿园实习指导教师期望、领悟和实践角色的现状及特征,结合指导教师所报告的现实困境和主体需求,借鉴国内外教师教育者角色建设的有益经验,从期望角色的效用发挥、领悟角色的水平提升和实践角色的功能实现三个层面,尝试提出促使幼儿园实习指导教师角色实现的建议与对策。

一、期望角色的效用发挥是前提

提升期望角色的内容清晰度、传播通达度,不仅有助于发挥期望角色的"规定"和"预测"效用,提升个体角色领悟和实践水平,还有助于促使幼儿园实习指导教师实现作为"实践中的教师教育者"角色的社会功能,从而成为实习生"职业入场的领路人"和自

[①] Feiman-Nemser S. Teachers as teacher educators[J]. European Journal of Teacher Education, 1998, 21(1): 63-74.

身"专业发展的获得者",有效回应我国当下所倡导的"育人为本、实践取向、终身学习"的幼儿园教师教育理念。

(一) 研制教师教育者专业标准,保障期望角色有章可循

有关部门应研制并出台"教师教育者"专业标准,发挥教师教育政策的引领作用,促使社会、团体和个人在建构幼儿园实习指导教师的期望角色时有章可循。近年来,我国出台了一系列政策文件,如 2011 年颁布的《教师教育课程标准(试行)》中,明确提出"育人为本、实践取向、终身学习"的理念,并要求"强化教育实践环节,完善教育实践课程管理,确保教育实践课程的时间和质量"。2011 年颁布的《教育部关于大力推进教师教育课程改革的意见》中进一步强调,应"加强教育见习,提供更多观摩名师讲课的机会。师范生到中小学和幼儿园教育实践不少于一个学期……建设长期稳定的中小学和幼儿园教育实习基地。高校和中小学要选派工作责任心强、经验丰富的教师担任师范生实习指导教师"。由此,时间要求、基地建设和人员(指导教师)素质,共同构成了教师教育课程改革"实践转向"的有力举措。上述政策为教师教育实践课程的设计与实施指明了方向,然而,仅用"优秀、经验丰富、责任心强"等词汇来描述教师教育者的角色要求,使得政策要求在落实过程中暴露出一些不容忽视的问题。

首先,从数量来看,尽管多数高校能够落实指导教师"数量充足"的要求,将实习基地与实习生的人数比例控制在 1∶20 以内[①],但每所幼儿园同时接纳的来自不同学校实习生的总数却未加控制。现实中,幼儿园教师在同一时间所指导的实习生通常为 1~4 人,最多时甚至达到过 9~10 人,幼儿园指导教师不堪重负。因此,相关部门在制定教育实习工作的相关政策时应注意完善"数量充足"的要求,规定幼儿园实习指导教师同一时间内所指导实习生的人数上限。

其次,从质量来看,在实习生总人数多于(或等于)幼儿园班级数量的情况下,幼儿园通常会将实习生平均分配到每个班级,而较少考虑指导教师的专业资质。多数高校和幼儿园尚未就实习指导教师角色的选派标准达成一致。如前所述,相关政策中要求高校选拔"工作责任心强、经验丰富"或是"优秀"的幼儿园教师承担实践课程导师角色,那么工作责任心强、经验丰富的幼儿园教师并非一定愿意承担实习指导教师工作,并具有作为"教师教育者"角色的专业胜任力。因此,教育行政部门还可以进一步探索并细化教师教育者所应当具备的专业资质和能力要求,出台包括幼儿园实习指导教师在内

---

① 教育部印发《普通高等学校师范类专业认证实施办法(暂行)》[J].中国高等教育评估,2017(4):62.

的国家层面的"教师教育者专业标准",充分发挥教师教育政策的引领作用,保障期望角色有章可循,为幼儿园实习指导教师角色的遴选、培训、管理和评价工作提供有力支撑。①②

(二)构建教师教育实践共同体,确保期望角色传播通达

从个体层面来看,教育实习是实习生基于真实教育情境之中,同指导教师、儿童和环境展开互动,从而获得角色认知、身份认同和文化适应的过程;从组织层面来看,教育实习作为教师教育实践类课程的核心构成,涉及高校和幼儿园两大系统之间的互动,能够为教师教育职前职后阶段的联通、教育理论与实践之间的对话提供契机。其中,高校和实习基地之间所形成的密切而稳定的联系,是教育实习乃至整个教师教育质量的重要保障。③④ 现实中,由于高校和幼儿园间的人际沟通和信息通达程度有限,期望角色难以传播,导致幼儿园实习指导教师的角色领悟、实践水平受到限制。由此,尝试提出构建幼儿园教师教育实践共同体的设想,旨在为指导教师的角色实现提供保障。

2017年,我国教育部印发的《学前教育专业认证标准》体现了国家层面对于各级各类高校学前教育专业办学质量的要求。以第二级(合格)认证标准为例,其在"目标设置"上,要求高校将"践行师德、学会教学、学会育人、学会发展"作为师范生毕业要求,强调关注师范生终身学习、可持续发展的意识和能力。这同我国《幼儿园教师专业标准(试行)》中的"终身学习"理念一脉相承,即幼儿园教师应积极"学习先进学前教育理论,优化知识结构,具有终身学习与持续发展的意识和能力"。同时,《学前教育专业认证标准》要求高校教师"熟悉幼儿园教育教学工作,具有指导、分析、解决幼儿园教育教学实际问题的能力"。上述标准所倡导的可持续发展、终身学习理念,以及对于高校教师应立足实践,幼儿园教师应加强教育理论学习的专业发展要求,使得组织者层面(高校与幼儿园)的联通具有了必要性和可能性。与此同时,高校与幼儿园协同育人、共谋发展,能够为幼儿

---

① Darling-Hammond L. Teacher education around the world: What can we learn from international practice? [J]. European Journal of Teacher Education, 2017, 40(3): 291-309.

② Ellis N., Osborne S. Mentoring-collaborative approach[J]. Independent Education, 2015, 45(2): 14.

③ Zeichner K. Rethinking the connections between campus courses and field experiences in college and university-based teacher education[J]. Journal of Teacher Education, 2009, 61(1-2): 89-99.

④ Stenberg K., Rajala A., Hilppo J. Fostering theory-practice reflection in teaching practicums[J]. Asia-Pacific Journal of Teacher Education, 2016, 44(5): 470-485.

园教师和高校教师的专业发展提供切实保障,也是落实"育人为本""实践取向"和"终身学习"理念,推动教师教育一体化改革和发展进程的有力举措。

由此,应将实习指导教师的角色建设,置于整个幼儿园教师教育体系加以考虑,以教育实习为契机,构建幼儿园教师教育实践共同体。高校可借鉴国外教师教育机构经验,设置实践课程管理部门,配设专门的实践课程负责人[①],可由承担相关课程,如儿童行为观察、幼儿园课程或教学法课程的教师担任。实践课程负责人将同幼儿园兼职实践导师[②]、幼儿园实习工作负责人建立持久、稳定的伙伴关系,共同规划教师教育实践课程。[③] 就教育实习来看,三方将围绕"指导谁""指导什么""如何指导""如何评价指导效果"等问题进行研究与研讨,分析不同层次、不同年级、实习不同阶段的实习生学习目标、特点和需求,确保教育实习内容涵盖"师德体验、保教实践、班级管理实践和教研实践"的基础上,聚焦每一阶段实习工作的重难点,并将理论学习与实践反思贯穿于整个教育实习进程中。上述研讨结果应当以文本的形式,在《教育实习手册》《实习指导指南》中加以落实,以提升幼儿园实习指导教师角色"剧本期望"的内容清晰度,充分发挥其在主体领悟角色、相关群体期望角色建构过程中的"统摄力量"。

同时,高校实践课程负责人将以组织者、参与者和支持者的身份出现在教育实习进程中,包括实习前的交流活动组织、实习中的全程参与以及实习结束时的成绩核定。在实习准备期,实践课程负责人可通过多种形式传递剧本期望和相关主体的角色期望。如组织高校指导教师、实习生和幼儿园指导教师展开交流:由高校教师介绍教师教育目标、实践课程体系,教育实习目标、内容、实施形式、评价方式以及实习生的学情;请实习生分享个人学习目标、期待,以及对教育实习和指导教师的期待;由幼儿园实习工作负责人介绍园所的基本情况、幼儿园教师工作过程中的常见问题和注意事项,进而提出幼儿园层面对于实习生、高校指导教师的期待;邀请幼儿园指导教师和高校指导教师分享以往承担实习指导工作的心得体会,进而提出对于实习生的期待和自我角色期望。最终,实践课程负责人整理上述交流成果,明确角色职责以及来自外界的期待,确保相关主体(实习生、高校指导教师、园所实习负责人)能够明确角色权责,对自身的专业学习与发展建立合理期望,从而提升领悟角色水平。

---

① 王菠,王萍.澳大利亚高等院校学前教育实习指导手册:解读、分析与借鉴[J].外国中小学教育,2018(5):39-48.

② 我国《学前教育专业认证标准(第二级)》指出,教师队伍中的幼儿园一线兼职教师队伍稳定,占教师教育课程教师比例不低于20%,因此,一些高校也将其称为"兼职实践导师"。

③ 张晓光.研究性反思:芬兰师范生教育实习探析[J].教育研究,2019,40(5):86-93.

(三) 塑造并宣传优秀角色形象,扩大期望角色影响力量

正如米德所言,"社会生活中的人们都在效仿角色,模仿行为",良好的角色形象能够为个体提供学习榜样①,在群体中起到一定的示范作用。与此同时,塑造角色形象,给予成功的角色扮演者以社会荣誉,能够对角色主体的思想、行为产生激励作用,促使角色主体自我实现的需要更加强烈,从而调动其潜在的积极性,使之愿意克服困难并完成社会所赋予的角色任务。作为"实践中的教师教育者",幼儿园教师和实习指导教师的角色形象共同影响着主体的角色认同水平,从而对其角色行为产生影响。因此,应积极塑造并宣传幼儿园实习指导教师角色形象,扩大期望角色的影响力量。

1. 给予社会荣誉,塑造优秀"教师教育者"角色形象

近年来,政策推动之下的幼儿园教师形象建设已初见成效,如我国教育部将2018年的全国学前教育宣传月②活动主题定为"我是幼儿园教师",各地通过多视角、多形式的宣传,呈现了真实的幼儿园教师工作,使得整个社会更加理解、认可幼儿园教师职业的专业性,从而塑造了新时代幼儿园教师的良好形象。专业自信的建立与提升,能够促使主体在实习指导教师的角色领悟和实践过程中,重视自身作为"幼儿园教师角色示范者"的榜样作用。然而,由于外界对于教师教育者角色所知甚少,对于实习指导教师的角色期望较为模糊,导致主体大多依照自身经验建构自身角色,领悟角色水平受到影响。

因此,应当重视角色形象建设的推动力量,塑造教师教育者角色形象,对于优秀实习指导教师的观念、行为和经验进行广泛宣传,让更多指导教师认识到该角色的社会功能,提升自我角色定位,矫正误解和偏见③,进而通过对优秀角色行为的观察、剖析和评价,反思自身行为,提升领悟角色和实践水平。与此同时,应认可幼儿园教师对于承担"教师教育者"角色所付出的努力,给予社会荣誉。"荣誉感是一个人最真实、最基本的自我,生命对荣誉的追求在人类行动中绝不是一种浪漫的需要,而是真正达到人性水平的标志,是人类特有的东西。"④来自外界的认可,能够促使幼儿园指导教师意识到自身作为"职业入场的领路人",对于实习生所具有的无可替代的价值,从而激发个体

---

① 秦启文,周永康.角色学导论[M].北京:中国社会科学出版社,2011:353-354.
② 全国学前教育宣传月是教育部举行的面向公众宣传学前教育的活动。从2012年起,教育部将5月20日至6月20日定为全国学前教育宣传月,面向全社会普及科学育儿知识。
③ 秦启文,周永康.形象学导论[M].北京:社会科学文献出版社,2004:314.
④ 库利.人类本性与社会秩序[M].包凡一,王源,译.北京:华夏出版社,1999:169.

内部动机,提升角色认同感,最终实现角色价值。

2. 建立跨区域联盟,推动"教师教育者"研究与宣传

建立跨区域的教师教育者联盟,为实习指导教师角色研究和形象建设搭建平台。从成员构成来看,在教师教育实践改革转向、一体化进程加剧的背景之下,中西方教师教育领域的相关研究对于教师教育者角色的概念界定已达成共识,即参与职前教师培养、支持在职教师学习的所有相关人员。[①②③] 由此,高校学前教育专业教师,承担教师教育实践课程的一线幼儿园教师、园长,以及教师教育领域的研究者都可成为该联盟的参与者。上述相关群体对实习指导教师角色的研究和表达,能够使得期望角色内容更加丰富、清晰,为主体领悟角色提供重要参考。

从国外经验来看,教师教育研究相对成熟的国家,如美国、荷兰均设有教师教育者协会。美国的教师教育者协会(Association of Teacher Educators,ATE)至今已有百年历史,其吸引了共650所教师教育机构,500多个学区和众多地方教育行政部门加入其中,已形成较为完善的内部组织体系,并积极保持着同外部相关机构的协调合作,在促成不同教师培养机构间的合作,促进教师教育者评估标准完善,提升角色主体专业素质等方面贡献卓著。荷兰的教师教育协会(Dutch Association of Teacher Educators),是在国家政策和财政支持下形成的专业共同体,由来自全国各地的各类教师教育者、利益相关者构成,通过制定专业标准、认证制度、知识基础和专业发展课程,构建了较为完善的教师教育者质量保障体系,[④]为教师教育者提供了专业发展平台。[⑤⑥]

更为关键的是,作为一个社会团体,跨区域的教师教育者联盟能够将整个社会中同教师教育事业密切相关的群体团结在一起,对内有助于提升主体的角色归属感和认同感,对外能够充分展示教师教育者角色的群体形象。因此,相关部门可联合包括高校学前教育专业教师、幼儿园实习指导教师、幼教领域的教研员、期刊编辑、教师培训机构人员以及教师教育领域的研究者等各方力量,共建幼儿园教师教育者联盟。

---

① Swennen A., Jones K., Volman M. Teacher educators: their identities, sub-identities and implications for professional development[J]. Professional Development in Education, 2010, 36(1-2): 131-148.

② Smith K. Professional Development of Teacher Educators[M]// Peterson P., Baker E., Mcgaw B. International encyclopedia of education. 3rd ed. Oxford: Elsevier, 2010: 681-688.

③ 郑丹丹.国际视野下教师教育者的界定[J].现代教育管理,2014(5):70-73.

④ Koster B., Dengerink J. Towards a professional standards for Dutch teacher educators[J]. European Journal of Teacher Education, 2001, 24(3): 343-354.

⑤ 陈志强.荷兰教师教育工作者专业标准的演变及特点[J].外国教育研究,2012,39(1):59-67.

⑥ 周钧,范蕻琛.荷兰教师教育者专业质量保障体系研究[J].比较教育研究,2020,42(8):97-104.

在此过程中,可借鉴发达国家教师教育者协会的运行经验,通过倡导教师教育者的自我研究与合作研究、定期举办学术会议和交流活动、出版刊物、建立网站等方式,为建立与执行教师教育者专业标准开展专业培训与评估工作,建设与宣传实习指导教师角色形象搭建平台。

二、领悟角色的水平提升是关键

从社会心理学的角度来看,个体能否将社会、组织和他人的角色期望转化为可视化行为,其自身对于角色的领悟是关键。[①] 从角色实现的角度来看,领悟角色是主体了解社会需求和外界期待,同时结合自身条件,对外界角色期望进行筛选、内化的结果,也是主体通过角色扮演表现出符合外界要求的角色行为的前提。[②] 由此,指导教师的领悟角色水平是影响其角色实现的关键一环,既受到上述期望角色效用发挥的影响,也同组织和个人层面的因素密切相关。为此,本书从优化管理者的观念和行为、重构教师教育者角色形象两方面提出建议与对策。

(一) 优化管理者的观念和行为,引领领悟角色建构

如前所述,园长是幼儿园层面教育实习工作的主要负责人,其对于指导教师的角色期望,所采取的选拔标准和管理策略,都会对主体的领悟角色水平产生一定影响。因此,作为管理者的园长应优化自身观念和行为,重视指导教师角色建构能力的同时,提出明确的角色目标和要求,为主体的领悟角色水平提升提供有力支持。

首先,管理者应去除上行下效的观念[③],重视指导教师的角色建构能力,充分调动教师参与实习指导工作的积极性,鼓励其在实习指导角色的选拔、管理和评价过程中积极发表个人观点,并就不同意见进行讨论,以达成群体成员观念上的共识。在指导教师角色实践过程中应尊重个体差异,允许指导教师采用多元化的思维和行为方式,解决实习指导工作中的具体问题,发挥角色主体的能动性。

其次,应明确提出对于实习指导工作的期望和要求,促使主体明确"教师教育者"角色的内在规定性要求和行动边界,为剧本要求和外界期望的有效落实提供保障。避免由于管理者在目标上未能加以引领,在行为规范上不做任何限制,使得教师在角色领悟

---

① 周晓虹.现代西方社会心理学流派[M].南京:南京大学出版社,1990:258-263.
② 漆涛.学生角色研究[D].上海:华东师范大学,2017:66-69.
③ 吴邵萍.开放性管理的思考与实践[J].幼儿教育,2005(11):36-37.

和实践过程中无章可循,甚至迷失方向。

此外,园长应关注部分指导教师在兼顾"班级儿童的教师"和"实习指导教师"角色过程中面临的困境,积极更新观念并探索管理策略,以解决现实问题。具体而言,其一方面应优化自身观念,从教师教育一体化的角度出发,将幼儿园教师的职前培养、入职教育和职后培训视为教师终身教育中连续统一的整体,充分挖掘"幼儿园教师"同"幼儿园实习指导教师"角色之间的内在关联;摒弃将实习指导工作视为负担,将实习生视为免费劳动力,或是将幼儿园教师和实习指导教师角色人为割裂的不当观念。与此同时,园长在制定教育实习工作的管理制度时,应以外部适应性与内部整合性为原则[1],即将外部的多项工作任务与主体内部的需求加以整合,从而探索出使两者均可最大化的"理想值",避免以擅自放弃实习指导教师的角色目标、要求为代价,来化解个体在兼顾幼儿园教师和实习指导教师过程中面临的冲突。如当幼儿园指导教师反映,实习生普遍缺乏关于"儿童"和"幼儿园教师职业"的实践经验,其专业能力还不足以承担一些班级工作,或是个别实习生的态度较为消极时,园长应及时同高校指导教师进行沟通,分析上述现象的原因并及时调整实践课程的计划、内容和方式。如若仅通过设置实习生的行动权限来规避潜在风险,就难以从根本上解决问题。指导教师在领悟、实践角色过程中所面临的问题,也许恰能说明高校、幼儿园的教师培养工作尚存有待完善之处。因此,园长应优化自身观念和行为,要求并支持幼儿园指导教师在参与互动过程中不断发现、分析并解决问题,提升领悟角色和实践角色水平。

(二)重构教师教育者角色形象,建立合理自我定位

个体的已有相关经验,如作为实习生、新教师时所接受的指导,以及带徒弟(新教师)的心得体会,均成为其建构指导教师角色的重要参考。然而,部分指导教师在对已有经验进行加工时,容易出现"拿来主义"的倾向,仅依靠惯用思维或想当然的方式来解决现实问题,导致领悟角色的水平难以随时间、经验的累积而获得持续提升,且在内容上呈现出系统化程度低、深入程度不足的特征。指导教师领悟角色的建构,同主体对于自我概念、自我价值的理解密切相关。因此,应持续关注、深入思考并积极探讨"实习指导教师是谁""我是谁""我所期待的实习指导教师角色""我如何看待自身的教师教育者角色"等问题。指导教师可通过回顾已有相关经验,对于应然和实然层面的指导教

---

[1] 埃德加·沙因,彼得·沙因.组织文化与领导力[M].陈劲,贾筱,译.北京:中国人民大学出版社,2021:7-8.

师角色形象进行解构与重构,以明确角色要求与自我定位,形成合理的自我期望,由此而促使领悟角色水平获得持续提升。

目前一些高校的教师教育课程会要求职前教师通过回溯自身学生时代所经历的教师角色及其积极或消极影响,使之变得清晰明朗,进而有意识地选择、构建自己未来所想要成为的教师形象。幼儿园实习指导教师同样可以借助上述方式,通过语言、文字或图像等媒介,建立个人发展档案[1],相关研究也将其称为"生活路径"(life path)或"经验之河"(river of experience)[2]。主体可将同实习指导教师角色相关联的重要他人、关键事件、相关经历及个人体悟,通过描述、比较、批判等不同类型的反思方式[3],同自我与他人展开对话;将涉及自我与实习指导教师角色概念、价值的格式塔[4](潜意识的需求、图像、感情、观念、角色形象、已有经验、行为倾向等)进行解构与重构。由此,通过有意识地整合、加工先前那些作用于角色行为的零散经验,回应"我如何看待自身的教师教育者角色""我想成为什么样子的实习指导教师""理想的实习指导教师形象是什么样子"等问题,以建立合理自我定位和角色期待,提升领悟角色水平。

三、实践角色的功能实现是根本

现实中,幼儿园实习指导教师能否在社会互动中展现出符合外界要求和他人期待的角色行为,从而实现其社会功能,成为"职业入场的领路人""园所文化的传递者"和"专业发展的获得者",既受到社会、组织层面因素的影响,也同指导教师自身因素密切相关。因而从完善师资制度、卷入实践共同体、构建人际关系和学习角色技能四个维度,探寻有助于指导教师角色实现的建议与对策。

(一)完善指导教师的管理制度,落实角色要求

制度是指被社会所有成员所同意的,在特定的反复出现的情况下制约和规范人们

---

[1] Bullough V. Case records as personal teaching texts for study in preservice teacher education[J]. Teaching and Teacher Education, 1993(4): 385-396.

[2] Korthagen F. In search of the essence of a good teacher: towards a more holistic approach in teacher education[J]. Teaching and Teacher Education, 2004, 20(1): 77-97.

[3] 姜勇,庞丽娟.迈向均衡发展的新时期幼儿园教师队伍建设——破解教师队伍建设的三大难点:区域失衡、理用失衡与艺文失衡[J].教师教育研究,2019,31(4):76-84.

[4] 传统认知心理学的概念,指人在具体情境中,需要以身体—意识系统(包括认知、情感、动机等因素)为中介,在短时间内处理各种信息,以产生一种瞬时性行为。

行为的准则。[①] 学者诺斯(North)曾将制度定义为一种"博弈均衡"的规则[②],博弈是指个体从各自的动机出发并相互作用的状态,而制度正是其中的规则,起着协调参与人信念的作用。从经济学角度来看,制度的"设计"既要符合社会总体目标,力图将各种社会资源的消耗降至最低,同时要关照到个体参与动机,给予实施者一定的激励和回报,并传递着关于外界环境的信息,使得理性的参与人能够有效收集、利用信息,以保持自身行动与内外环境的一致性。简言之,个体既受制于制度,也受益于制度。[③] 那么,个体在承担教师教育者角色时,其行为需要制度的制约,其动机需要制度的激励,因此,完善师资管理制度对于落实角色要求具有重要意义。

1. 将实习指导纳入教师工作考核,以激发角色动机

从国家政策来看,教育部、人力资源社会保障部等部门于2012年联合发布《关于加强幼儿园教师队伍建设的意见》中,明确要求各地"完善符合幼儿园教师工作特点的评价标准,重点突出幼儿园教师的师德、工作业绩和保教能力""公办幼儿园教师执行统一的岗位绩效工资制度"。从调查结果来看,一旦幼儿园成为高校学前教育专业的教育实践基地,实习指导便是幼儿园教师的常态工作。然而,目前大多数幼儿园并未将实习指导列入教师工作考核范畴,且未对指导教师提供物质或精神层面的奖励。

我们指导实习生都是义务的,是每学期都要做的常态工作,没有任何报酬,园长不提,大家也不会讲,你也不可能跑去跟园长要钱。(T14)

尽管一些高校或幼儿园会为承担实习指导工作的幼儿园教师颁发荣誉证书,但一般采用"一刀切"的方式,尚未进行区分,且未能与教师福利待遇、职称评聘挂钩,如:

到学期末会颁发一个"优秀实习指导教师"证书,但每个老师都有,评职称、评奖评优也不看这个,所以也没什么价值。(T20)

上述精神奖励的激励效用极为有限,导致指导教师容易产生一种"干多干少,没人在意"的感觉,由此而不利于实践角色的水平提升。

与此同时,在教师绩效工资制度中,"绩效"的含义包含"行为"和"结果"两个层面,指向主体在一定时间和条件下,完成某项特定任务所进行的活动和取得的结果[④],并遵

---

① 肖特.社会制度的经济理论[M].陆铭,陈钊,译.上海:上海财经大学出版社,2003:15.
② 诺斯.制度、制度变迁与经济绩效[M].刘守英,译.上海:上海三联书店,1994:3-4.
③ 青木昌彦.比较制度分析[M].周黎安,译.上海:上海远东出版社,2016:12-15.
④ 王大磊.美国教师绩效工资制度及其对我国师资队伍建设的启示[J].外国中小学教育,2009(4):41-44,49.

循多劳多得、优绩优酬的分配原则。① 从行为层面来看,幼儿园教师在承担实习指导工作的过程中,需要花费时间和精力去关注实习生,并同其展开互动,导致其日常工作量大幅增加。从结果层面分析,实习指导教师工作会对主体承担幼儿园教师角色产生一定影响,因为其时常需要面临兼顾"幼儿园教师"和"教师教育者"角色的挑战。此外,主体角色领悟和实践水平的差异,会对实习生的专业学习、教育实践课程,甚至整个教师教育质量产生重要影响。加之我国 2016 年颁布的《教育部关于加强师范生教育实践的意见》中,明确要求"地方教育行政部门和中小学要将指导师范生教育实践纳入教师业绩考核范围,作为中小学教师评奖评优和职务(职称)晋升的重要依据,作为中小学教师评选特级教师和学科带头人的重要条件"。因此,将实习指导工作纳入幼儿园教师绩效工资考核范围,具有适切性。值得注意的是,上述工作考核制度需要充足的经费和人力投入,应由地方教育行政部门联合幼儿园、高校的相关职能部门进行统筹规划、实施,并将考核结果同教师职务、职称和福利制度挂钩,以保障教师绩效工资制度在实施过程中兼顾公平与效率。

综上,实习指导已成为部分幼儿园教师日常工作的重要组成,对于实习指导教师角色的承担与胜任,能够在一定程度反映出幼儿园教师的师德、工作业绩和保教能力。将实习指导教师角色承担纳入幼儿园教师的绩效工资考核制度,一方面是对相关政策中要求"完善符合幼儿园教师工作特点的评价标准"的有效回应;另一方面也有助于激发幼儿园实习指导教师的角色动机,吸引更多优秀幼儿园教师加入教师教育者的队伍,为我国幼儿园教师的培养贡献力量。

2. 设立指导教师选派、评价制度,以规范角色行为

规范角色行为,首先需要为指导教师角色设置准入门槛,教育行政部门应承担职责,积极发挥组织者作用②,考察本地区高校学前教育专业招生人数与优质幼儿园师资的结构配比,根据具体情形与实际需要,统筹教育实践资源的均衡配置,并经由政府、高校和幼儿园三方协商、制订实习指导教师选派和评价制度,为确保制度的有效落实,还应重视角色主体的意愿、观点和能力。

(1) 重视角色主体意愿和观点

首先,国外的已有经验表明,不少高校和教师教育领域的研究者在制定实习指导教师的选派和评价标准时,都将"是否愿意与人分享经验,具有开放的心态和进取精神;乐

---

① 赵德成.美国哥伦比亚学区教师绩效工资制度的经验与启示[J].比较教育研究,2021,43(5):36-44.
② 刘凯.政府有效干预:高师教育实习机会供给的重要手段[J].大学(研究与评价),2009(9):11-15.

于奉献,能够履行导师职责和承诺"作为首要考虑因素。①②③

其次,参与访谈的 30 位幼儿园指导教师中,仅有 1 位教师提到,园长会在选派实习指导教师时征求老师的意见,采取自愿报名的原则。其余受访者均表示实习指导工作一般由园长直接指派,甚至还出现同一所幼儿园的指导教师所描述选派标准不一致的现象。由此说明,幼儿园教师在实习指导教师选派、管理和评价过程中的主体性尚未得到充分重视。

与此同时,值得一提的是,多数指导教师在访谈中提到了自身对于师徒关系的思考,个别指导教师对于问题情境的聚焦,对于教育行为背后原因的关注,以及对于实习生话语权和行动权的赋予,使得教育实习成为一种经由实践—反思—再实践的经验建构和能力养成过程,即杜威所倡导的心智启发过程。④ 且有理由相信,指导教师作为角色主体,其在行动过程中所积累的经验经由自我意识和反思的参与,使其所展现的角色行为在时空向度上体现出一定的类同性(the same)。⑤ 由此,有关部门在制定实习指导教师选派和评价制度时,应鼓励指导教师对具体内容、标准和组织形式献计献策,并采纳其合理建议。在制度实施的过程中,应充分尊重指导教师的主体意愿,重视其在指导过程中的自我监控与评价;及时回应主体在角色实践过程中面临的现实困境与需求,从而激发其内在动机,并确保上述制度的有效落实。

(2) 由看重资历转向关注能力

在指导教师数量充足的前提下,高校和幼儿园倾向于选派具有一定资历的教师承担实习指导工作,如将年龄、教龄、实习指导年限、职称、职务等列为主要选派标准。其中的弊端在于,如前所述,将教龄、指导年限等时间的累积等同于指导教师专业胜任力的观念,本身存在不当之处。同时,依照前面章节的实证调查结果,除了年龄在 18~25 岁,教龄在 1~3 年的新手教师或是"配班教师"的领悟角色水平显著低于其他组别,其他组别之间并不存在显著差异。这一方面说明,大部分处于新手期的幼儿园教师确实需要一定工作时间、经验的累积才能承担指导教师角色。另一方面,领悟角色水平并未随

---

① 陶青,卢俊勇.美国密歇根州立大学小学全科教师培养——实习指导教师的本质、实践和专业发展[J].外国中小学教育,2015(10):42-47.

② Feiman-Nemser S., Michelle P. Mentoring in context: A comparison of two US programs for beginning teachers [J]. International Journal of Educational Research, 1993(8): 699-718.

③ Hobson D., et al. The importance of mentoring novice and pre-service teachers: Findings from a HBCU student teaching program [J] Educational Foundations, 2012(26): 67-80.

④ 马洁然,顾荣芳.幼儿园实习指导教师对自身角色的认识:基于扎根理论的分析[J].学前教育究,2022(2):45-60.

⑤ 吉登斯.社会的构成[M].李康,等译.北京:生活·读书·新知三联书店,1988:62.

时间累积、资历增长而显著提升,且不乏个别年龄、教龄、指导年限相对较低的幼儿园教师能够在角色领悟和实践过程中展现出强烈的角色意愿、内部动机和先进理念。因此,相关部门在制定选派制度时,应从看重资历转向关注能力,综合考量并权衡各项因素,从而为实习指导教师的角色准入提供自主申报、公平竞争、择优录取的平台。

我国幼儿园教师职务(职称)晋升制度在评价指标、评价方法上尚待完善,且存在资源配置不均衡现象,由此而导致一些专业能力强、具有实习指导教师角色意愿的教师囿于自身资历难以跻身该角色的首要人选。如若将教师资历作为实习指导教师角色的选拔标准,那么主体在承担指导教师角色时所能够获得的来自外界的支持和回报,也仅限于少数优势群体,从而容易加剧资源配置的不平衡性和弱势群体的边缘化状态。此外,调查结果显示,具有一定资历的幼儿园教师通常会承担幼儿园的行政工作,即便主体的领悟角色水平较高,现实中仍时常会由于工作繁忙而疏于承担指导教师角色。

由此,有关部门在制定指导教师选派制度时,应由看重资历向关注主体的角色意愿和能力转变,突破年龄、教龄、职称、职务和编制的固有身份限制,采取个人申请—园所推荐—第三方评估(现场观察、答辩)—专业培训—资格认定的方式竞争上岗,鼓励更多具有角色意愿和专业能力的教师加入教师教育者群体中来。在实习指导教师角色评价制度的设立上,应重视过程性的反思与评价,采取自评、互评(高校指导教师、实习生和幼儿园指导教师)和第三方评价相结合的方式,并将评价结果进行及时反馈,同后续的专业培训、资格认定相贯通。由此,不仅能够增强实习指导教师角色的专业性,还能提升主体角色胜任力,且有助于角色本身的持续更新与完善。

3. 建立指导教师培训、研修制度,以提升角色能力

尽管《学前教育专业认证标准》中,将"有遴选、培训、评价和支持教育实践指导教师的制度与措施"作为评价内容,然而就我们的访谈结果来看,目前多数幼儿园教师尚未听说或接受过任何形式的针对实习指导工作的专业培训。与此同时,个别幼儿园指导教师和高校教师在访谈中同时提道:

N校曾在2017年举办过一场实习指导教师沙龙,当时由于M园作为N校新发展的教育实践基地,幼儿园老师们普遍表示缺乏实习指导经验,对于指导教师角色承担存在诸多困惑。由此,N校教育实习工作的负责人,邀请以往实习指导中广受好评的幼儿园教师对M园新任指导教师所提问题进行了一一回应和详细解答。(T23)

尽管上述活动只是小范围交流,受访者均表示受益匪浅,时至今日仍然印象深刻。与此同时,教育部在总结各地经验的基础上,于2020年3月制定了《幼儿园新入职教师

规范化培训实施指南》《青年教师助力培训指南》《骨干教师提升培训指南》等 11 个"国培计划"教师培训项目实施指南。这些文件从目标任务、课程设置、实施建议、职责分工四个层面,针对不同专业发展阶段的教师培训工作提出明确要求,以此推动各地创新教师培训模式,提升教师培训的针对性和实效性。值得一提的是,其中所包含的《教师培训者团队研修指南》中,明确要求培训者"积极参与各项研修活动"。来自上海的幼儿园指导教师特别提到了上述培训制度:

> 最近刚出台了一个新入职教师培训指南,现在市里、区里都是严格按照指南要求,组织各幼儿园对新入职教师进行培训,师傅和徒弟都需要接受考核,这样我们指导新教师就有了抓手,但是目前关于指导实习生的统一要求或者制度好像还没有。(T6)

鉴于实习指导教师之于教育实践课程、教师教育质量的重要作用,应关注学校教师作为"教师教育者"角色的专业发展,为其提供长期、系统性的专业支持。[①][②] 因此,有关部门应以《幼儿园教师专业标准(试行)》为依据,参照教育部 2021 年颁布的《学前教育专业师范生教师职业能力标准(试行)》中的相关要求,分析职前阶段幼儿园教师专业学习特质与需求,将实习指导教师培训、研修纳入国培计划,为各地教育行政部门制定培训目标,确定培训内容、形式与评价方案提供依据,为相关部门明确职责分工,落实人力、物力和财力的投入提供保障,提升幼儿园实习指导教师的角色领悟与实践水平。

(二) 卷入教师教育实践共同体,促进角色胜任

大多数高校教师和幼儿园教师对于指导教师间的人际互动持有较为积极的态度,但限于交流时间、机会有限,且双方缺乏共同话题,由此而出现了如图 5-1 所示的情形。在当下的教育实习中,高校指导教师被视为"理论的代言人",幼儿园指导教师则是"实践的引路者",[③]双方分别从各自的角度对实习生进行指导,由于指导教师之间的互动极为缺乏,实习生需要自寻出路,指导教师的角色价值难以充分发挥。因此,高校教师、幼儿园教师和实习生应积极加入幼儿园教师教育实践共同体,以实现自身专业发展为共同事业,以关注、解决个体专业发展进程中的现实问题为导向,利用组织层面所搭建的平台,实现相互卷入与共同对话。

---

① Aspfors J, Fransson G. Research on mentor education for mentors of newly qualified teachers: A qualitative meta-synthesis[J]. Teaching and Teacher Education,2015(48):75-86.

② Holland E. Mentoring communities of practice: what's in it for the mentor? [J]. International Journal of Mentoring and Coaching in Education,2018,7(2):110-126.

③ 王芳,卢乃桂.教育实习中的"三角关系"探析[J].教育科学,2010(2):40-45.

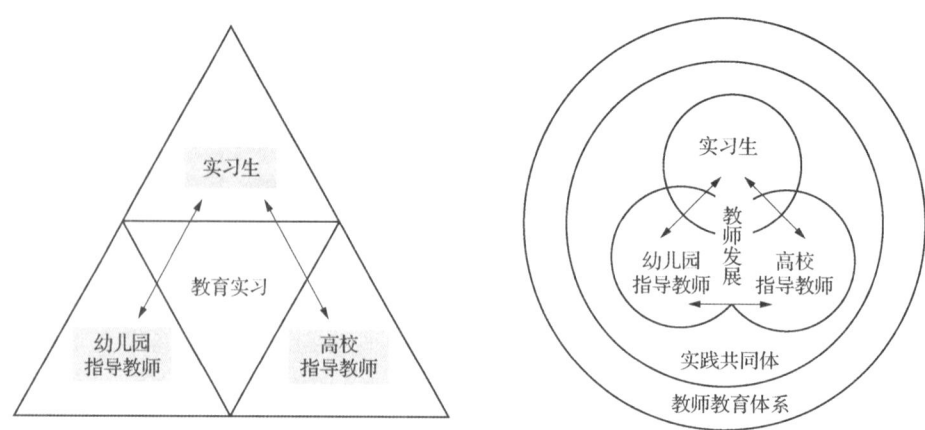

图 5-1 当下教育实习与教师教育实践共同体中的人际互动

1. 搭建交流平台,增进角色间互动

(1) 兼顾人际互动的数量与质量

首先,高校和幼儿园应当为相关主体(高校指导教师、幼儿园指导教师和实习生)间的人际互动提出"量"和"质"的要求。如同要求教师教育实践课程的时间不得少于18周一样,应当对幼儿园和高校指导教师共同指导实习的时间提出要求,为主体间的互动提供"量"的保障。如高校教师 W 提道:

> 我工作四年,一直定点在一个幼儿园,指导5名实习生,每年如此。在教育实习的3个月中,学校要求每位实习生开一次公开课,并要求高校指导老师、幼儿园指导老师同实习生一起进行两次磨课。除此之外,我每周要去幼儿园一次,看每个学生的状态并解决问题。我觉得人与人的关系建立需要时间上的累积。刚开始时可能会觉得比较尴尬,一来二去老师们就都认得我了,保安师傅都会热情地跟我打招呼,大家得先能说得上话,才愿意敞开来聊一些专业上的东西。(T31)

由此,组织层面对于双方导师联合指导时间、频率的要求,使得高校指导教师和幼儿园指导教师之间的积极人际关系建立、持续互动交流成为可能。

指导教师间的互动内容和深入程度同样值得关注,高校指导教师应注意避免仅"走马观花"式的探望和"蜻蜓点水"式的交流。实践共同体中的"实践"概念,同时包含行动与知晓(knowing)、体力与脑力、具象与抽象,因此需要用一种"具身化"(embodied understandings)的理解方式,通过相互卷入制造常识的共同情境,以获得行动背后的潜在假设和共享的世界观。① 因此,高校指导教师需要深入幼儿园教育实习场域之中,才

---

① 温格.实践共同体:学习、意义和身份[M].李茂荣,等译.南昌:江西人民出版社,2018:44-46.

能全面了解实习生的专业学习状态,以及幼儿园指导教师的角色观念和行为方式,并使得主体间的深入交流与有效互动成为可能。如本书的案例中,N 校会联合各实习园,在教育实习最后一周共同举办"实习开放日"活动,每个班级至少会有一位高校教师前来观摩实习生的半日活动组织情况,并同幼儿园指导教师进行交流。此举广受幼儿园指导教师的好评,因为其能够感受到高校和幼儿园层面对于教育实习的重视、对于自身实习指导工作的关注和认可,且能够在同高校指导教师的交流中获得专业发展。

(2) 拓展人际互动的内容与形式

高校和幼儿园可拓展人际互动形式,为主体间的对话提供契机。除了上述开展联合指导、实习观摩活动以外,还可借鉴国内外的教师教育实践课程经验,如通过协同授课、绘制概念图等形式,让教师"学习教学"的过程变得透明,将黑箱子变成玻璃箱。[1]

协同授课是指高校教师、幼儿园教师共同承担部分实践课程的教学工作,如在领域教学活动设计的课程中,按照"高校教师导入课程目标和教学计划—师范生观摩幼儿园集体教学活动—高校教师、幼儿园教师和实习生共同研讨"的步骤进行,三方就"教师如何设计活动""为何要如此设计""如果不这样设计,可能会遭遇什么"等真实教学情境中的问题展开对话[2],共同建构幼儿园领域教学活动设计、实施与评价的经验。

概念图(concept map)是荷兰学者梅耶尔(Meijer)团队在研究教师实践性知识时所采用的一种收集数据的工具[3],同样可用于幼儿园教师教育实践共同体。在学生参加教育实习之前,或在观摩幼儿园教学活动之后,高校教师可邀请幼儿园教师和师范生,一同捕捉个人头脑中出现的关键概念,思考概念间的关联并绘制成图式,就此而展开讨论,充分显现个体的惯常思维及其中蕴含的儿童观、知识观和教学观,为实践反思提供空间和抓手。与此同时,高校教师通过比较处于不同发展阶段幼儿园教师的个人关注、思维方式和价值观念,能够研究并揭示幼儿园教师专业发展的特征和需求,为其专业学习提供有力支持。

上述人际互动形式不仅聚焦专业知识获得和教育技能提升,还关注到个体对于自我、儿童、教师角色,甚至是生命的自我觉知(self-perception)和认同。幼儿园指导教师、高校指导教师和实习生在实践共同体中,进行着知识、经验、思想和观念上的交流与

---

[1] 陈向明.从"合法的边缘性参与"看初学者的学习困境[J].全球教育展望,2013,42(12):3-10.
[2] 吕立杰.教师教育课程的实践取向探讨——以东北师范大学小学教育专业为例[J].东北师大学报(哲学社会科学版),2018(3):155-160.
[3] 魏戈,陈向明.教师实践性知识研究在荷兰——与波琳·梅耶尔教授对话[J].全球教育展望,2015,44(3):3-11,34.

碰撞,能够扩展、强化其专业学习的广度和深度,有效回应了"践行师德、学会教学、学会育人、学会发展"的师范生毕业要求及国家所倡导的"育人为本、实践取向、终身学习"的教师教育理念。与此同时,上述人际互动形式能够有效促进主体间的相互卷入和共同发展:高校教师能够提供理论支撑,引发实习生、幼儿园教师思考教育行为背后的理论依据和价值判断,同时积累了大量教师教育课程的教学资源;实习生被鼓励发表个人观点,能够为对话注入新活力、提供新视角,"透过实践去学习"的形式,使其主体性发挥成为可能;幼儿园指导教师在参与对话、反思的过程中,扮演着"幼儿园教师角色示范者"和"专业发展的获得者",从而有助于实现其作为教师教育者的角色功能。

2. 倡导"自我研究",感知成员身份

美国教育心理学家诺尔斯(Knowles)指出,成人的学习具有"自我导向性(self-directedness)"的特征[1],即除了包括个别指导教师提到的,成人的学习准备状态多包含一种社会责任和需求,且拥有相对独立的人格、个体心理需要和能力之外,还体现为:成人的学习通常以"任务"或"问题"为中心,已有经验、内部学习动机均会对其学习过程产生重要影响。由此,身为组织者的高校和幼儿园,应促使指导教师、实习生充分认识到自身学习的必要性和重要性,并基于教师教育实践共同体而展开"自我研究"(self-study)。这里的"自我研究"既是一种理念,也是一种方法、技术和研究范式[2],其关注教师的学习需求、内部动机,能够促使共同体成员在诊断自身学习需要、形成学习目标、选择学习资源的过程中,充分卷入教育实践活动,通过相互检视、理解、解释,批判地考察自身在教学和学习教学过程中存在的问题,以解释理论、验证假设[3],有效提升教师和教师教育者角色的专业胜任力。高校指导教师、幼儿园指导教师和职前教师(实习生)可以某一理论或实践的具体问题为导向,进行共同学习、实践和研究,从而在教育实践进程中研究和反思实践,以解决现实问题,并不断修正实习指导的策略和方法。

同时,高校实践课程的相关负责人,需要将共同体成员的"自我研究"过程及成果进行整理、汇聚,以构建共享知识库,为高校和幼儿园教师同自我、他人和环境互动过程中

---

[1] 常永才.成人学习特点研究的硕果及其学术价值——对诺尔斯自我指导学习理论的评析[J].外国教育研究,2005(11):78-82.

[2] 荀渊.教师教育者及其自我研究:提升教师教育质量的新途径[J].教师教育研究,2012,24(5):12-17.

[3] 吕立杰,刘静炎.在理论和实践之间教与学——西方国家教师教育者"自我研究"运动述评[J].全球教育展望,2010,39(5):42-46.

的问题解决提供一种资源和视角,促使其更好地"教教学"(teach about teaching)和"学教学"(learn about teaching)。[①]"共享知识库"是实践共同体中的成员进行意义协商过程中所使用、创造的资源。意义协商由"参与"和"物化"两个深层互动过程构成,前者指主体所获得的与共同体相关联的成员身份;后者则是将主观体验凝结到客观事物中,从而创造一种聚焦点,使得意义协商的过程被组织化,并以客体状态存在。高校和幼儿园所构建的"共享知识库",一方面能够展示出幼儿园教师、高校教师与师范生彼此认可、获得成员身份的过程;另一方面囊括经由主体意义协商而形成的、能体现成员身份的产物,如观察记录、师徒互动视频、反思日志、教育叙事以及一连串不断被解码与重构而又彼此关联的概念集合。值得注意的是,共享知识库中所呈现的资源,具有"产物"与"过程"彼此蕴含,在动态、交互意义上得以共享的特征,在经由共同体成员不断进行意义协商的过程中被激活、传递、重构、创新、完善,从而得以延续和传承。由此,相较于传统意义上的资源库,教师教育实践共同体的共享"知识"库,更像是对于专业学习者"知晓"(knowing)过程的记录和展现,兼具成员身份的体验感与专业胜任力的获得。

(三) 构建富有成效的人际关系,实现角色价值

澳大利亚学者埃利斯(Ellis)对近10年来(2009—2019年)实习指导教师相关研究的综述,揭示出专业的学校指导教师所应当具备的七大核心素养,前三项素养中,有两项涉及指导教师的人际关系构建能力,即主体需要具有同高校指导教师和实习生建立并维持"富有成效"(effective)关系的能力。[②] 其中,"富有成效"的关系具有"相互尊重、积极回应、互惠和反思性"四个核心特征。"富有成效的人际关系"建立,能够促使个体在参与互动过程中呈现出尊重的态度,并获得一种被接纳的感觉。[③] 由此,在幼儿园教育场域之中,园长同班级教师、儿童,以及班级成员之间应着力构建"富有成效"的人际关系,营造和谐、接纳的组织氛围,为指导教师角色的价值实现创造条件。

首先,作为领导者的幼儿园园长应着力构建富有成效的人际关系,在同教师、儿童、实习生和高校教师互动时,愿意接收不同声音,并具备独立判断外界信息的能力,最终落脚到行动上的改变,以不断尝试对自我和过去的反思与超越。如我在 W 幼儿园观察

---

① Clarke A., Erickson G. Complexity Science and Cohorts in Teacher Education[J]. Studying Teacher Education,2005(11):159-177.

② Ellis J., Alonzo D., Nguyen H. Elements of a quality pre-service teacher mentor: A literature review, Teaching and Teacher Education, 2020(92):1-13.

③ Nolan A. Effective mentoring for the next generation of early childhood teachers in Victoria, Australia[J].Mentoring and Tutoring:Partnership in Learning, 2017, 25(3):272-290.

时所看到的一幕：

> 今天 W 园长在食堂吃饭时，饶有兴致地同老师们谈论自己上午在某班级开展绘本教学活动的失败经历，说自己被小朋友赶下来了，还请老师们帮着分析原因。下午放学后，指导教师 F 同实习生 B 交流时，发现其因为上午音乐活动的消极体验而感到沮丧时，马上安慰道："没关系，小朋友不买你账太正常了，我们园长今天还被赶下去了，别放在心上，一起来反思下，看哪里出了问题，下次记得注意就好啦。"（观察记录 W210411）

上述案例中，W 园长是一位资深幼儿园教师和领导者，其自身所具有的善于反思的行为习惯，同教师和幼儿在日常互动中所建构的人际关系、营造的组织氛围，使得大家愿意并敢于提出不同观点，共同为解决工作中的问题而努力，成为"富有成效"的人际关系的真实写照，也成为师徒关系构建的有效参照。

与此同时，倡导班级教师之间积极构建"富有成效"的人际关系，营造和谐的人际氛围。在班级之中，主班、配班和保育教师仅存在工作内容、职责上的不同分工，在日常工作开展过程中，应当持有"分工不分家"的理念，意识到每位教师所持有的观念、行为以及彼此之间的关系，都会对幼儿的成长产生重要影响。幼儿园层面可通过提升教师的保育意识和能力、关注保育教师的专业发展等举措，落实"保教并重"的教育理念和行为[①]，以提升保育教师的身份认同感和教育意识。同时，注意关注新手教师、青年教师的发展需求和困难，确保每位教师拥有机会均等的学习与发展机会，以弱化主班、配班和保育教师在身份地位、话语权、资源获取上的差距。幼儿园还应当加强班组教师的凝聚力建设，引导每一位教师自觉提升个人修养、明确自身发展目标与需求的同时，关注他人需要，在班级事务中积极贡献力量。正如 C 老师在访谈中所提到的：

> 虽说我是主班教师，但我不希望在班级工作中只有我才有发言权，什么都得听我的。配班老师、保育老师也可以积极跟家长交流、在群里发通知，参与课程计划制定、决策班级事务，因为我们是一个团队。

由此，班级教师之间一旦形成合力，共同进步、共谋发展，当实习生进到班级之后，便会感受到班级成员之间所形成的相互尊重、积极回应、互惠互利的人际氛围，且同样会得到来自指导教师，以及包括幼儿、配班教师和保育教师在内所有班级成员的尊重和接纳，从而容易产生较为正面的教师角色认知，建立职业认同，那么指导教师作为"职业入场的领路人""园所文化的传递者"的社会功能便得以发挥。值得注意的是，我国《幼儿园教师专业标准（试行）》中，明确将"沟通与合作能力"作为幼儿园教师专业能力的重要组

---

① 吴邵萍.保教并重需提升全体人员的专业素质[J].幼儿教育，2012(31)：38-40.

成,要求幼儿园教师"与同事合作交流,分享经验和资源,共同发展"。上述"富有成效"的人际关系构建过程同样能够提升指导教师的专业能力,实现"专业发展的获得者"的社会功能。

(四) 学习教师教育者角色技能,提升互动质量

社会生活中的各种现象,都是人按照一定角色方式进行互动的结果。在此过程中,主体的角色观念和行为一方面受限于社会环境和文化,从而显现出一定的被动性;另一方面,人们也不是被动地接受角色,而是在角色领悟与实践过程中力图发挥能动性、展现主体性,不断进行角色学习,从而呈现出能够满足社会和他人期望、促使自我价值实现的角色行为。其中,角色学习的内容除了经由角色认知而形成领悟角色之外,还包括学习角色技能,即顺利完成角色扮演任务、履行角色权利与义务、塑造良好角色形象所必备的经验、智慧、能力等。促进指导教师角色功能实现的技能至少包含"非正式对话""共同实践反思"以及"移情"三个方面。

1. 开展"非正式对话",深化"示范者"角色要求

"榜样""示范者"已成为幼儿园教师建构自身实习指导教师角色的重要基石。然而大多数角色主体对于自身"示范者"角色要求的理解,仍然停留在外部行为层面,即希望将"正确的""专业的"行为通过"亲身示范"的方式传递给实习生,而尚未意识到使命、认同、信念等内在品质才是导致主体行为发生改变的关键。事实上,尽管师徒互动的内容多指向外在的教育教学行为,但指导教师在实习生面前呈现的是一个完整而真实的幼儿园教师角色形象。实习生通过观察指导教师的行为参与师徒互动,能够更为全面而深刻地感知幼儿园教师职业,其儿童观、教育观和课程观也受到一定触动。因此,幼儿园指导教师在持守自身"幼儿园教师角色示范者"的同时,深化自身对于"教师教育者"角色要求的理解,关注信念、认同、胜任力等内在品质之于实习生的影响,通过"非正式对话"的方式,有意识地传递个人内在的积极情感体验和角色认同,促使实习生坚定教育信念,以获得专业发展的内在动力。[1][2]

具体而言,指导教师可通过"非正式对话"的方式,同实习生谈论个人生活、学习经历,从而对其内在品质的养成产生积极影响。如一位教师在访谈中所言:

---

[1] Bullock M. Understanding candidates' learning relationships with their cooperating teachers: A call to reframe my pedagogy[J]. Studying Teacher Education, 2017, 13(2): 179-192.

[2] Nolan A. Effective mentoring for the next generation of early childhood teachers in Victoria, Australia[J]. Mentoring and Tutoring: Partnership in Learning, 2017, 25(3): 272-290.

我发现，有时候需要跟实习生聊一些生活上的话题，比如大家最近经历的事情，他们在学校的生活、未来的打算，我们的学习、实习经历，这些所谓的"无效社交"其实很有必要。而且我在回顾自己实习经历的时候，还记得跟同学和指导老师一起聊天的场景，现在都觉得很温暖。我想，在这样的情绪氛围下也容易拉近彼此的关系，激发大家表达观点、参与对话的主动性。（T25）

日常交流、经历分享，能够拉近指导教师同实习生之间的心理距离，避免正式交谈中因师徒双方的互动资本、社会地位不对等而呈现出的指导教师主导对话内容、节奏的局面，从而构建一种平等对话的和谐氛围。指导教师专业品质中的内在要素，如个人态度、价值观、认同感、信念等也会在其分享、诉说个人学习、生活经历时得以展现，从而对实习生的内在品质养成产生积极作用。

2. 倡导共同实践反思，拓展"指导者"角色内涵

美国学者费曼·南瑟将教师教育的本质视为处于不同专业发展阶段的教师"学习教学"（learn to teach）的过程，处于职前阶段的教师，应形成个人教育理念，并基于教育现场，在专业人士的指导下获取能够支撑其"持续学习和研究教学"的工具，如观察、解释、分析和提出问题。[①] 具体来看，其中至少包含以下四个要点：一是应当关注职前教师（实习生）作为专业学习者的主体地位；二是职前教师的专业学习需要立足教育现场，并由专业人士进行指导；三是专业学习的内容重点应指向理念、工具和方法的获得，而并非外在行为的模仿和既定规则的接受；四是教师教育目标指向职前教师的"可持续性"专业发展。反观幼儿园实习指导教师实践角色的内在结构，"行动要求的提出者""行为表现的评价者"和"行动过程的督导者"三种角色的出现频率最高，指导教师呈现出权威性有余而民主性不足的行为风格，实习生作为专业学习者的主体性难以充分发挥。由此，幼儿园实习指导教师应积极发挥自身能动性，在角色观念、互动内容和行动方式上尝试做出调整，倡导共同实践反思，有效支持实习生专业学习的同时实现自身发展。正如吉登斯（Giddens）所言："人的行动如同认知一样，是作为一种绵延（durêe）而发生的，是一种持续不断的行为流，应当把反思性看作植根于人们所展现并期待他人也如此展现，对行动的持续监控过程，反思性监控以理性化为基础，是一种动态过程，并内在地体现为行动者资格能力"。[②]

---

① Feiman-Nemser S., Norman P. Teacher education: From initial preparation to continuing professional development[M]//Moon B., et al. International companion to education. New York: Routledge, 2000: 732-755.

② 吉登斯. 社会的构成[M]. 李康, 等译. 北京: 生活·读书·新知三联书店, 1988: 62-63.

第五章　何以可能：幼儿园实习指导教师角色实现的建议与对策

首先，在观念层面，将实习生视作专业学习的主体和具有胜任力的准教师，接纳其性格特质，变"指导者"为"支持者"。如前所述，"实性和谐"的师徒关系不仅停留在表面的和谐，而是主体间深层次交往和思维上相互激发的状态，其前提便是相互的尊重和接纳。具体而言，第一，正如教师要关注和尊重儿童的个体差异一样，指导教师应当接纳实习生的性格差异，避免让"内向的人天生不适合做幼儿园老师"的观念固着个人思维，鼓励实习生积极利用个人优势，探索个人教育风格。如 C 老师所言：

实习生 C 性格比较内向，开始时也不主动跟小朋友交流，我在想她是不是不喜欢这个工作，结果一个星期不到，我就发现她准确地记住了班上所有孩子的名字，这个让我挺惊讶，也挺感动，其实她很用心、细心，应当给予鼓励。

第二，指导教师在向实习生开放实践场地、布置工作任务时，应摒弃管理者、监督者的角色观念，避免用一种指派任务、批评指责的态度同实习生交流。指导教师可通过邀请实习生参与班组会、教研会、大型活动筹备等方式，给予实习生表达观点、展示能力的机会，从而发挥其在实践学习过程中的主体性。如 Y 老师提道：

我会告诉他们，孩子喊你一声老师，你就是老师，你是经过专业训练的，没有问题。我自己开课的时候，也会听实习生的建议，他们的想法、策略真的让人耳目一新。只有你不把他们当外人，重视他们，他们才能放得开，才敢讲话。(T22)

其次，在内容层面，指导教师在评价实习生表现、引导实习生观察自身行为时，应从关注外在行为方式，转向聚焦行为背后的原因，即从"是什么""如何做"，转向关注"为何要这样做"以及"行为何以发挥作用"。如个别指导教师在访谈中提道：

我在给实习生提建议的时候，除了告诉他们应该做什么、怎么做，也会顺带说明一下我为什么这样做，想想你（实习生）的做法为什么不好，可以再去观察、琢磨下孩子的表现，看我说的是不是在理。(T2)

由此，实习生将会在指导教师的启发之下，有意识地从关注自身行为，转向关注儿童的行为表现和发展特点，并将其视为教育行为的出发点和落脚点，从而成长为能够促进儿童学习与发展的、具有独立思考和判断能力的教师。

再次，在方法层面，师徒可运用美国学者杜威所倡导的反省式思维（reflective thinking）方式，针对教育教学过程中的问题共同进行反复地、严肃地、持续不断地深思。具体步骤包括：发现疑难情境—提出具体问题—观察、搜集材料并提出假设—提出解决问题（行动—结果）的推断假设—通过行动验证假设。正如杜威所言，解决现实问题的过程并非严格按照上述步骤进行，每个阶段都可能产生新的问题，需要通过不断观察、组织已有知识，以形成推理和判断，然后经由行动来验证假设，直至问题情境趋向于确定。① 在组织已有知识的过程中,必然会涉及儿童身心发展特点、教育规律等相关理论知识以及个人先前经验、实践智慧的运用,这能够在一定程度上打通教育理论与实践之间的壁垒。与此同时,整个问题解决的过程,将包含观察、暗示、假设、分析与综合等多种思维方式的运用,以及"大胆假设、小心求证"的良好行为习惯养成。② 由此,共同的实践反思过程使得实习生获得了发现、分析、解决问题的思维习惯和能力,同样也赋予了幼儿园指导教师获得检视自身已有知识经验、习惯性行为和思维方式的契机③,成为具有学习能力的可持续"专业发展的获得者"。

3. 发挥"移情作用",追求"实性和谐"师徒关系

狄尔泰(Dilthey)曾指出,移情作用就是将自己融入他人所处的境地,设身处地地想象自己在他当时的情况下会如何思考、如何行动、有何喜怒哀乐,这样他人的心灵和生命就能够在我们的心中得以再生。④ 在教育实习的场域中,幼儿园指导教师和实习生身处的社会地位、扮演的角色不同,由此而导致其在需要、动机、思想、情感和行为方式上存在差异,进而造成师徒相互理解的障碍,甚至产生隔阂与矛盾,即本书所提到的"疏离""隐抑"式的"虚性和谐"师徒关系。如果指导教师能够学会"移情",尝试站在实习生的角色地位上去考虑问题,势必能够减少不必要的摩擦和误解,对指导教师的行为方式和师徒互动效果产生正向影响,由此值得大力提倡。如一位幼儿园指导教师在访谈中提道:

> 我能够感受到实习生那种想要把事情做好,又担心自己做不好而被别人批评的不安,所以在交流过程中,想要营造一种轻松氛围,希望自己成为他们的大姐姐,也许再过几年就变了老阿姨(笑),总之不要害怕跟我交流,不要为自己的不成熟和犯错误而担心,我经常开玩笑:"你要都会了还要我干吗? 放心大胆去做吧。"(T2)

"移情作用"的发挥还体现为,指导教师能够尝试用一种积极的态度看待实习生所表现出的不同于自身的行为方式。如不少指导教师在访谈中提到,实习生倾向于以"玩伴"角色出现在儿童游戏中,希望同儿童建立一种融洽甚至是亲密的关系。对于上述现象,受访者表现出截然不同的态度和处理方式,一部分指导教师将实习生同幼儿"打成

---

① 杜威.我们怎样思维·经验与教育[M].姜文闵,译.北京:人民教育出版社,2005:11,90-102.
② 单中惠.杜威的反思性思维与教学理论浅析[J].清华大学教育研究,2002(1):55-62.
③ Kuhn C., Hagenauer G., Gröschner A. "Because you always learn something new yourself": an expectancy-value-theory perspective on mentor teachers' initial motivations[J]. Teaching and Teacher Education,2022(113):1-12.
④ 安东尼·弗卢,等.西方哲学讲演录[M].李超杰,译.北京:商务印书馆,2000:75.

一片"视为"不专业"的教育行为,认为实习生同儿童关系过于亲密会影响教师树立威信,从而对班级秩序和儿童安全带来负面影响,应及时纠正。与之相反,另一部分指导教师倾向于采用积极的态度看待上述现象:

  这种现象特别常见,如果从实习生的角度来看,这是他们想去了解、熟悉孩子,跟孩子建立感情的方式,是爱孩子、喜欢这个职业的本能表现。所以我不会着急介入,也不认为这会带来不好的影响,甚至还鼓励他们先跟个别孩子熟悉起来。我们大班毕业时,问孩子最喜欢的老师,好多孩子说某某老师(实习生),我都没印象了。可见,孩子是喜欢并依恋实习生的,这种感情让我很羡慕(笑)。(T11)

  由此,指导教师可以尝试用一种较为积极的态度看待实习生的存在,发挥"移情作用"在其角色扮演中的力量,给予实习生一些时间和空间去感知、适应幼儿园教师角色。作为实习生眼中的"重要他人",指导教师如能及时发现实习生作为初次近距离、全方位接触儿童的新手教师所面临的困境和需求,充分肯定实习生所持有的美好教育信仰、积极教育行为,以及试图建立良好师幼关系的举动,对于提升师徒互动质量、实现角色功能将会大有裨益。

本章小结

  幼儿园实习指导教师的角色实现意味着剧本期望明确,且符合我国当下幼儿园教师培养的基本要求,外界期望角色内容较为清晰、一致;主体能够及时获知该角色的基本规范和外界期望,并将其内化为自身领悟角色,在参与社会互动的过程中力图表现出符合外界要求和他人期望的角色行为,从而实现角色价值。本章节基于指导教师期望、领悟和实践角色的现状及特征,结合主体所报告的现实困境和需求,借鉴国内外教师教育者角色建设经验,从期望角色的效用发挥、领悟角色的水平提升和实践角色的功能实现三方面,提出促使其角色实现的建议与对策。

  期望角色的效用发挥是前提。首先,有关部门应进一步探索并细化教师教育者所应当具备的专业资质和能力要求,出台"教师教育者专业标准",发挥教师教育政策的引领作用,保障期望角色有章可循。其次,高校与幼儿园可建立教师教育实践共同体,共同规划教师教育实践课程,制定教育实习工作要求,提升"剧本期望"的内容清晰度,确保期望角色传播通达。再次,应重视教师教育者角色的形象建设和宣传,通过给予社会荣誉,建立跨区域教师教育者联盟等方式,塑造优秀的指导教师角色形象,扩大期望角色的影响力量。

领悟角色的水平提升是关键。一方面,作为管理者的园长应优化自身观念和行为,重视指导教师角色建构能力的同时,明确角色目标和要求,关注主体所面临的现实困境,要求并支持指导教师在参与角色互动的过程中不断发现、分析并解决问题,提升主体角色领悟和实践水平。另一方面,领悟角色建构应建立在主体将自我概念、自我价值的理解同指导教师角色相关联的基础之上。指导教师可通过回顾已有相关经验,对应然和实然层面的角色形象进行解构与重构,以明确角色定位与自我定位,形成合理的自我期望,促使领悟角色水平获得持续提升。

实践角色的功能实现是根本。其一,教育行政部门应积极介入并完善师资管理制度:将考核结果同教师职务、职称晋升和福利制度挂钩,以激发角色动机;将实习指导纳入教师工作考核,设立指导教师选派、评价制度,以规范角色行为;建立指导教师培训、研修制度,以提升角色能力。其二,高校和幼儿园应完善组织职能,促使幼儿园实习指导教师同高校教师、实习生共同卷入教师教育实践共同体。搭建交流平台,以增进角色间互动;倡导自我研究,以促进角色胜任。其三,幼儿园层面应着力建立富有成效的人际关系,营造和谐氛围,促使指导教师角色的价值实现。其四,指导教师应主动学习教师教育者角色技能,如"非正式对话",共同实践反思和"移情",以提升互动质量。

附 录

附录一
幼儿园实习指导教师期望角色访谈提纲(正式)

一、园所负责人访谈提纲

1. 个人基本情况

(1) 自我介绍、研究目的、研究伦理说明

(2) 访谈对象的年龄、教龄、工作经历(职务、职称、负责教育实习工作年限等)

2. 幼儿园与高校的合作现状

(1) 幼儿园和高校进行过哪些合作?(参与人员、主要内容、时间、形式、效果)

(2) 幼儿园承担过哪些职前或职后师资培养工作?(人员、内容、时间、形式和效果)

3. 幼儿园承担教育实习工作的现状

(1) 幼儿园哪一年开始承担实习工作? 接待过来自哪些学校的实习生?(高校的类型、层次;实习生人数及所在年级)

(2) 如何计划、组织和实施教育实习工作?(人员、时间、内容;同高校的联系方式)

(3) 承担教育实习工作对于幼儿园(特别是指导教师)有何影响? 为什么?

(4) 外界(行政部门与高校)对于幼儿园承担教育实习工作提供了哪些要求和支持?

(5) 幼儿园在承担实习工作上具有何种优势,面临哪些困难? 希望得到何种支持?

4. 对于实习指导教师的期望、要求和支持

(1) 幼儿园对于本园实习指导教师有哪些要求和期望? 以何种方式传递?(是否有幼儿园指导教师选拔标准、工作规范和评价标准? 如何执行?)

(2) 目前本园教师在承担实习指导工作时具有哪些优势,面临哪些困难?

(3) 幼儿园对于承担实习指导工作的教师有哪些支持?(如专业、物质层面)

二、高校指导教师访谈提纲

1. 个人基本情况

（1）自我介绍、研究目的、研究伦理说明

（2）访谈对象的年龄、教龄、工作经历（职务、职称、承担实习指导工作的年限等）

2. 幼儿园教育实习、实习指导工作的现状

（1）在您的学校，哪些教师能够担任实习指导教师？在实习基地中，哪些幼儿园教师能够担任实习指导教师？学校和幼儿园层面对于实习指导教师角色有何要求？有何支持？

（2）在学生实习期间，您进行实习指导的情况如何（如同实习生、幼儿园指导教师进行交流的时间、内容、频率、方式和效果）？

（3）能否谈谈您这些年来作为实习指导教师的感受？为何会产生这些感受？

（4）能分享下在您的实习指导工作经历中，印象深刻的人和事吗？（当我提到这个话题，您头脑中所浮现的场景会是什么？）

3. 关于实习教师的角色认识和期待

（1）在整个实习过程中，实习生最应该获得什么？为什么？作为高校指导教师，您扮演了何种角色？在您看来，幼儿园实习指导教师应该扮演何种角色（如需要承担哪些责任，具备何种资质，表现出何种态度和行为），可以举例说明吗？

（2）您与实习生、幼儿园指导教师的关系如何描述？整个实习期间会发生变化吗？您所期待的高校指导教师、实习生同幼儿园指导教师的关系是怎么样的？

（3）好的幼儿园教师一定是好的实习指导教师吗？为什么？两者有何关联与差异？

4. 关于实习指导教师角色的反思

（1）您作为高校实习指导教师，哪些地方做得比较好？哪些地方还可以做得更好？

（2）目前您所接触的幼儿园指导教师，哪些地方做得比较好，哪些方面有待改进？

（3）在您看来，哪些因素会影响高校指导教师、幼儿园实习指导教师角色的承担？

（4）为了更好地胜任角色，您期望得到哪些支持？您觉得幼儿园指导教师需要得到哪些支持？

三、实习生访谈提纲

1. 个人基本情况

（1）自我介绍、研究目的、研究伦理说明

（2）访谈对象的年龄、年级、学校、毕业去向

2. 教育实习及实习指导现状

（1）能分享下在您的教育实习经历中，印象深刻的人和事吗？（当我提到这个话题，您头脑中所浮现的场景会是什么？）

（2）在教育实习过程中，高校、幼儿园实习指导教师对您有过何种指导（时间、内容、方式、效果），能举例说明吗？您遇到问题时，会主动求助吗？结果如何？

（3）哪些因素会影响教育实习效果？为什么？

3. 对于指导教师角色的看法和期待

（1）在整个实习过程中，您觉得自己应该获得什么（对于本次实习的目标和期待）？您希望高校指导教师扮演何种角色？在您看来，幼儿园实习指导教师应该扮演何种角色（如需要承担哪些责任，具备何种资质，呈现出何种理念和行为），可以举例说明吗？

（2）您心目中所期待的（幼儿园、高校）实习指导教师是什么样子的？

（3）您与高校指导教师、幼儿园指导教师的关系如何描述？整个实习期间会发生变化吗？您所期待的实习生同高校、幼儿园指导教师关系是怎么样的？

（4）好的幼儿园教师一定是好的实习指导教师吗？为什么？两者有何关联与差异？

教育实习结束后的新增问题：

（1）能分享下在您本次教育实习中印象深刻的人和事吗？

（2）在本次实习过程中，高校、幼儿园实习指导教师对您有过何种指导（时间、内容、方式、效果），能举例说明吗？

（3）在您看来，哪些因素影响了本次教育实习效果？为什么？

（4）在实习过程中，您获得什么了？有遗憾吗？遇到困难和问题时，您有主动求助吗？结果如何？

（5）您之前对于高校、幼儿园实习指导教师的期望有得到实现吗？指导教师哪些地方做得好，哪些地方还有待改进？为什么？

（6）您与高校指导教师、幼儿园指导教师的关系如何？整个实习期间有发生变化吗？

（7）未来如有可能，您会成为怎样的幼儿园实习指导教师？

附录二
幼儿园实习指导教师领悟角色访谈提纲(正式)

第一部分:访谈对象基本信息

1. 您的年龄:
2. 您的教龄:
3. 您从工作第几年开始指导实习生:
4. 您的学历:
5. 您的职称:
6. 您是否有教师编制(事业单位编制):
7. 您所在幼儿园的性质:
8. 您在幼儿园担任的最高职务:
9. 您平均每学期指导实习生的数量(及对实习指导的影响):

第二部分:访谈内容

1. 在您幼儿园,什么样的教师能够指导实习生(选派机制)?如果给您自由选择的机会,您还愿意指导实习生吗?为什么?(注意:明确"实习生"的含义,区别于新教师)
2. 实习生是否在场,对您的工作影响大吗?(积极影响和消极影响)您的指导对于实习生的价值是什么?(如果您不主动指导,仅提供实习场地呢?)
3. 能否谈谈您这些年来承担实习指导教师的感受?为何会产生这种感觉?
4. 可否大概估算下,您每天对于实习指导工作的投入(主要指有意识投入的时间、精力、情感等)占到工作总量的多少比例?
5. 能分享下在您的实习指导工作经历中,印象深刻的人和事吗?(当我提到这个话题,您头脑中所浮现的场景会是什么?)

6. 您觉得实习生有什么特点?在整个实习过程中,实习生最应该获得什么?作为指导教师,您扮演何种角色?可以举例说明吗?

7. 您与实习生的关系如何描述?整个实习期间会发生变化吗?

8. 在实习指导过程中(或结束时),您会对实习生的表现进行评价吗?依据是什么?什么样的实习生能够得到您的认可?

9. 幼儿园教师角色和实习指导教师角色

(1)您觉得好的幼儿园教师一定是好的实习指导教师吗?为什么?两者有何关联?

(2)您能否兼顾好这两种身份?如何兼顾,可以举例说明吗?

(3)在您刚开始(或现在)指导实习生时,你觉得最大的挑战是什么?

10. 在您看来,专业的指导教师应该是什么样子的?您作为实习指导教师,哪些地方做得比较好?哪些地方还可以做得更好?

11. 哪些因素会影响实习指导教师角色的承担?

12. 为了能够更好地胜任实习指导教师角色,您期望得到哪些支持?

附录三
幼儿园实习指导教师角色研究语义评估问卷

尊敬的老师:

您好!

这是一份关于教育实习中"幼儿园实习指导教师角色"的调查问卷。幼儿园实习指导教师是指承担高校学前教育专业学生教育实习指导工作的幼儿园教师,幼儿园教师对自身实习指导教师角色的认识影响其实习指导行为,从而影响教育实习质量。请您根据对幼儿园实习指导教师角色的理解,逐条审阅每题的语句表达,判别以下每道题目的表述是否清楚,并在相应评分数字上打√。

◆非常清楚:文字表述非常清晰,简洁明了,通俗易懂,符合惯用的表达方式。

◆清楚:文字描述比较清晰,能够被理解。

◆不清楚:文字描述模棱两可,可能会有歧义。

◆非常不清楚:文字表述晦涩难懂,不符合惯用的表达方式。

注意,本问卷不是幼儿园实习指导教师角色调查,而是请您判断文字表述是否易于理解。

1代表"非常不清楚",2代表"不清楚",3代表"清楚",4代表"非常清楚"

序号	题目	非常不清楚 1	不清楚 2	清楚 3	非常清楚 4
1	我会依据高校要求设定实习指导目标	1	2	3	4
2	我会为实习生提供机会,参与不同工作	1	2	3	4
3	我会观察实习生能否将我的要求落实到行动	1	2	3	4
4	我对所有实习生的评价大同小异	1	2	3	4

续 表

序号	题目	非常不清楚 1	不清楚 2	清楚 3	非常清楚 4
5	我能够帮助实习生认识到自身专业上的优势和不足	1	2	3	4
6	实习生未来是否会去幼儿园工作与我无关	1	2	3	4
7	我能够从实习生处获得一些前沿理论	1	2	3	4
8	实习指导促使我重新检视自身的习惯性行为	1	2	3	4
9	实习指导对我个人专业水平提升的影响不大	1	2	3	4
10	我会十分正式地在全班儿童面前介绍实习生	1	2	3	4
11	实习生的加入使得班上多一个成人关注儿童	1	2	3	4
12	我不是一个高高在上、难以接近的指导教师	1	2	3	4
13	相较实习生，我会把更多精力放在儿童身上	1	2	3	4
14	我会提醒实习生关注到班级每一名儿童	1	2	3	4
15	我没有既定目标，在工作中随机指导	1	2	3	4
16	我主要根据班级工作需要安排实习内容	1	2	3	4
17	我会事先说明具体工作要求和注意事项	1	2	3	4
18	相较于专业能力，我更看重实习生的学习态度	1	2	3	4
19	我会尽自己所能，满足实习生专业学习需求	1	2	3	4
20	我希望实习经历能让实习生想要成为幼儿园教师的信念更加坚定	1	2	3	4
21	我能从实习生分享的见习、实习见闻中获得启发	1	2	3	4
22	实习生对待工作的热情能够感染到我	1	2	3	4
23	我通过亲身示范来纠正实习生的不当行为	1	2	3	4
24	实习生能够帮助我分担一些日常工作	1	2	3	4
25	实习生看待问题的方式对我有所启发	1	2	3	4
26	实习生愿意同我分享他们观察到的班级趣事	1	2	3	4
27	我时常忙于班级各项工作而忽视实习指导	1	2	3	4

续 表

序号	题目	非常不清楚 1	不清楚 2	清楚 3	非常清楚 4
28	我担心实习生的不当言行会对儿童产生消极影响	1	2	3	4
29	幼儿园对实习指导工作有较为明确的要求	1	2	3	4
30	我会重点指导实习生设计与实施集体教学活动	1	2	3	4
31	我会通过行动传递正确的儿童观和教育观	1	2	3	4
32	我会比较不同学校(或同校不同级)实习生的表现	1	2	3	4
33	通过实习,学生能了解幼儿园教师的真实工作状态	1	2	3	4
34	我希望实践之后,实习生能感受到这份职业的价值	1	2	3	4
35	实习生组织活动时使用的策略让我耳目一新	1	2	3	4
36	实习指导能够提升我的沟通、交流能力	1	2	3	4
37	实习指导工作激励我不断提升自身专业水平	1	2	3	4
38	我愿意把实习生当成班级教师团队的一分子	1	2	3	4
39	我会在实习生带班(上课)后及时进行反馈	1	2	3	4
40	我能够感觉到实习生跟我说话时十分紧张	1	2	3	4
41	带班时间与实习生的交流会影响我观察儿童	1	2	3	4
42	我担心实习生的加入影响教育教学质量	1	2	3	4
43	我主要参照自身(实习或新教师)经历指导实习生	1	2	3	4
44	相较于集体教学,实习生"带班"能力更重要	1	2	3	4
45	在儿童面前,我会维护实习生的教师形象	1	2	3	4
46	我关注实习生在我的指导下能否有所进步	1	2	3	4
47	我会针对实习生的未来职业选择给出一些建议	1	2	3	4
48	我希望能将自己对工作的热爱传递给实习生	1	2	3	4
49	我会查阅资料,以确保自身所传递言论的准确性	1	2	3	4

续　表

序号	题目	非常不清楚 1	不清楚 2	清楚 3	非常清楚 4
50	园长安排实习生进班,是对我个人专业水平的肯定	1	2	3	4
51	我能够从"过来人"的角度,理解实习生的行为	1	2	3	4
52	我愿意与实习生共同解决班级管理中的问题	1	2	3	4
53	我会邀请实习生参与班级日常工作研讨	1	2	3	4
54	实习生带班时,我会全程跟班,以确保儿童安全	1	2	3	4
55	考虑到儿童安全,我不会让实习生承担所有工作	1	2	3	4
56	如果实习生不提问题,我很少主动指导	1	2	3	4
57	我的指导能够帮助实习生在工作中建立自信	1	2	3	4
58	实习生对我的认可能够让我感受到自身价值	1	2	3	4
59	我要求实习生定期梳理总结实习收获	1	2	3	4
60	我会尽力协助实习生完成学校布置的任务	1	2	3	4
61	我会启发实习生思考教育行为背后的原因	1	2	3	4
62	我希望实习生能了解未来工作中可能面临的挑战	1	2	3	4
63	在与我的对话中,实习生很少提出个人观点	1	2	3	4

附录四
幼儿园实习指导教师角色研究调查问卷(预测版)

第一部分 基本信息

1. 您所在的幼儿园属于:

   A. 城市幼儿园　　　B. 农村幼儿园(指县城及以下的幼儿园)

2. 您的年龄:

   A. 18～25 周岁　　B. 26～30 周岁　　C. 31～40 周岁　　D. 41～50 周岁

   E. 51～60 周岁

3. 您的教龄:

   A. 1～3 年　　B. 4～6 年　　C. 7～9 年　　D. 10～15 年

   E. 16 年及以上

4. 您担任实习指导教师的年限(可根据您从工作第几年开始指导实习生估算):

   A. 1～3 年　　B. 4～6 年　　C. 7～9 年　　D. 10～15 年

   E. 16 年及以上

5. 您的最高学历:

   A. 高中及以下　　B. 专科　　C. 本科　　D. 研究生

6. 您的最高职称:

   A. 暂未评定　　B. 幼教二级　　C. 幼教一级　　D. 幼教高级及以上

7. 您所在幼儿园的性质:

   A. 公办园(包括教育部门及其以外的机关部门、政府机构所属的社会团体组织、企事业单位、街道社区、乡村组织办园)

   B. 民办园

8. 您在幼儿园所担任的职务:

   A. 普通教师

   B. 班组长(主班教师)

C. 中层领导[如年级组长、教研组长、保教(副)主任、总务(副)主任、办公室主任、园长助理等]

D. 园长或副园长

9. 您获得过哪些荣誉称号(多选题):

A. 暂无　B. 区教坛新秀　C. 区骨干　D. 区青优　E. 区学科带头人　F. 市青优

G. 市学科带头人　H. 特级教师　I. 其他_____

第二部分　幼儿园实习指导教师角色调查

您的精确区分和耐心填写对我们的研究具有重要作用,非常感谢您的合作!

问卷中,1＝完全不符合　2＝有点不符合　3＝一般符合　4＝比较符合　5＝完全符合

序号	题目	完全不符合 1	有点不符合 2	一般符合 3	比较符合 4	完全符合 5
1	我会依据高校要求设定实习指导目标	1	2	3	4	5
2	我会为实习生提供机会,参与班级各类工作	1	2	3	4	5
3	我会观察实习生能否将我的要求落实到行动	1	2	3	4	5
4	实习结束时,我会对每一位实习生进行评价	1	2	3	4	5
5	我能帮助实习生认识到自身专业上的优势和不足	1	2	3	4	5
6	实习生未来是否会去幼儿园工作与我无关	1	2	3	4	5
7	我能够从实习生处了解到一些新的专业知识	1	2	3	4	5
8	实习指导促使我重新检视自身的习惯性行为	1	2	3	4	5
9	实习指导对我个人专业发展的影响不大	1	2	3	4	5
10	我会十分正式地在全班儿童面前介绍实习生	1	2	3	4	5
11	实习生的加入使得班上多一个成人关注儿童	1	2	3	4	5

续　表

序号	题目	完全不符合 1	有点不符合 2	一般符合 3	比较符合 4	完全符合 5
12	我不是一个高高在上、难以接近的指导教师	1	2	3	4	5
13	相较实习生,我会把更多精力放在儿童身上	1	2	3	4	5
14	我会提醒实习生关注到班级每一名儿童	1	2	3	4	5
15	我没有既定目标,在工作过程中随机指导	1	2	3	4	5
16	我主要根据班级工作需要安排实习内容	1	2	3	4	5
17	我会事先说明具体工作要求和注意事项	1	2	3	4	5
18	相较于专业能力,我更看重实习生的学习态度	1	2	3	4	5
19	我会尽自己所能,满足实习生的学习需求	1	2	3	4	5
20	我希望实习经历能让实习生想要成为幼儿园教师的信念更加坚定	1	2	3	4	5
21	我能从实习生分享的见习、实习见闻中获得启发	1	2	3	4	5
22	实习生对待工作的热情能够感染到我	1	2	3	4	5
23	我通过亲身示范来纠正实习生的不当行为	1	2	3	4	5
24	实习生能够帮助我分担一些日常工作	1	2	3	4	5
25	实习生看待问题的方式对我有所启发	1	2	3	4	5
26	实习生愿意同我分享他们观察到的班级趣事	1	2	3	4	5
27	我时常忙于班级各项工作而忽视实习指导	1	2	3	4	5
28	我担心实习生的不当言行会对儿童产生消极影响	1	2	3	4	5
29	幼儿园对实习指导工作有较为明确的要求	1	2	3	4	5

续 表

序号	题目	完全不符合 1	有点不符合 2	一般符合 3	比较符合 4	完全符合 5
30	我会重点指导实习生设计与开展集体教学活动	1	2	3	4	5
31	我会通过行动传递正确的儿童观和教育观	1	2	3	4	5
32	我会比较不同学校（或同校不同级）实习生的表现	1	2	3	4	5
33	通过观察，实习生能了解幼儿教师的真实工作状态	1	2	3	4	5
34	我希望实习生能够充分感受到这份职业的价值	1	2	3	4	5
35	实习生的教育策略有时会令我耳目一新	1	2	3	4	5
36	实习指导能够提升我的沟通、交流能力	1	2	3	4	5
37	实习指导工作激励我不断提升自身专业水平	1	2	3	4	5
38	我愿意把实习生当成班级教师团队的一分子	1	2	3	4	5
39	我会在实习生带班（上课）后及时进行反馈	1	2	3	4	5
40	我能够感觉到实习生跟我说话时十分紧张	1	2	3	4	5
41	带班时间与实习生的交流会影响我观察儿童	1	2	3	4	5
42	我担心实习生的加入影响教育教学质量	1	2	3	4	5
43	我主要参照自身（实习或新教师）经历指导实习生	1	2	3	4	5
44	相较于集体教学，实习生日常带班能力培养更重要	1	2	3	4	5
45	在儿童面前，我会维护实习生的教师形象	1	2	3	4	5
46	我关注实习生在我的指导下能否有所进步	1	2	3	4	5
47	我会针对实习生的未来职业选择给出一些建议	1	2	3	4	5

续 表

序号	题目	完全不符合 1	有点不符合 2	一般符合 3	比较符合 4	完全符合 5
48	我希望能将自己对工作的热爱传递给实习生	1	2	3	4	5
49	我会查阅资料,以确保自身所传递言论的准确性	1	2	3	4	5
50	园长安排实习生进班,是对我个人专业水平的肯定	1	2	3	4	5
51	我能够从"过来人"的角度,理解实习生的行为	1	2	3	4	5
52	实习生能够为班级工作提出意见和建议	1	2	3	4	5
53	我会邀请实习生参与班级日常工作研讨	1	2	3	4	5
54	实习生带班时,我会全程跟班,以确保儿童安全	1	2	3	4	5
55	考虑到儿童安全,有些工作我会避免让实习生涉足	1	2	3	4	5
56	如果实习生不提问题,我很少发起对话	1	2	3	4	5
57	我的指导促使实习生对自身能够胜任这份职业充满信心	1	2	3	4	5
58	实习生对我的认可能够让我感受到自身价值	1	2	3	4	5
59	我要求实习生定期梳理、总结实习收获	1	2	3	4	5
60	我会尽力协助实习生完成学校布置的任务	1	2	3	4	5
61	我会启发实习生思考教育行为背后的原因	1	2	3	4	5
62	我希望实习生能了解幼儿园教师日常工作中所面临的挑战	1	2	3	4	5
63	在与我的对话中,实习生很少提出个人观点	1	2	3	4	5

附录五
幼儿园实习指导教师角色研究调查问卷(正式版)

第一部分　基本信息

1. 您所在的幼儿园属于:

   A. 城市幼儿园　　　B. 农村幼儿园(指县城及以下的幼儿园)

2. 您的年龄(请填写周岁):＿＿＿＿＿＿

3. 您的教龄(请填写周年):＿＿＿＿＿＿

4. 您担任实习指导教师的年限(可根据您从工作第几年开始指导实习生估算):＿＿＿＿

5. 您的最高学历:

   A. 高中及以下　　　B. 专科　　　C. 本科　　　D. 研究生

6. 您的最高职称:

   A. 暂未评定　　　B. 幼教二级　　　C. 幼教一级　　　D. 幼教高级及以上

7. 您所在幼儿园的性质:

   A. 公办园(包括教育部门及其以外的机关部门、政府机构所属的社会团体组织、企事业单位、街道社区、乡村组织办园)

   B. 民办园

8. 您在幼儿园所担任的职务:

   A. 普通教师

   B. 班组长(主班教师)

   C. 中层领导[如年级组长、教研组长、保教(副)主任、总务(副)主任、办公室主任、园长助理等]

   D. 园长或副园长

9. 您获得过哪些荣誉称号(多选题):

   A. 暂无

B. 区级荣誉称号（如骨干、青优、区学科带头人等）

C. 市级荣誉称号（如青优、学科带头人等）

D. 省级及以上荣誉称号（如特级教师等）

第二部分　幼儿园实习指导教师角色调查

您的精确区分和耐心填写对我们的研究具有重要作用，非常感谢您的合作！

问卷中，1＝完全不符合　2＝有点不符合　3＝一般符合　4＝比较符合　5＝完全符合

序号	题目	完全不符合 1	有点不符合 2	一般符合 3	比较符合 4	完全符合 5
1	我能帮助实习生认识到自身专业上的优势和不足	1	2	3	4	5
2	实习指导促使我重新检视自身的习惯性行为	1	2	3	4	5
3	我能够从实习生处了解到一些新的专业知识	1	2	3	4	5
4	我会事先说明具体工作要求和注意事项	1	2	3	4	5
5	我希望实习经历能让实习生想要成为幼儿园教师的信念更加坚定	1	2	3	4	5
6	我能从实习生分享的见习、实习见闻中获得启发	1	2	3	4	5
7	实习生对待工作的热情能够感染到我	1	2	3	4	5
8	我通过亲身示范来纠正实习生的不当行为	1	2	3	4	5
9	实习生看待问题的方式对我有所启发	1	2	3	4	5
10	我希望实习生能够充分感受到这份职业的价值	1	2	3	4	5
11	实习生的教育策略有时会令我耳目一新	1	2	3	4	5
12	我愿意把实习生当成班级教师团队的一分子	1	2	3	4	5

续 表

序号	题目	完全不符合 1	有点不符合 2	一般符合 3	比较符合 4	完全符合 5
13	我会在实习生带班(上课)后及时进行反馈	1	2	3	4	5
14	我主要参照自身(实习或新教师)经历指导实习生	1	2	3	4	5
15	我能够将自己对工作的热爱传递给实习生	1	2	3	4	5
16	我能够从"过来人"的角度,理解实习生的行为	1	2	3	4	5
17	实习生能够为班级工作提出意见和建议	1	2	3	4	5
18	我的指导促使实习生对自身能够胜任这份职业充满信心	1	2	3	4	5
19	我要求实习生定期梳理、总结实习收获	1	2	3	4	5
20	我希望实习生能了解幼儿园教师日常工作中所面临的挑战	1	2	3	4	5

附录六
幼儿园实习指导教师角色研究的
文本资料编码表（节选）

表6-1 高校剧本期望的编码表（节选）

数据类别	原始数据	三级编码	二级编码	核心类属
高校剧本期望（文本数据G11）	1.全面负责和指导所带实习生的实习工作	全面指导实习工作	指导内容	指导者
	2.向实习生介绍幼儿情况，传授管理经验，示范日常管理行为	幼儿情况、班级日常管理工作	指导方式	
		介绍情况、示范行为、传授经验		
	3.督查并指导实习生的一日常规活动、游戏活动、教育活动等工作	一日常规活动、游戏活动、教育活动	指导内容	评价者
	4.负责实习生的实习成绩评定（未出现标准）	实习成绩评定	评价形式	
		无标准	评价标准	

表6-2 观众期望之相关文献的编码表（节选）

数据类别	原始数据	三级编码	二级编码	次类属	核心类属
观众期望——相关文献（文本数据Q37）	只有让实习生参与其中，才能明白区域环境创设、材料准备的意图；鼓励实习生在行动中提炼布置区域、实施活动、活动后分享环节的组织方法与策略；为实习生提供参与班组会、教研活动的机会，了解教师如何根据主题和幼儿年龄、兴趣和需要创设环境；还应注意提醒实习生关注幼儿所展现的动作技能、认知发展水平和规则意识	设计意图和依据（主题、幼儿年龄特征与兴趣）；组织、实施与评价策略；儿童观察要点	指导内容	教师教育者的角色胜任力	实践中的教师教育者
		提供参与机会；鼓励提炼方法与策略；提醒关注儿童	指导策略		
		亲身参与，在行动中提炼策略（尊重主体性）	指导理念		

附录六 幼儿园实习指导教师角色研究的文本资料编码表(节选)

表6-3 幼儿园实习指导教师领悟角色的访谈资料编码表(节选)

数据类别	原始数据	三级编码	二级编码	核心类属
领悟角色（访谈数据T2）	实习生才来的时候会不服，所谓的不服，就是他会觉得你讲的东西跟理论的东西，跟他们学校教师讲的，跟他看到我们做的都不一样。我就会跟他一起探讨哪里不同，思考怎样让理论真正落到实际工作中，其实对我来说也是一个学习过程。 实习生职业认同感的获得，要看他跟着什么样的老师，这点非常重要。如果跟着积极向上、工作能力强的人，对他的教师生涯能有积极影响。如果遇到工作敷衍、倦怠的老师，对他今后的发展、现在的成长、对这个职业的看法，都会有不好的影响。	不服（讲的、做的与学校学的不同），分析原因，探讨理论如何落地	行为模式	实践中的教师教育者
		一起探讨、思考	师徒关系	
		对这个职业的看法；现在和今后的发展	角色认知	职业入场的领路人
		职业认同感获得；对教师生涯产生积极影响	职业认同	
		理论如何落到实际工作，对我来说也是一个学习过程	内在要求	专业发展的获得者

表6-4 幼儿园实习指导教师实践角色的文本资料编码表(节选)

数据类别	原始数据(师徒互动事件)	三级编码（互动事件要素）	二级编码（互动行为特征）	核心类属（实践角色）
实践角色（互动事件观察数据W0331）	指导教师A：谈谈你们这两天带班的感受吧。 实习生A：我冲幼儿做动作，他们不搭理我，我也很尴尬。 指导教师A：因为你不表扬他们，你要互动，要有策略。T以前从不做操，有一天突然动了一下，我们表扬她，哇！T做操了呢，有进步！有可能她都不知道自己做操了，但她开始有动作了，要把这种无意识变成有意识。感觉与上次实习有什么不一样？ 实习生A：之前的指导教师没那么多指导，也没那么细致，他们自己做操都会出错，也没有要求我们。 指导教师A：我们幼儿园要求很严格，做不好领导也会讲我们。园长每天都来看，而且有值班回馈，每个班怎么样都会有评语。你们要有自信，都是一本学校的孩子，都很优秀！ 实习生A：自信的表现是什么？ 指导教师A：讲话声音一定要大，腰杆应该挺直。	指导教师主动发起对话	发起师徒互动	互动行为的发起人
		谈带班感受；与上次有什么不一样	鼓励实习生表达感受，比较已有经验	实践反思的倡导者
		要有互动、要有策略、要有自信，声音一定要大，腰杆应该挺直	指向具体行为和实际行动中的问题；基于教师的视角提出要求；含有"要""应该"等词语	行动要求的提出者
		列举相同情境中师幼的互动事例作为"表扬"策略的论据；一本学校的学生很优秀	鼓励实习生；教师列举事例时表情丰富；对话节奏紧凑	和谐氛围的构建者
		其他园教师自己做操都会出错，也没有要求实习生；指导没那么细致；探讨"自信"的表现	言传、身教地促使实习生全面感知幼儿园教师角色(应该做什么、如何做)	职业入场的领路人
		我们幼儿园要求很严格，我们做不好，领导也会讲，园长每天都来看，都有值班反馈，有评语	传递幼儿园规章制度和管理要求；展现出园所文化对于幼儿园教师角色的塑造力量	园所文化的传递者

参考文献

一、普通图书类

[1] Argyris S., Wilderom M., Peterson F. Handbook of organizational culture and climate[M]. Thousand Oaks: Sage, 2000.

[2] Biddle J. Role theory: Expectations, identities, and behaviors[M]. New York: Academic Press, 2013.

[3] Bollen A. Structural equations with latent variables[M]. New York: Wiley & Sons, 1989.

[4] Comrey L., Lee B. I A First Course on Factor Analysis, 2nd[M]. Hillsdale: Lawrence Erlbaum, 1992.

[5] Creswell W., Clark V. Designing and conducting mixed-methods research[M]. Thousand Oaks: Sage, 2007.

[6] Cochran-Smith S. Handbook of Research on Teacher Education[M]. New York: Routledge, 2008.

[7] Daloz A. Mentor: Guiding the journey of adult learners[M]. San Francisco: Jossey-Bass, 1999.

[8] Darling-Hammond L., Bransford J. Preparing teachers for a changing world: what teachers should learn and be able to do[M]. San Francisco: Jossey-Bass, 2005.

[9] Dewey J. The relation of theory to practice in the education of teachers[M]. Illinois: Public School Publishing Company, 1927.

[10] Feiman-Nemser S. Teachers as Learners[M]. Cambridge: Harvard Education Press, 2012.

[11] Houston W. Handbook of research on teacher education[M]. New York: Macmillan Publishing Company, 1992.

[12] Kahn L., et al. Organizational stress: Studies in role conflict and ambiguity[M]. New York: Wiley, 1964.

[13] Lacey C. The socialization of teachers[M]. New York: Routledge, 2011.

[14] Linton R. The study of man[M]. New York: Appleton-Century, 1936.

[15] Lipka R., Brinthaupt T. The role of self in teacher development[M]. Albany: State University of New York Press, 1999.

[16] Lyons N. Handbook of Reflection and Reflection Inquiry: Mapping a way of Knowing for Professional Reflection Inquiry[M]. Boston: Springer, 2010.

[17] McBride B., Fisher M. Academics versus service in child development laboratory schools[M]. Charlotte: Information Age Publishing, Incorporated, 2019.

[18] McIntyre J., Byrd M., Foxx M. Handbook of research on teacher education[M]. New York: Simon & Schuster Macmillan, 1996.

[19] Merton R. The sociology of science[M]. New York: Free Press, 1970.

[20] Moon B., Ben-Peretz S. International companion to education[M]. New York: Routledge, 2000.

[21] Patton Q. Qualitative evaluation and research methods[M]. 3rd ed. London: Sage Publications, 2002.

[22] Peterson P., Baker E., Mcgaw B. International Encyclopedia of Education[M]. 3th ed. Oxford: Elsevier, 2010.

[23] Rosaen L. Field experiences that teaching: Mentor/faculty roles[M]. Washington: Office of Educational Research and Improvement, 1989.

[24] Ryle G. The concept of mind[M]. London: Hutchinson, 1949.

[25] Schön D. The reflective practitioner: How professionals think in action[M]. New York: Basic Books, 1983.

[26] Spicer J. Making sense of multivariate data analysis: An intuitive approach[M]. New York: Sage, 2005.

[27] Stevens P. Applied multivariate statistics for the social sciences[M]. 4th ed. New Jersey: Lawrence Erlbaum, 2002.

[28] Tajfel H. Human Groups and Social Categories[M]. Cambridge: Cambridge University Press, 1981.

[29] 哈奇.如何做质的研究[M].朱光明,等译.北京:中国轻工业出版社,2007.

［30］温格.实践共同体:学习、意义和身份［M］.李茂荣,等译.南昌:江西人民出版社,2018.

［31］沙因,等.组织文化与领导力［M］.陈劲,贾筱,译.北京:中国人民大学出版社,2014.

［32］安德列耶娃.西方现代社会心理学［M］.李翼鹏,译.北京:人民教育出版社,1987.

［33］吉登斯.社会的构成［M］.李康,等译.北京:生活·读书·新知三联书店,1988.

［34］陈向明.质的研究方法与社会科学研究［M］.北京:教育科学出版社,2017.

［35］邓友超.教师实践智慧及其养成［M］.北京:教育科学出版社,2007.

［36］董玉琦,侯恕,等.教育实习实地研究［M］.长春:东北师范大学出版社,2009.

［37］滕尼斯.共同体与社会——纯粹社会学的基本概念［M］.林荣远,译.北京:商务印书馆,1999.

［38］横山宁夫.社会学概论［M］.毛良鸿,等译.上海:上海译文出版社,1983.

［39］黄曬莉.华人人际和谐与冲突:本土化的理论与研究［M］.重庆:重庆大学出版社,2007.

［40］教育部教师工作司.教师教育课程标准(试行)解读［M］.北京:北京师范大学出版社,2013.

［41］教育部教师工作司.幼儿园教师专业标准(试行)解读［M］.北京:北京师范大学出版社,2013.

［42］柯林斯.互动仪式链［M］.林聚任,王鹏,宋丽君,译.北京:商务印书馆,2012.

［43］莱夫,温格.情境学习:合法的边缘性参与［M］.王文静,译.上海:华东师范大学出版社,2004.

［44］凯兹.与幼儿教师对话——迈向专业成长之路［M］.廖凤瑞,译.南京:南京师范大学出版社,2004.

［45］李友芝,李春年,柳传欣,等.中国近现代师范教育史资料:第二册［M］.北京:北京师范大学出版社,1983.

［46］卢春红.同时性与"你"——伽达默尔理解问题研究［M］.北京:中国社会科学出版社,2014.

［47］麦克布莱德.教师教育政策:来自研究和实践的反思［M］.洪成文,等译.北京:北京师范大学出版社,2009.

［48］Matthew M,Michael A.质性资料的分析:方法与实践［M］.张芬芬,译.重庆:

重庆大学出版社,2008.

[49] 慕荷吉,阿尔班.早期儿童教育研究方法[M].费广洪,郑福明,译.北京:高等教育出版社,2012.

[50] 南京师范大学学前教育专业.高校学前教育专业建设研究.南京:江苏凤凰教育出版社,2017.

[51] 诺斯.制度、制度变迁与经济绩效[M].刘守英,译.上海:上海三联书店,1994.

[52] 彭聃龄.普通心理学[M].北京:北京师范大学出版社,2006.

[53] 布迪厄.实践感[M].蒋梓骅,译.南京:译林出版社,2003.

[54] 布迪厄,华康德.实践与反思[M].李猛,李康,等译.北京:中央编译出版社,1998.

[55] 青木昌彦.比较制度分析[M].周黎安,译.上海:上海远东出版社,2016.

[56] 特纳.社会学理论的结构(下)[M].邱泽奇,等译.北京:华夏出版社,2001.

[57] 米德.心灵、自我与社会[M].赵月瑟,译.上海:上海译文出版社,2008.

[58] 秦启文,周永康.角色学导论[M].北京:中国社会科学出版社,2011.

[59] 邱皓政.量化研究与统计分析——SPSS(PASW)数据分析范例解析[M].重庆:重庆大学出版社,2013.

[60] 饶见维.教师专业发展[M].台北:五南图书出版公司,1996.

[61] 时蓉华.社会心理学[M].上海:上海人民出版社,1986.

[62] 特纳.社会学理论的结构[M].吴曲辉,等译.杭州:浙江人民出版社,1987.

[63] 王海英.学前教育社会学[M].北京:北京师范大学出版社,2015.

[64] 王秋绒.教师专业社会化理论在教育实习设计上的蕴义[M].中国台北:师大书苑有限公司,1991.

[65] 吴明隆.问卷统计分析实务——SPSS操作与应用[M].重庆:重庆大学出版社,2010.

[66] 吴明隆.结构方程模型——AMOS的操作与应用[M].2版.重庆:重庆大学出版社,2010.

[67] 肖特.社会制度的经济理论[M].陆铭,陈钊,译.上海:上海财经大学出版社,2003.

[68] 奚从清.角色论——个人与社会的互动[M].杭州:浙江大学出版社,2010.

[69] 奚从清,俞国良.角色理论研究[M].杭州:杭州大学出版社,1991.

[70] 熊武川,郑金洲,周浩波.教育研究的新视域[M].沈阳:辽海出版社,2003.

[71] 叶澜,白益民,等.教师角色与教师发展新探[M].北京:教育科学出版社,2001.

[72] 杜威.民主主义与教育[M].王承绪,译.北京:人民教育出版社,2010.

[73] 洛夫兰德,等.分析社会情境:质性观察与分析方法[M].林小英,译.重庆:重庆大学出版社,2009.

[74] 张伟豪.Structural Equation Modeling(SEM)论文写作不求人[M].台湾:鼎茂图书出版股份有限公司,2011.

[75] 曾煜.中国教师教育史[M].北京:商务印书馆,2016.

[76] 郑杭生.社会学概论新修[M].北京:中国人民大学出版社,1994.

[77] 郑金洲,瞿葆奎.中国教育学百年[M].北京:教育科学出版社,2000.

[78] 周晓虹.现代社会心理学——多维视野中的社会行为研究[M].上海:上海人民出版社,1997.

[79] 周晓虹.现代西方社会心理学流派[M].南京:南京大学出版社,1990.

[80] 中华人民共和国教育部.2016版《幼儿园工作规程》[M].北京:首都师范大学出版社,2016.

二、学位论文类

[1] 陈丹丹.N大学学前教育专业实习现状及优化建议研究[D].南京:南京师范大学硕士论文,2013.

[2] 陈一琳.高校学前教育专业本科教育实习实施现状的比较研究——以大陆和台湾两所高校为例[D].沈阳:沈阳师范大学硕士论文,2019.

[3] 董海青.国外教育实习指导教师的身份认同研究[D].上海:上海师范大学硕士论文,2020.

[4] 冯琪.自我导向型教育实习方案研究[D].长春:东北师范大学博士论文,2017.

[5] 丰新娜.幼儿园实习教师与指导教师互动的研究[D].南京:南京师范大学硕士论文,2008.

[6] 高健.幼儿园教师健康教育胜任力研究[D].南京:南京师范大学博士论文,2015.

[7] 韩琳琳.英国教师教育者专业发展研究[D].长春:东北师范大学硕士论文,2014.

[8] 李光玉.我国部属师范大学教育实习状况的调查研究——基于2012年教育实

习实地调研[D].长春:东北师范大学硕士论文,2013.

[9] 漆涛.学生角色研究[D].上海:华东师范大学博士论文,2017.

[10] 万丹.幼儿园新教师专业发展路径研究[D].南京:南京师范大学硕士论文,2017.

[11] 王菠.成果导向学前教育专业教育实习课程设计研究[D].长春:东北师范大学博士论文,2019.

[12] 王芳.课程改革背景下师范生教育实习状况及影响因素研究[D].长春:东北师范大学硕士论文,2010.

[13] 王红.中、英教育实习制度比较研究[D].长春:东北师范大学硕士论文,2004.

[14] 王晓伟.江苏省三地四群体教师期望角色的比较研究[D].苏州:苏州大学硕士论文,2008.

[15] 王艳.幼儿园教师职业发展高原现象研究[D].南京:南京师范大学博士论文,2016.

[16] 王艳玲.培养"反思性实践者"的教师教育课程[D].上海:华东师范大学博士论文,2008.

[17] 徐蒙蒙.基于INTASC标准的教育实习评价设计研究[D].长春:东北师范大学硕士论文,2013.

[18] 徐赞.教育实习指导教师工作动机与挑战调查研究[D].长春:东北师范大学硕士论文,2012.

[19] 杨春梅.教学实习指导教师的工作现状研究[D].重庆:西南大学硕士论文,2013.

[20] 杨秀玉.教育实习:理论研究与对英国实践的反思[D].长春:东北师范大学博士论文,2010.

[21] 张博伟.教育实习指导教师角色与指导策略研究——以D师范大学英语实习指导教师为例[D].长春:东北师范大学博士论文,2013.

[22] 张凤.幼儿园教育实习指导教师对本科生实习指导的现状研究[D].上海:上海师范大学硕士论文,2014.

[23] 周成海.客观主义—主观主义连续统观点下的教师教育范式:理论基础与结构特征[D].长春:东北师范大学博士论文,2007.

[24] 朱丹.教育相关群体对中学教师的期望角色之比较[D].长沙:湖南师范大学硕士文论文,2006.

三、期刊类

[1] Aspfors J., Fransson G. Research on mentor education for mentors of newly qualified teachers: A qualitative meta-synthesis[J]. Teaching and Teacher Education, 2015(48): 75-86.

[2] Bagozzi P., Yi Y. On the evaluation of structural equation models[J]. Journal of the Academy of Marketing Science, 1988, 16(1): 74-94.

[3] Barry B., Mary K. Toward a useful theory of mentoring: A conceptual analysis and critique[J]. Administration & Society, 2007(6): 719-740.

[4] Beauchamp C., Thomas L. Reflecting on an ideal: student teachers envision a future identity[J]. Reflective Practice, 2010, 11(5): 631-643.

[5] Beck C., Kosnik C. Associate teachers in pre-service education: Clarifying and enhancing their role[J]. Journal of Education for Teaching, 2000, 26(3): 207-224.

[6] Bollen A., Stine A. Bootstrapping goodness-of-fit measures in structural equation models[J]. Sociological Methods & Research, 1992, 21(2): 205-229.

[7] Borko H., Mayfield V. The roles of the cooperating teacher and university supervisor in learning to teach[J]. Teaching and Teacher Education, 1995, 11(5): 501-518.

[8] Bullock M. Understanding candidates' learning relationships with their cooperating teachers: A call to reframe my pedagogy[J]. Studying Teacher Education, 2017, 13(2): 179-192.

[9] Bullough V. Being and becoming a mentor: School-based teacher educators and teacher educator identity[J]. Teaching and Teacher Education, 2005(21): 143-155.

[10] Butler B. Conceptualizing the roles of mentor teachers during student teaching[J]. Action in Teacher education, 2012, 34(4): 296-308.

[11] Clarke A., Triggs V., Nielsen W. Cooperating Teacher Participation in Teacher Education: A Review of the Literature[J]. Review of Educational Research, 2014, 84(2): 163-202.

[12] Clarke A. Turning the professional development of cooperating teachers on its head: Relocating that responsibility within the profession[J]. Educational Insights, 2007, 11(3): 1-10.

[13] Clarke A., Erickson G. Complexity science and cohorts in teacher education[J]. Studying Teacher Education, 2005(11): 159-177.

[14] Clarke A., Jarvis-Selinger S. What the teaching perspectives of cooperating teachers tell us about their advisory practices[J]. Teaching and Teacher Education, 2005(21): 65-78.

[15] Clarke A. Characteristics of co-operating teachers[J]. Canadian Journal of Education, 2001(2): 237-256.

[16] Clarke A. Professional development in practicum settings: Reflective practice under scrutiny[J]. Teaching and Teacher Education, 1995, 11(3): 243-261.

[17] Clara K., Hagenauer G., Gröschner A. "Because you always learn something new yourself!" An expectancy-value-theory perspective on mentor teachers' initial motivations[J]. Teaching and Teacher Education, 2022, 113(3): 1-12.

[18] Cochran-Smith M. Learning and Unlearning: The education of teacher educators[J]. Teaching and Teacher Education, 2003, 19(1): 5-28.

[19] Crasborn F., et al. Exploring a two-dimensional model of mentor teacher roles in mentoring dialogues[J]. Teaching and Teacher Education, 2011, 27(2): 320-331.

[20] Daly, John A. Writing Apprehension in the Classroom: Teacher Role Expectancies of the Apprehensive Writer[J]. Research in the Teaching of English, 1979, 13(1): 37-44.

[21] Darling-Hammond L. Teacher education around the world: What can we learn from international practice? [J]. European Journal of Teacher Education, 2017, 40(3): 291-309.

[22] Ehrich C., et al. Formal mentoring programs in education and other professions: A review of the literature[J]. Educational administration quarterly, 2004, 40(4): 518-540.

[23] Dillon E., Silva E. Grading the teachers' teachers[J]. Phi Delta Kappan, 2011(1): 54-58.

[24] Ellis J., Alonzo D., Nguyen H. Elements of a quality pre-service teacher mentor: A literature review[J]. Teaching and Teacher Education, 2020(92): 1-13.

[25] Ellis J., Dennis A., Hoa N. Elements of a quality pre-service teacher

mentor: A literature review[J]. Teaching and Teacher Education, 2020(6): 1-11.

[26] Ellis N., Osborne S. Mentoring-collaborative approach[J]. Independent Education, 2015, 45(2):14.

[27] Ellsworth J. Teachers in teacher education: Clinical faculty roles and relationships[J]. American Educational Research Journal, 1994, 31(1): 49-70.

[28] Evans L., Abbott I. Developing as mentors in school-based teacher training [J].Teacher Development, 1997(1):135-147.

[29] Feiman-Nemser S. From preparation to practice: Designing a continuum to strengthen and sustain teaching[J].Teachers College Record, 2003(6):1013-1055.

[30] Feiman-Nemser S. Teachers as teacher educators[J]. European Journal of Teacher Education, 1998, 21(1): 63-74.

[31] Feiman-Nemser S., Michelle P. Mentoring in context: A comparison of two US programs for beginning teachers [J]. International Journal of Educational Research, 1993(8): 699-718.

[32] Feiman-Nemser S., et al. Are mentor teachers teacher educators? [J]. Alternative Teacher Certification, 1993(1): 1-19.

[33] Feiman-Nemser S., Buchmann M. When is student teaching teacher education? [J]. Teaching and Teacher Education, 1987, 3(4): 255-273.

[34] Feiman-Nemser S., Margret B. "When is student teaching teacher education?"[J]. Teaching and Teacher Education, 1987(3): 255-273.

[35] Feiman-Nemser S., Buchman M. Pitfalls of experience in teacher preparation[J]. Teachers College Record, 1985, 87(1): 53-65.

[36] Fuller F. Concerns of teachers: A developmental conceptualization[J]. American educational research journal, 1969, 6(2): 207-226.

[37] Giebelhaus R., Bowman L. Teaching mentors: Is it worth the effort? [J]. Journal of Educational Research, 2002, 95(4): 246-254.

[38] Golafshani N. Understanding reliability and validity in qualitative research [J].The Qualitative Report, 2003, 8(4): 597-607.

[39] Greenberg J., Pomerance L., Walsh K. Student teaching in the United States[J]. National Council on Teacher Quality, 2011(1): 8-12.

[40] Greenhaus H., Powell N. When work and family are allies: A theory of

work-family enrichment[J]. Academy of management review, 2006,31(1): 72-92.

[41] Harkness J., Pennell E., Schoua-Glusberg A. Survey questionnaire translation and assessment [J]. Methods for Testing and Evaluating Survey Questionnaires, 2004(546): 453-473.

[42] Hawkey K. Mentor pedagogy and student teacher professional development: A study of two mentoring relationships[J]. Teaching and Teacher Education, 1998, 14(6): 657-670.

[43] Hennissen P., et al. Mapping mentor teachers' roles in mentoring dialogues [J]. Educational Research Review, 2008, 3(2): 168-186.

[44] Hobson D., et al. The importance of mentoring novice and pre-service teachers: Findings from a HBCU student teaching program [J]. Educational Foundations, 2012(26): 67-80.

[45] Holland E. Mentoring communities of practice: what's in it for the mentor? [J]. International Journal of Mentoring and Coaching in Education, 2018, 7(2): 110-126.

[46] Kathryn B., et al. The Transition from experienced teacher to mathematics coach: Establishing a new identity[J]. Elementary School Journal, 2010(1): 191-216.

[47] Kennedy M. Book reviews: Knowledge base for the beginning teacher: Two views Mary Kennedy's perspective[J]. Journal of Teacher Education, 1989(6): 53-57.

[48] Korthagen F. Situated learning theory and the pedagogy of teacher education: Towards an integrative view of teacher behavior and teacher learning[J]. Teaching and Teacher Education, 2010(26): 98-106.

[49] Korthagen F. In search of the essence of a good teacher: towards a more holistic approach in teacher education[J]. Teaching and Teacher Education, 2004, 20(1): 77-97.

[50] Korthagen F., Lagerwerf A. Reframing the relationship between teacher thinking and teacher behavior: Levels in learning about teaching[J]. Teachers and Teaching: Theory and Practice, 1996, 2(2): 161-190.

[51] Koster B., Dengerink J. Towards a professional standards for Dutch teacher educators[J]. European Journal of Teacher Education, 2001, 24(3): 343-354.

[52] Kuhn C., Hagenauer G, Gröschner A. "Because you always learn

something new yourself": An expectancy-value-theory perspective on mentor teachers' initial motivations[J]. Teaching and Teacher Education, 2022(113): 1-12.

[53] Little W. The Mentor phenomenon and the social organization of teaching [J]. Review of Research in Education, 1990(16): 297-351.

[54] Liu C., et al. Preliminary exploration of the mental health education competency survey of primary and middle school head teachers[J]. Journal of Education & Training Studies, 2014, 2(1): 73-80.

[55] Mason O. Teacher involvement in pre-service teacher education[J]. Teachers and Teaching, 2013, 19(5):559-574.

[56] Mayes C. A transpersonal model for teacher reflectivity[J]. Journal of Curriculum Studies, 2001, 33(4):477-493.

[57] McDonald L. Effective mentoring of student teachers: Attitudes, characteristics and practices of successful associate teachers within a New Zealand context[J].New Zealand Journal of Teachers' Work, 2004, 1(2): 85-94.

[58] McDonald P. Principles and practice in reporting structural equation analyses[J]. Psychological Methods, 2002, 7(1): 64.

[59] Merton R.The role set:Problem in sociological theory[J]. British Journal of Sociology, 1957(2): 106-120.

[60] Morris B. An Analysis of the Perceived Behaviors of Early Childhood Education Teachers on Selected Characteristics[J]. Illinois School Research and Development, 1978: 14(2): 65.

[61] Morse M., et al. Verification strategies for establishing reliability and validity in qualitative research[J]. International Journal of Qualitative Methods, 2002, 1(2): 13-22.

[62] Netemeyer G., et al. Development and validation of work-family conflict and family-work conflict scales[J]. Journal of applied psychology, 1996(4): 400.

[63] Nolan A. Effective mentoring for the next generation of early childhood teachers in Victoria, Australia[J]. Mentoring and Tutoring: Partnership in Learning, 2017, 25(3): 272-290.

[64] Norman J., Feiman-Nemser S. Mind activity in teaching and mentoring[J]. Teaching and Teacher Education, 2005, 21(6): 679-697.

[65] Odell J. Induction support of new teachers: A functional approach[J]. Journal of Teacher Education, 1986, 37(1): 26-29.

[66] Payne A. Democratic teachers mentoring novice teachers: Enacting democratic practices and pedagogy in teacher education[J]. Action in Teacher Education, 2018, 40(2): 133-150.

[67] Rizzo R., et al. Role conflict and ambiguity in complex organizations[J]. Administrative Science Quarterly, 1970(2): 150-163.

[68] Soslau E., Gallo-Fox J., Scantlebury K. The promises and realities of implementing a coteaching model of student teaching[J]. Journal of Teacher Education, 2019(5): 265-279.

[69] Stenberg K., Rajala A., Hilppo J. Fostering theory-practice reflection in teaching practicums[J]. Asia-Pacific Journal of Teacher Education, 2016, 44(5): 470-485.

[70] Stryker S., Burke J. The past, present, and future of an identity theory[J]. Social Psychology Quarterly, 2000, 63(4): 284-297.

[71] Swennen A., Jones K., Volman M. Teacher educators: their identities, sub-identities and implications for professional development[J]. Professional Development in Education, 2010, 36(2): 131-148.

[72] Tabacbnick R., Zeichner K. The impact of the student teaching experience on the development of teacher perspectives[J]. Journal of Teacher Education, 1984, 35(6): 28-36.

[73] Vansell M., et al. Role conflict and role ambiguity: Integration of the literature and directions for future research[J]. Human Relations, 1981(1): 43-71.

[74] Weiss M., Weiss S. Doing reflective supervision with student teachers in a professional development school culture[J]. Reflective Practice, 2001(2): 125-154.

[75] Wendt A. Anarchy is what states make of it: the social construction of power politics[J]. International Organization, 1992, 46(39): 391-425.

[76] Zeichner K. Rethinking the connections between campus courses and field experiences in college and university-based teacher education[J]. Journal of Teacher Education, 2010(61): 89-99.

[77] Zeichner K. Reflections of a university-based teacher educator on the future of college-and university-based teacher education[J]. Journal of Teacher Education,

2006(43):326-340.

[78] Zeichner K. Beyond traditional structures of student teaching[J]. Teacher Education Quarterly,2002,29(2):59-64.

[79] Zeichner K. Content and contexts: Neglected elements in studies of student teaching as an occasion for learning to teach[J]. Journal of Education for Teaching,1986,12(1):5-24.

[80] 比德尔,曾霖生.角色理论的主要概念和研究[J].现代外国哲学社会科学文摘,1988(11):4-7,35.

[81] 常永才.成人学习特点研究的硕果及其学术价值——对诺尔斯自我指导学习理论的评析[J].外国教育研究,2005(11):78-82.

[82] 陈昌盛,张立新.学前教育专业本科实习生角色调适的挑战与对策[J].早期教育(教育科研),2016(5):2-6.

[83] 陈林.论实习教师社会化的内涵、研究范式及发展阶段[J].教师教育研究,2021,33(1):28-33.

[84] 陈飞,李广.实习教师的角色发展与反应特征——基于教育实习关键事件的质化研究[J].基础教育,2016,13(3):79-85.

[85] 陈向明,曲霞.师徒互动对实习生学做教师的影响[J].教育科学,2021,37(5):36-48.

[86] 陈向明.从"合法的边缘性参与"看初学者的学习困境[J].全球教育展望,2013,42(12):3-10.

[87] 陈向明.实践性知识:教师专业发展的知识基础[J].北京大学教育评论,2003(1):104-112.

[88] 陈映芳.关于在青年社会学中导入角色理论的理论思考[J].社会学研究,2000(6):85-91.

[89] 陈志强.荷兰教师教育工作者专业标准的演变及特点[J].外国教育研究,2012,39(1):59-67.

[90] 范惠明.角色理论:产学合作中教师角色的一个分析框架[J].高教探索,2021(6):34-39.

[91] 甘露.幼儿园教师职称评定的现状及改进策略——以深圳市龙华区为例[J].早期教育(教育科研),2021(2):27-30.

[92] 高丙成.我国幼儿园教师职称评聘的现状与对策[J].幼儿教育,2015(9):26-30.

[93] 高敬,张凤.美国早期教育专业临床教学实习手册简介及启示[J].外国中小学教育,2014(4):49-53.

[94] 耿文侠,孙艺铭.教育实习对师范生专业自我影响的调查分析[J].河北师范大学学报,2010,12(5):115-117.

[95] 龚冬梅.美国教育实习的经验与启示[J].外国中小学教育,2011(3):40-43,9.

[96] 顾慧,张雨强,王丽.学前教育师范生实习阶段专业成长的内在心理过程分析[J].学前教育研究,2017(5):35-47.

[97] 顾明远.师范教育的传统与变迁[J].高等师范教育研究,2003,15(3):1-6.

[98] 韩延明.理念、教育理念及大学理念探析[J].教育研究,2003(9):50-56.

[99] 黄建辉.专业体验导向:澳大利亚悉尼大学教育实习模式探析[J].外国教育研究,2016,43(2):83-94.

[100] 黄淑珍.职前职后教师专业发展互动的教育实习实践研究[J].教育理论与实践(学科版),2009(3):42-44.

[101] 侯莉敏,罗兰兰.从"立场彰显"向"科学发展"迈进:我国幼儿园课程实践的十年变迁[J].学前教育研究,2022(1):1-9.

[102] 胡福贞.当代英国高等院校学前教育专业实习的特点及其启示[J].学前教育研究,2009(9):44-51.

[103] 胡惠闵,汪明帅.美国教师专业发展学校与教育实习改革的经验与启示[J].全球教育展望,2011,40(7):49-53.

[104] 江淑玲,陈向明.师徒互动对师范实习生专业观念的影响——交换理论的视角[J].华东师范大学学报(教育科学版),2017,35(6):126-136,157.

[105] 姜勇,段青如.我国幼儿园教师教育研究学术史:70年回顾与展望[J].学前教育研究,2020(4):37-52.

[106] 姜勇,庞丽娟.迈向均衡发展的新时期幼儿园教师队伍建设——破解教师队伍建设的三大难点:区域失衡、理用失衡与艺文失衡[J].教师教育研究,2019,31(4):76-84.

[107] 姜勇,郑楚楚.汇聚与变革:改革开放40年幼儿园教师专业发展历程解析[J].学前教育研究,2019(3):31-40.

[108] 康晓伟,田国秀.教师教育者专业发展何以可能?——基于中国古代哲学"道法术器势"思想的视角[J].教师教育研究,2021,33(6):64-71.

[109] 康晓伟.教师教育者:内涵、身份认同及其角色研究[J].教师教育研究,2012,

24(1):13-17.

[110] 黎安林,曹立人.幼儿园专家教师和新手教师教学设计特征的研究[J].教师教育研究,2009,21(4):37-43.

[111] 李斌辉,张家波.师范生教育实习的风险及规避[J].教育发展研究,2016(10):33-40.

[112] 李广平,孙宝婵.国际视域下教育实习模式的特征及理念分析[J].外国教育研究,2014,41(3):92-99.

[113] 舒尔曼.理论、实践与教育的专业化[J].王幼真,刘捷,译.比较教育研究,1999(3):36-40.

[114] 李淑萍,刘福林.高师院校教育实习指导教师队伍建设现状调查及对策[J].继续教育研究,2014(7):73-75.

[115] 李政云,王攀.美国实习教师表现性评价及其对我国教育实习评价的启示[J].湖南师范大学教育科学学报,2018,17(1):94-98.

[116] 李子建,陶丽,黄显涵.从教师改变水平看教师专业身份构成——基于职前与在职教师的比较研究[J].教育发展研究,2016,36(18):66-71.

[117] 梁慧娟.改革开放40年我国学前教育事业发展的回望与前瞻[J].学前教育研究,2019(1):9-21.

[118] 刘凯.政府有效干预:高师教育实习机会供给的重要手段[J].大学(研究与评价),2009(9):11-15.

[119] 刘要悟,朱丹.教育相关群体的教师期望角色之社会调适和教师自我调适[J].教师教育研究,2010,22(2):35-39.

[120] 刘晔,杨敏,陈菲菲.ICU年轻护士角色冲突和角色模糊、工作疲溃感对离职意愿的影响[J].中华护理杂志,2013,48(6):533-535.

[121] 卢俊勇,陶青.从中小学教师到教师教育者的关键转变——实习指导教师培训:美国做法与有效策略[J].现代教育管理,2019(1):47-51.

[122] 卢俊勇,陶青.美国实习指导教师的选拔:标准、过程及其启示——什么样的教师可以成为教师教育者[J].外国中小学教育,2018(3):51-56.

[123] 卢俊勇,陶青.教育实习:学徒制抑或实验制?——杜威的观点[J].外国教育研究,2016,43(9):13-24.

[124] 卢俊勇,陶青."发展为本"实习指导的价值取向及其策略应对[J].中国教育学刊,2016(5):94-100.

[125] 陆超,刘莉莉.挣扎与坚守:多重角色下乡村校长角色冲突的表征及动因——基于25位乡村校长的访谈研究[J].教育发展研究,2021,41(18):77-84.

[126] 罗明煜.美、英、新加坡国家教师荣誉制度的共性研究[J].教师教育研究,2014(9):107-112.

[127] 吕立杰.教师教育课程的实践取向探讨——以东北师范大学小学教育专业为例[J].东北师大学报(哲学社会科学版),2018(3):155-160.

[128] 吕立杰,刘静炎.在理论和实践之间教与学——西方国家教师教育者"自我研究"运动述评[J].全球教育展望,2010,39(5):42-46

[129] 吕立杰,郑晓宇.实习教师"现实震撼"的表现与分析[J].外国教育研究,2008(9):9-13.

[130] 马洁然.美国学前教师教育实践课程的特点与启示[J].早期教育,2022(4):18-22.

[131] 马洁然,顾荣芳.幼儿园实习指导教师对自身角色的认识:基于扎根理论的分析[J].学前教育研究,2022(2):45-60.

[132] 马洁然.合作教学与共同学习:美国学前教育实习模式的解读、分析与启示[J].比较教育学报,2020(2):96-107.

[133] 蒙培元."道"的境界——老子哲学的深层意蕴[J].中国社会科学,1996(1):115-124.

[134] 母远珍.幼儿园骨干教师专业成长过程中的关键事件[J].学前教育研究,2011(4):3-8.

[135] 欧璐莎,吕立杰.实习教师社会化行为模式探究[J].课程·教材·教法,2012,32(5):117-122.

[136] 蒲瑶,王莉,赵振国,等.研究生学历幼儿园教师职业认同状况探析[J].学前教育研究,2019(12):61-68.

[137] 单中惠.杜威的反思性思维与教学理论浅析[J].清华大学教育研究,2002(1):55-62.

[138] 申卫革.美国教师教育中对实习生的评价研究——以马塞诸塞州某州立大学教育学院为例[J].教师教育研究,2012,24(6):91-96.

[139] 史晖.从单向度到多元互动:新课程背景下教育实习范式的转变[J].教育探索,2010(8):42-44.

[140] 史琦.中小学教师荣誉制度研究现状及趋势[J].上海教育科研,2021(11):

28-34.

[141] 石中英.论教育实践的逻辑[J].教育研究,2006(1):3-9.

[142] 舒秀珍,陈海燕,张倩,等.幼儿园新手教师区域活动指导存在的问题与解决策略[J].学前教育研究,2020(11):85-88.

[143] 苏红.关键事件:抵及教师专业发展的核心[J].教育科学研究,2011(11):67-70.

[144] 陶青,卢俊勇.美国密歇根州立大学小学全科教师培养——实习指导教师的责任、角色与功能[J].比较教育研究,2015,37(7):38-43.

[145] 潘懋元,吴玫.从师范教育到教师教育[J].中国高教研究,2004(7):13-17.

[146] 秦金亮.《幼儿园教师专业标准》的功能定位——兼谈幼儿园教师专业觉醒[J].学前教育研究,2012(8):7-10.

[147] 秦金亮."全实践"理念下高师学前教育专业实践整合课程探索[J].学前教育研究,2006(1):47-51.

[148] 秦旭芳,张婷.基于自评与他评的幼儿园主班教师胜任力水平研究[J].早期教育(教育科研),2021(11):20-25.

[149] 秦旭芳,刘慧娟.大班额问题下学前教育实习的困境与出路[J].沈阳师范大学学报,2016(1):11-14

[150] 卿青.浅析MBTI性格类型理论用于教师群体研究的注意事项[J].劳动保障世界,2019(18):77.

[151] 邱均平,邹菲.关于内容分析法的研究[J].中国图书馆学报,2004(2):14-19.

[152] 邱艳萍.教师教育实习基地建设:政府的视角[J].教育评论,2013(4):56-58.

[153] 曲正伟.我国幼儿园园长队伍建设现状、问题及其发展对策——基于城区、镇区、乡村比较的视角[J].学前教育研究,2022(2):27-44.

[154] 饶从满,王春光.反思型教师与教师教育运动初探[J].东北师大学报,2000(5):86-92.

[155] 王菠,王萍.澳大利亚高等院校学前教育实习指导手册:解读、分析与借鉴[J].外国中小学教育,2018(5):39-48.

[156] 王大磊.美国教师绩效工资制度及其对我国师资队伍建设的启示[J].外国中小学教育,2009(4):41-44,49.

[157] 王芳,卢乃桂.教育实习中的"三角关系"探析[J].教育科学,2010(2):40-45.

[158] 王红艳,陈向明.审视"Mentoring-启导"现象——国内外相关研究综述[J].

现代教育管理,2010(7):103-106.

[159]汪明帅.从"被发展"到自主发展——教师专业发展的现实挑战与可能对策[J].教师教育研究,2011,23(4):1-6.

[160]王晓伟.教师期望角色维度的实证研究[J].中国科教创新导刊,2008(9):111.

[161]王香平,李学翠.高师学前教育专业实习生角色特点与适应过程分析[J].幼儿教育(教育科学),2009(11):27-30.

[162]王艳玲,苟顺明.试析英国教师职前教育课程与教学的特征[J].教育科学,2007(1):78-82.

[163]魏戈,陈向明.教师实践性知识研究在荷兰——与波琳·梅耶尔教授对话[J].全球教育展望,2015,44(3):3-11,34.

[164]魏戈,陈向明.社会互动与身份认同——基于全国7个省(市)实习教师的实证研究[J].教育学报,2015,11(4):55-66.

[165]吴刚平.教育经验的意义及其表达与分享[J].全球教育展望,2004,33(8):45-49,56.

[166]吴康宁,等.课堂教学的社会学研究[J].教育研究,1997(2):64-71.

[167]吴邵萍.保教并重需提升全体人员的专业素质[J].幼儿教育,2012(31):38-40.

[168]吴邵萍.开放性管理的思考与实践[J].幼儿教育,2005(11):36-37.

[169]习近平.做党和人民满意的好老师——同北京师范大学师生代表座谈时的讲话[J].中国高等教育,2014(18):4-7.

[170]夏小书.幼儿教师社会地位相对偏低的表征、归因及解决路径[J].教师教育论坛,2016,29(12):37-40.

[171]肖智泓,黄珊,杜军,李永瑞.幼儿园主班教师胜任力模型的构建[J].学前教育研究,2010(3):28-33.

[172]谢爱磊,陈嘉怡.质性研究的样本量判断——饱和的概念、操作与争议[J].华东师范大学报(教育科学版),2021,39(12):15-27.

[173]胥兴春,徐雪.民办幼儿园教师专业身份认同问卷编制及现状分析[J].学前教育研究,2018(7):38-46.

[174]徐治立,徐舸.社会科学"混合方法研究"范式争论与方法论探讨[J].中国人民大学学报,2021,35(5):159-170.

[175]徐祖胜.中小学教师作为教师教育者:一个不容忽视的问题[J].当代教育科学,2019(6):51-55.

[176] 荀渊.教师教育者及其自我研究:提升教师教育质量的新途径[J].教师教育研究,2012,24(5):12-17.

[177] 闫建璋,王换芳.改革开放40年我国教师教育政策变迁分析[J].教师教育研究,2018,30(5):7-13.

[178] 严仲连.事件:幼儿园课程的资源与本质——对一种新课程观的阐释与理解[J].学前教育研究,2004(Z1):49-51.

[179] 杨涤.教师专业教育模式:以理论与实践的关系为中心[J].外国教育研究,2000(6):18-22.

[180] 杨晓萍,王其红.走向实践共同体的学前教育教研制度——基于新制度主义的分析[J].内蒙古社会科学,2020,41(2):182-188,213.

[181] 杨鑫,夏薛梅.高师院校教育实习指导教师专业化的缺失与构建[J].教育观察,2019(7):61-63.

[182] 杨秀玉,常波.教育实习的认识论分析:基于建构主义理论[J].外国教育研究,2010(11):46-51.

[183] 杨秀玉.实践中的学习:教师教育实习理念探析[J].首都师范大学学报(社会科学版),2009(5):57-61.

[184] 杨秀玉.实习教师的关注研究及其对教师教育实习的意蕴[J].外国教育研究,2009(6):20-24.

[185] 杨秀玉.荷兰现实主义教师教育实习模式探究[J].外国教育研究,2008,35(12):22-27.

[186] 杨秀玉,孙启林.实习教师的专业社会化研究[J].外国教育研究,2007(11):66-70.

[187] 杨秀玉,孙启林.教师的教师:西方的教师教育者研究[J].外国教育研究,2007(10):6-11.

[188] 杨跃.师范生教育实习反思[J].高等教育研究,2011,32(7):63-67.

[189] 叶澜.思维在断裂处穿行——教育理论与教育实践关系的再寻找[J].中国教育学刊,2001(4):3-8.

[190] 叶澜.新世纪教师专业素养初探[J].教育研究与实验,1998(1):41-46,72.

[191] 殷振华,赵守盈.教师自我期望角色量表的编制[J].心理研究,2011,4(1):76-80.

[192] 尤莉.第三次方法论运动——混合方法研究60年演变历程探析[J].教育学

报,2010,6(3):31-34,65.

[193] 于开莲,宋鹏雁,张慧,等.循证师范专业认证视域下学前教育专业本科教育实习评价标准构建研究[J].教师教育研究,2022,34(1):40-48,56.

[194] 虞永平.《幼儿园教师专业标准》的专业化理论基础[J].学前教育研究,2012(7):7-11.

[195] 虞永平.试论幼儿园课程文化建设[J].教育导刊(幼儿教育),2008(1):4-7.

[196] 原晋霞.对高校学前教育专业教育实习课程改进的思考——从实习生的消极实习感受谈起[J].早期教育(教育科研),2012(11):34-36.

[197] 元英,彭修继.基于互动仪式链的城乡结合部小学师生互动[J].教育研究与实验,2021(2):76-81.

[198] 袁振国.从"师范教育"向"教师教育"的转变[J].中国高等教育,2004(5):29-31.

[199] 张绘.混合研究方法的形成、研究设计与应用价值——对"第三种教育研究范式"的探析[J].复旦教育论坛,2012,10(5):51-57.

[200] 张丽敏,叶平枝,李观丽.公共话语中的幼儿园教师形象——基于网络媒体新闻的内容分析与话语分析[J].学前教育研究,2020(3):16-30.

[201] 张男星,张炼,王新凤,等.理解OBE:起源、核心与实践边界——兼议专业教育的范式转变[J].高等工程教育研究,2020(3):109-115.

[202] 张晓光.研究性反思:芬兰师范生教育实习探析[J].教育研究,2019,40(5):86-93.

[203] 张亚妮,牛婉羽,陈浩.不同专业发展阶段幼儿园教师心目中的"好老师"形象分析[J].学前教育研究,2019(12):52-60.

[204] 张宇.论角色认同的重新定位[J].求索,2008(3):68-69,134.

[205] 章跃一.关于我国教师教育实习课程改革的思考[J].课程·教材·教法,2008(11):84-91.

[206] 张博伟,曹月新.美国实习指导教师研究述评[J].外国教育研究,2014,41(8):82-93.

[207] 张志伟.主体概念的历史演变[J].教学与研究,1996(5):66-68.

[208] 赵德成.美国哥伦比亚学区教师绩效工资制度的经验与启示[J].比较教育研究,2021,43(5):36-44.

[209] 赵海兰.教育游戏的动作水准与学习者的性格类型对内在动机的影响[J].中

国电化教育,2015(5):58-61,83.

[210] 赵寄石.对幼托园所文化建设的思考[J].早期教育(教师版),2006(3):6-7.

[211] 赵剑光.角色、自我与人格[J].人文杂志,1988(4):31-34.

[212] 赵路华.教育实习指导教师的选派及培训[J].重庆三峡学院学报,2010(2):164-166.

[213] 郑丹丹.国际视野下教师教育者的界定[J].现代教育管理,2014(5):70-73.

[214] 郑丹丹.教师教育者专业身份认同剖析[J].江苏高教,2014(3):113-115.

[215] 郑健成.幼儿园骨干教师省级培训的价值取向与模式优化[J].学前教育研究,2003(5):46-48.

[216] 周文霞,郭桂萍.自我效能感:概念、理论和应用[J].中国人民大学学报,2006(1):91-97.

[217] 周钧,范奭琛.荷兰教师教育者专业质量保障体系研究[J].比较教育研究,2020,42(8):97-104.

[218] 朱广兵.基于现代学徒制的幼师教育实习模式构建——以M幼儿师范学校幼教联盟为例[J].现代教育论丛,2015(4):87-91.

[219] 朱沛沛.我国大学教师角色冲突发生机制研究[J].黑龙江高教研究,2018(8):31-34.

[220] 朱旭东.论教师专业发展的理论模型建构[J].教育研究,2014,35(6):81-90.

[221] 朱永新,杨树兵.教育实习指导中存在的问题及对策[J].扬州大学学报(高教研究版),2001(3):47-50.

[222] 邹群霞,步社民.对幼儿园实习指导教师专业发展的思考[J].科教导刊,2011(6):80-81.

[223] 佐藤学,钟启泉.课程研究与教师研究[J].全球教育展望,2002,31(9):7-12.

[224] 左志宏,席居哲.幼儿教师职业倦怠与职业承诺特点:新手与熟手的比较[J].学前教育研究,2008(11):21-24.

四、电子资源及会议集

[1] A national framework for professional standards for teaching[S]. Ministerial Council on Education, Employment Training and Youth Affairs, 2003:1-8.

[2] Feinman-Nemser S, Rosaen C. Guided learning from teaching: A fresh look

at a familiar practice[R]. Michigan：The National Center for Research on Teacher Learning，1994:11.

[3] 高丙成,孙蔷蔷,刘占兰.学前教育公益普惠跨越发展[N].中国教育报,2021-07-01.

[4] 教育部关于大力推进教师教育课程改革的建议:教师〔2011〕6号[EB/OL].(2011-10-08)[2022-09-21]. http://www.moe.gov.cn/srcsite/A10/s6991/201110/t20111008_145604.html.

[5] 教育部关于印发《普通高等学校师范类专业认证实施办法（暂行）》的通知:教师〔2017〕13号[EB/OL].(2017-10-26)[2022-09-21]. http://www.moe.gov.cn/srcsite/A10/s7011/201711/t20171106_318535.html.

[6] 教育部关于加强师范生教育实践的意见:教师〔2016〕2号[EB/OL].(2016-03-21).http://www.moe.gov.cn/srcsite/A10/s7011/201604/t20160407_237042.html.

[7] 刘焱.改革开放四十年中国学前教育的发展变迁[N].人民政协报,2018-06-27].

[8] 秦旭芳,朱琳."砥砺奋进十年路,奠基未来再扬帆"——我国幼儿教师质量发展的变迁与展望[EB/OL].中国学前教育研究会公众号,2021-06-21[2022-03-05]. https://mp.weixin.qq.com/s/dVpKW2lTTw_AR3hVgy3J0A.

[9] Stoddart T. Perspectives on guided practice[R]. Michigan：The National Center for Research on Teacher Learning，2012：42.

[10] 张东.让每一个幼儿绽放光彩——党的十八大以来学前教育改革发展纪实[N].中国教育报,2022-04-29.

[11] 张帅.幼儿园课程发展需文化引领[N].中国教育报学前周刊,2022-04-18.

[12] 中华人民共和国教育部.2021年全国教育事业统计主要结果[EB/OL].(2022-03-01)[2022-09-05]. http://www.moe.gov.cn/jyb_xwfb/gzdt_gzdt/s5987/202203/t20220301_603262.html.

[13] 钟启泉.我国"教师教育"制度设计的课题[R].上海:中国教育学会比较教育分会第13届年会论文集:上册,2006.

后 记

本书是在我的博士论文基础上修改完成的,如果说它能够对教育研究和实践工作提供些许启示和贡献的话,那一定离不开师长、朋友和家人的提携、支持与关爱。

感谢我的导师顾荣芳教授,导师曾用"竹节的力量"比喻教师专业成长中的关键事件,那么,对于我的专业成长而言,来到南师求学一定是"关键事件",导师更是"重要他人"。四年的时光,与导师的"相遇",为我带来的不仅是学业上的收获,还有学习品质的历练和对于生活、生命的感悟。导师恰如其分地诠释了"学高为师、身正为范"的教师教育者角色形象,对学生既严格要求,又关怀备至。从论文选题到定稿,从资料编码到篇章结构,都凝聚着老师的智慧和心血。于我而言,顾老师是灯塔,一直散发着温暖的光芒。我想,多少话语都不足以表达我的感谢,唯有以导师为榜样,将这种影响传承下去,努力成为幼儿园教师专业成长中的"重要他人"。

感谢南京师范大学对我的培养,感谢虞永平教授、黄进教授带领我们遨游书海,正是老师们的智慧引领,让我更加深刻地理解对儿童、教师和教师教育,让我在美国的课堂上充满自信地表达观点。感谢黄进教授、边霞教授、王海英教授和刘晶波教授在开题、答辩时所提宝贵建议,让书稿得以完善。也正是南师学前文化的滋养,让我在深感迷茫、遭遇困难时仍旧对学术研究充满热情,葆有热爱。

感谢我的硕士导师,华东师范大学的周念丽教授,在博士求学中给予的支持和关心,毕业十载,师徒情谊念念不忘,必有回响!此外,非常感谢西南大学的李静教授、华东师大的姜勇教授,百忙之中参加我的论文答辩,老师们对于论文研究价值的认可,让我感到无比荣幸,所提建议让我思路更加清晰,也促使论文内容更加扎实。

感谢国家留学基金委的大力资助,让我的留学愿望得以成真。感谢美国特拉华大学的 Carol Vukelich 教授,Jennifer Gallo-Fox 教授,Martha Buell 教授对我的指导和帮助,她们的不吝赐教拓宽了我的学术视野。感谢所有参与研究的幼儿园教师、实习生、园长和高校教师。时至今日,当我翻看研究数据时,仍会被老师们的实践智慧和教育信仰所打动,正是他们对儿童、教育事业的付出和热爱,给了我从事教育研究事业的无限动力。

最后，我要把我最深的爱与感谢致以我的家人。感谢我的爷爷，这位年近九旬的抗美援朝老战士，时刻心怀国家，一直教导我"知识可以改变命运，教育能够强国兴邦"。感谢我的父母，不辞辛苦地帮我料理家务，让我可以安心学习。感谢我的丈夫张俊豪先生，鼓励我重回校园读书，赋予我直面生活困境的勇气，让我时刻感受到爱与被爱的幸福。我们相知相伴十四年，共同度过了美好而艰难的硕博求学生涯，张先生一直是我所有中英文论文的第一位阅读者，对我的学业、生活给予了无限支持，而我对其钟爱的直升机研究事业却爱莫能助。感谢我可爱的儿子豆包，让我感受到儿童求真、向善、尚美的天性，他给予我的无条件的爱拓展了我的生命广度，也让我对母亲角色、家庭和教育的意义有了更为深入的理解。

每当回顾博士求学历程，我的脑海里总能浮现出王国维先生在《人间词话》中写道的："古今之成大事业、大学问者，必经过三种之境界：'昨夜西风凋碧树。独上高楼，望尽天涯路'。此第一境也。'衣带渐宽终不悔，为伊消得人憔悴。'此第二境也。'众里寻他千百度，蓦然回首，那人却在，灯火阑珊处'。此第三境也。"尽管我的学术研究算不上大事业、大学问，却足以让我对上述三重境界产生深刻的体验和强烈的情感共鸣。

进入学前教育专业学习近二十年，从最初对儿童的好奇、热爱，到如今的感恩、敬畏，我一直在学习、研究如何教育儿童，小儿童的大智慧也在不断滋养、丰盈我的心灵。未来，我将承载着对于过往的感恩与未来的期许继续前行。我坚信，教师不应只是一本书和许多本书的化身，还应努力成为一个有理论信念、实践热情和个人修养的人。

未来，愿心中有梦，眼中有光。

2024 年 3 月 5 日
南京·御园